DROIT ROMAIN,
DE LA SOCIÉTÉ.

DROIT FRANÇAIS,
DE LA SOCIÉTÉ EN COMMANDITE.

THÈSE
POUR LE DOCTORAT

PAR

Jules-Edmond DEMAISON
AVOCAT A LA COUR IMPÉRIALE DE PARIS.

PARIS
TYPOGRAPHIE DE HENRI PLON
IMPRIMEUR DE L'EMPEREUR
RUE GARANCIÈRE, 8.

1868

DROIT ROMAIN.
DE LA SOCIÉTÉ

DROIT FRANÇAIS.
DE LA SOCIÉTÉ EN COMMANDITE.

THÈSE
POUR LE DOCTORAT

SOUTENUE

Le vendredi 21 août 1868,

PAR

Jules-Edmond DEMAISON

AVOCAT A LA COUR IMPÉRIALE DE PARIS.

PRÉSIDENT : M. RATAUD, professeur.

SUFFRAGANTS : MM. COLMET D'AAGE, doyen ;
DUVERGER,
DEMANGEAT, professeurs ;
BEUDANT, agrégé.

PARIS

TYPOGRAPHIE DE HENRI PLON

IMPRIMEUR DE L'EMPEREUR

RUE GARANCIÈRE, 8

1868

A LA MÉMOIRE

DE MON PÈRE ET DE MA MÈRE

A MA SŒUR

INTRODUCTION.

L'association répond à un besoin si naturel de
l'homme, elle seconde si énergiquement son activité et
ses efforts, qu'elle a dû être connue et pratiquée chez
les peuples les plus anciens. Dans les temps modernes,
on la trouve, sous des formes diverses, chez toutes les
nations civilisées. Elle a même pris, surtout depuis un
demi-siècle, des développements si rapides et si considérables, qu'on serait presque tenté de croire que les
anciens avaient méconnu le rôle qu'elle était appelée
à jouer et les services qu'elle pouvait rendre. L'histoire
cependant nous enseigne le contraire; les auteurs et
les jurisconsultes romains, à côté de certaines sociétés
modestes formées pour un commerce restreint ou pour
une opération déterminée, mentionnent de puissantes
sociétés établies pour exploiter la ferme des impôts
(L. 5, princ.; L. 65, § 15, Dig. *Pro soc.*, et L. 9, § 4,
Dig., *De public.*) ou le commerce de la banque (Dig.,
L. 52, § 5, *Pro soc.*; L. 27, *De pact.*), et pour entre
prendre les fournitures des armées (L. 52, § 4, Dig.,
Pro soc.). Il est vrai que, depuis quelques années, l'esprit d'association a fait de grands progrès; les sociétés
commerciales, surtout les sociétés anonymes et en
commandite, ont pris une extension qu'elles n'avaient
jamais eue auparavant. Mais cela ne tient pas seulement à ce que les vérités économiques sont mieux

comprises aujourd'hui qu'elles ne l'étaient autrefois;
les Romains savaient très-bien qu'une industrie est en
général d'autant plus productive qu'on y engage des
capitaux plus considérables. Il faut surtout attribuer
l'accroissement du nombre des grandes sociétés constituées pour exploiter les industries les plus diverses
aux besoins nouveaux qui se sont produits à notre
époque, et auxquels l'association seule pouvait donner
satisfaction. Les progrès de la science moderne ont ou-
vert un champ nouveau et chaque jour plus vaste à
l'activité humaine; des découvertes merveilleuses ont
été réalisées; pour les faire passer dans le domaine de
la pratique, il a fallu réunir les capitaux disponibles
de tous côtés, improductifs dans leur isolement, et
leur donner une direction commune, afin d'arriver au
but que les efforts individuels n'eussent jamais pu
atteindre. Il ne faut donc pas s'étonner du rôle que
l'association joue de nos jours, ni du développement
qu'elle a pris dans ces dernières années; auxiliaire
puissant du génie humain, elle est devenue plus indispensable et ses applications ont été plus nombreuses
à mesure que la science s'est elle-même élargie et que
les inventions de tout genre se sont multipliées. Si ce
mouvement, avant d'étonner le monde par sa rapidité,
s'est produit lentement pendant les siècles précédents,
c'est qu'alors les découvertes utiles à l'industrie étaient
plus rares et moins importantes. Il ne sera pas toutefois sans intérêt de retracer rapidement ici l'histoire
de la société et de rappeler ses formes successives aux
différentes époques.

Nous n'entreprendrons pas de rechercher l'origine
du contrat de société; elle doit être, nous l'avons dit
déjà, fort ancienne, car l'association répond à un in-

stinct de l'homme, puisque son but est de remédier à
l'insuffisance des forces et des ressources individuelles
en présence des besoins de l'humanité (1).

— Sans remonter à une haute antiquité, nous trouvons le contrat de société pratiqué à Rome sur une
vaste échelle, et ses règles fixées par les textes des
jurisconsultes et par un certain nombre de constitutions
impériales. En les étudiant jusque dans leurs détails,
nous verrons bientôt que le droit romain ne présente
aucune institution analogue à la commandite, qui doit
faire surtout l'objet de ce travail. Il est incontestable
cependant que les principes ne s'opposaient point à
une combinaison qui permît à l'un des associés de
prendre une part illimitée dans les bénéfices, tout en
limitant ses chances de perte, puisque l'on pouvait
même convenir que l'une des parties serait à l'abri de
toute perte. (L. 29, Dig., *Pro soc.*) Dans une autre hypothèse encore, la perte pouvait se trouver limitée à
une certaine somme : Titius confie un pécule à un de
ses esclaves, qui entre dans une société; Titius est
alors un véritable bailleur de fonds, ne pouvant jamais
être tenu au delà du pécule, tandis que les bénéfices
de la société peuvent accroître ce pécule indéfiniment.
Du reste, si la théorie admet des combinaisons de ce
genre, nous n'avons nulle part la preuve qu'elles aient
été réalisées dans la pratique, et dès lors il faut reconnaître que l'origine de la commandite n'est pas dans

---

(1) « Le principe d'association n'est pas né d'hier; il est contempo-
» rain du monde pour ainsi dire, car si l'orgueil de sa force conduit
» l'homme à l'isolement et à l'indépendance, le sentiment de sa fai-
» blesse en face des obstacles que la nature extérieure lui oppose
» l'amène à se rapprocher de son semblable et à partager avec lui
» les résultats de leurs communs efforts. » (Rapport de la comm. du
Corps législatif sur la loi du 24 juillet 1867.)

1.

le droit romain. Nous la trouverons d'une manière plus certaine dans les usages français du moyen âge. Mais avant de parler de ces usages, qui donnèrent naissance au contrat de commandite, nous devons étudier d'une façon générale les développements de l'association dans notre ancien droit.

— A l'époque féodale, en remontant aussi haut que le permet l'obscurité qui entoure son origine, on voit les familles serves constituées en sociétés tacites héréditaires; les membres de la famille vivant sous le même toit sont soumis à l'autorité d'un chef qu'ils élisent, et qui peut les obliger; les vieillards et les enfants, bien qu'ils ne rendent point de services à la communauté, y ont pourtant les mêmes droits que ceux qui sont en âge de travailler; ceux-ci mettent en commun le fruit de leur travail, mais chaque associé conserve en propre les biens qu'il acquiert à titre lucratif. La mort ne dissout pas ces sociétés tacites; elles subsistent tant que les associés ne manifestent pas une volonté contraire. La raison d'être de ces communautés serviles se trouve dans les principes du droit féodal, qui ne permettait pas au serf de transmettre ses biens par voie d'hérédité, à cause du droit de réversion du seigneur. En effet, lorsqu'une société existait entre les membres d'une famille serve, chaque individu n'ayant rien en propre que les choses acquises à titre gratuit, les acquêts appartenaient à la communauté qui se perpétuait, de telle sorte que le droit de réversion ne s'exerçait pas, et qu'en fait la famille se trouvait héritière de ses membres décédés (1). D'un autre côté, le seigneur lui-

---

(1) « Serfs ou mainmortables ne peuvent tester, et ne succèdent » les uns aux autres, sinon tant qu'ils sont demeurant en commun. » (Loisel, *Inst. Cout.*, liv. I, tit. I, n° 74.)

même, bien qu'il perdît ainsi son droit de réversion, était intéressé à la multiplication des sociétés de ce genre, qui favorisaient la culture des terres et contribuaient à assurer le payement des redevances. C'est ce qui explique pourquoi on se relâcha peu à peu de la rigueur primitive des principes : à l'origine, le départ d'un des membres de la famille mettait fin à la communauté et faisait renaître le droit de retour au profit du seigneur; plus tard, on arriva à n'exiger la communauté d'habitation qu'entre collatéraux, ou tout au moins à considérer comme présents le fils ou la fille absents pour certaines causes. Et ainsi, cette institution se maintint, en s'adoucissant et se perfectionnant, jusqu'à ce qu'enfin elle disparut avec la féodalité qui en avait été la cause.

A côté de ces communautés de serfs, il existait, surtout dans les campagnes, sous le nom de sociétés taisibles, des communautés d'hommes libres qui contribuèrent au développement de l'aisance dans la classe bourgeoise, et dont les règles étaient fort différentes, suivant les coutumes. En général, ces associations ne se formaient qu'entre roturiers; la coutume de Troyes, au contraire, les admettait entre personnes de condition noble (art. 101). Dans certaines provinces, il fallait que les membres de la société taisible fussent parents; dans d'autres, aucune condition de ce genre n'était exigée (Cout. de Berry, tit. VIII, art. 10). Enfin, et sauf de rares exceptions, la société universelle de meubles et acquêts dont il s'agit s'établissait par un an et jour d'habitation en commun (1). Quant à la cause

---

(1) La coutume de Chaumont en Bassigny (art. 75) n'exigeait pas ce délai; au contraire, la coutume de Chartres (art. 61) exigeait en outre qu'il y eût apport de biens par chacune des parties.

de ces communautés taisibles, auxquelles M. Troplong croit pouvoir attribuer une certaine influence sur l'agrandissement du tiers état (t. I, p. 51), elle paraît être dans le mouvement qui portait les esprits à l'époque féodale vers l'association. Aussi devinrent-elles moins fréquentes dans les temps modernes : du reste, l'ordonnance de Moulins, en exigeant la preuve par écrit des contrats dont l'objet dépassait cent livres, leur enleva leur caractère légal dans tous les pays où elles n'étaient pas consacrées par la coutume; dans quelques provinces, elles furent même proscrites formellement (art. 213, Cout. d'Orléans). Mais, si la société taisible devint plus rare après la chute de la féodalité, la convention expresse eut toujours le pouvoir de donner naissance à des sociétés universelles de tous biens, ou de gains seulement. Ainsi, l'article 213 de la coutume d'Orléans, rédigé après l'ordonnance de Moulins, porte que « société ne se contracte entre aucuns, qu'ils » ne soient conjoints par mariage, sinon qu'il y ait » entre eux convention expresse passée par écrit, pré- » sents notaires, ou sur leurs signatures. » (Pothier, *Sociétés*, n° 80.)

' — Nous n'avons parlé jusqu'ici que des sociétés universelles; nos anciens auteurs s'occupaient cependant aussi de la société particulière, qui était susceptible d'un grand nombre d'applications, et qui continuait à être réglée d'après les principes du droit romain, sauf quelques modifications résultant de la législation nouvelle. Par exemple, elle pouvait toujours être contractée verbalement; mais depuis l'ordonnance de Moulins, en cas de contestation, son existence ne pouvait être prouvée par témoins.

C'est en étudiant les règles de la société particulière

que nous allons rencontrer les premières traces de la commandite, dont nous nous occuperons plus tard spécialement. En effet, l'objet le plus naturel et le plus fréquent de la société particulière étant le commerce, les sociétés commerciales apparaissent de bonne heure dans notre droit, et elles se présentent sous deux formes bien distinctes. Dans la société générale ou libre, qui a les caractères de notre société en nom collectif, les personnes sont associées en même temps que les choses; elles traitent toutes avec les tiers, et sont tenues solidairement envers eux. Dans la commandite, au contraire, quelques-uns seulement des associés sont en rapport avec les tiers; les autres ne sont que des bailleurs de fonds qui fournissent des capitaux sous la condition de prendre part aux bénéfices, et sans pouvoir en aucun cas perdre au delà de leur mise.

Cette dernière combinaison, qui depuis a si puissamment favorisé les progrès de l'industrie, a eu un point de départ fort modeste. Son origine paraît être dans le bail à cheptel, que les Romains connaissaient déjà (L. 52, § 2, Dig. *Pro soc.*), et qui prit au moyen âge le nom de commande de bestiaux; c'est un contrat par lequel une personne confie un troupeau à un berger qui se charge de l'entretenir, et qui partage les produits et le croît avec le propriétaire. L'application de ce contrat ne tarda pas à s'élargir : on confia des marchandises à des marchands ambulants qui les vendaient dans les foires (Ordonn. de Louis le Hutin du 9 juillet 1315, art. 15), ou à des marins qui se chargeaient d'en tirer profit dans leurs voyages, moyennant une part de bénéfices. Dans ce contrat de vente à profit commun ou de pacotille, on retrouve les éléments principaux de la commandite : le propriétaire des marchandises ne figure pas vis-à-vis des tiers, ne s'engage pas envers eux, et dès lors n'est point tenu au delà de la valeur des objets qu'il a fournis. Si l'on suppose maintenant que, au lieu de confier des marchandises à un commerçant, je lui remette des capitaux à faire valoir en me réservant une part dans les bénéfices, on aura un contrat qui se rapproche davantage encore de la commandite moderne. Ce genre d'association était pratiqué, dès le quatorzième siècle, en France, et surtout en Italie, à Venise, à Gênes, à Pise, à Florence, où il se développait rapidement, grâce à la prohibition du prêt à intérêt; car alors, pour tous ceux qui ne pouvaient se livrer eux-mêmes au commerce, la commande était le seul moyen de tirer un profit légitime de leurs capitaux.

Toutefois, jusqu'à l'ordonnance de 1673, la commandite n'était qu'un contrat ordinaire, régi exclusivement par la convention; son capital n'était jamais divisé en actions, bien que cette division ait eu lieu, suivant M. Troplong, dès le douzième siècle pour certaines sociétés (1); d'un autre côté, elle n'avait pas de

----

(1) M. Frémery fait remonter l'origine des actions transmissibles au dix-septième siècle seulement. Mais M. Troplong (Préf., page 13) nous paraît réfuter victorieusement cette théorie. Il reconnaît que l'action n'eut pas d'abord les caractères d'une valeur de circulation, que sa transmission n'avait pas lieu de la main à la main, qu'il fallait recourir aux formes de la cession ordinaire pour opérer cette transmission. Et cependant, malgré ces difficultés, l'action, distincte du capital social, cessible, et permettant ainsi aux associés de se retirer et de se substituer de nouvelles personnes, l'action est de beaucoup antérieure, suivant M. Troplong, à la fin du seizième siècle. La jurisprudence de la Rote de Gênes fournit, en effet, de 1555 à 1559, plusieurs exemples de ventes d'actions. Dès le douzième siècle même, une société s'étant formée pour l'exploitation du moulin de Basacle, à Toulouse, chacune des parties reçut un certain nombre

raison sociale(1), et ne constituait pas une personne morale. Et cependant, bien avant 1673, les ordonnances royales avaient assujetti à certaines formalités la constitution des sociétés commerciales; en 1579, l'ordonnance de Blois avait exigé l'enregistrement au bailliage des actes de société entre étrangers, et l'ordonnance de janvier 1629 (Code Michaud) avait assimilé à cet égard les régnicoles aux étrangers; malheureusement ces deux dispositions ne furent jamais appliquées sérieusement, et les abus qu'elles devaient empêcher continuèrent à se produire.

---

de parts ou *uchaux*; ces uchaux, cessibles et de plus divisibles à l'infini, étaient de véritables actions industrielles, et sont considérés comme tels aujourd'hui, bien que l'organisation primitive du moulin de Basacle se soit maintenue presque sans changement. De cet exemple et de plusieurs autres cités par M. Troplong, il semble bien résulter que l'action remonte en réalité au douzième siècle; seulement elle ne se perfectionna et ne se généralisa que longtemps après, vers la fin du seizième siècle.

(1) Il est hors de doute que, lors de la rédaction de l'ordonnance de 1673, la société en commandite n'avait pas de raison sociale. Les auteurs ne s'accordent pas, au contraire, sur le point de savoir si elle en avait une à une époque plus reculée. Ainsi, M. Frémery soutient qu'aux douzième et treizième siècles la désignation *N. et ejus socii* s'appliquait à la commandite; les conventions étant alors presque toujours verbales, les tiers ne pouvaient connaître les personnes désignées collectivement, et dès lors celles-ci ne pouvaient être tenues *in infinitum*. Il ajoute que plus tard, grâce à l'emploi fréquent de l'écriture et à l'enregistrement des actes, les tiers purent connaître les associés désignés par les mots « et compagnie », et compter sur leur engagement solidaire; ce qui expliquerait comment la raison sociale devint caractéristique de la société générale ou en nom collectif. Mais ce système ne nous paraît pas résister à l'argumentation de M. Troplong : bien avant le seizième siècle, la raison sociale emportait, suivant ce dernier auteur, solidarité à l'égard des associés qu'elle désignait collectivement; l'associé nominativement désigné n'était pas plus obligé que les autres, mais il pouvait les obliger solidairement (Bartole, sur la loi 37 *De stipulat. servor.*). Quoi qu'il en soit, il est certain qu'à partir du seizième siècle la raison sociale ne s'appliquait qu'aux sociétés personnelles ou en nom collectif.

— C'est l'ordonnance de 1673 qui, à proprement parler, fit de la commandite une espèce particulière d'association, distincte de la société en participation. Dès lors, la commandite, sans être toutefois soumise à la nécessité d'une raison sociale, fut une personne ne se confondant pas avec les personnes des associés. De plus, la raison sociale, bien que simplement facultative, fut employée dans la pratique, ainsi que la division du capital social en actions; la célèbre banque de Law était une commandite par actions, désignée par la raison sociale : Law et Cie.

L'ordonnance mentionne expressément la société en commandite dans son article 1er, sur lequel nous reviendrons bientôt, et dans l'article 8, aux termes duquel « les associés en commandite ne seront associés que jusqu'à concurrence de leur part ». Il résulte bien de là que la solidarité n'existe pas à l'égard des commanditaires; mais il en résulte aussi que leur responsabilité n'est point limitée à leur apport, qu'elle est proportionnelle à leur part dans les bénéfices, et qu'ainsi ils sont tenus indéfiniment pour une part égale à leur intérêt dans la société. En conséquence, il fallait une clause expresse pour que les commanditaires ne fussent tenus que jusqu'à concurrence de leur apport. « Les » marchands et autres personnes qui feraient des socié-» tés en commandite », dit Savary (*Parf. Nég.*, part. II, liv. III, chap. I, n° 367), « doivent bien prendre garde » de mettre toujours cette clause dans l'acte, qu'ils ne » seront tenus à aucune dette de la société, et qu'en » cas de perte ils ne pourront perdre que jusqu'à con-» currence des sommes qu'ils y auront mises ».

Quant à l'article 1er de l'ordonnance, il exige, pour la commandite aussi bien que pour la société générale, la rédaction d'un acte, même lorsqu'il s'agit d'une valeur moindre de cent livres. Les articles 2 et 3 prescrivent certaines formalités d'enregistrement et de publicité, et l'article 6 dispose qu'à défaut de publication, la société n'a pas d'effet, même vis-à-vis des associés. Cette dernière règle fut critiquée à bon droit, car elle créait de graves difficultés pour le cas où une société aurait fonctionné sans avoir été publiée, puisqu'elle n'indiquait en aucune façon à qui appartiendraient les bénéfices, ni par qui seraient supportées les pertes dans cette hypothèse; et, d'autre part, il était injuste de refuser toute action aux tiers par suite d'une négligence qui ne pouvait leur être imputée. Il en résulta que cet article 6 ne fut pas appliqué par la jurisprudence; et, par une conséquence fâcheuse, on laissa tomber également en désuétude les dispositions fort sages qui prescrivaient l'enregistrement et la publicité (*Rej.*, 2 messidor an IX) (1).

— Ce fut donc plutôt la jurisprudence que l'ordonnance qui fixa le droit des sociétés commerciales jusqu'à la rédaction de nos codes. A l'époque intermédiaire, divers décrets supprimèrent les compagnies de finances, qui furent rétablies par la loi du 30 brumaire an IV. Le Code Napoléon fixa d'une manière générale les règles du contrat de société; son article 1873 porte que les principes ainsi posés seront applicables aux

---

(1) « Vous savez ce qu'il est advenu de cette ordonnance. Huit » ans après l'époque à laquelle elle avait été promulguée, le parle- » ment de Paris jugeait que ses principales dispositions étaient tom- » bées en désuétude, abrogées par la force toute-puissante de la » coutume commerciale.....

» Je regrette que ceux qui ont célébré cette ordonnance se soient » bornés à lire ses dispositions, et qu'ils ne soient pas allés voir au » greffe des parlements ce qu'en avait fait la pratique. » (Disc. de M. Ollivier au Corps législ., séance du 27 mai 1867.)

sociétés commerciales, « dans les points qui n'ont rien » de contraire aux lois et usages du commerce ». Nous aurons donc plus tard à résumer brièvement ces principes, avant de passer à l'explication des règles spéciales à la commandite, contenues dans le Code de commerce et dans les lois postérieures. Le Code de 1807 consacrait quelques articles à la commandite, reconnaissait à cette société le droit de diviser son capital en actions (art. 38), mais sans se rendre exactement compte de l'importance de cette division, et sans rien établir de particulier pour le cas où elle aurait lieu. Aussi ne tarda-t-on pas à voir s'organiser sur une vaste échelle les spéculations les plus scandaleuses : on créa des sociétés sans consistance, n'ayant d'autre but que d'attirer l'argent des actionnaires crédules, et d'assurer des avantages considérables aux fondateurs. Les abus se multiplièrent tellement, et les ruines furent si nombreuses, que le gouvernement s'en émut : en 1838, il proposa un projet radical supprimant purement et simplement les sociétés en commandite par actions; la commission de la Chambre des députés améliora ce projet, qui fut heureusement renvoyé à la session suivante, puis abandonné. Cependant le mal subsistait; en 1856, il prit de nouveau des proportions telles que le Corps législatif fut saisi d'un projet de loi tendant à réglementer l'émission et la négociation des actions, à imposer de nombreuses conditions à la constitution des sociétés en commandite par actions, à assurer la vérification des apports et la surveillance des opérations du gérant, enfin à supprimer ou à restreindre l'agiotage. Ce projet devint la loi des 17-23 juillet 1856, qui ne tarda pas à être sévèrement critiquée : on se plaignait de la difficulté de créer des sociétés nouvelles sous un pareil régime, et d'autre part on s'aperçut bientôt que les abus se reproduisaient encore en grand nombre. Une nouvelle réforme fut reconnue nécessaire en 1865; un projet fut présenté, qui modifiait la législation des sociétés anonymes et en commandite par actions, et qui créait la société à capital variable. En ce qui touche la commandite, le projet apportait quelques adoucissements à la loi de 1856, en laissant subsister toutefois la plupart de ses règles. M. Émile Ollivier proposa, sous forme d'amendement, un système opposé supprimant toutes les réglementations, et ne donnant à la liberté des conventions d'autre contre-poids que la publicité. Cet amendement, fondé sur des motifs très-sérieux et défendu avec un grand talent par son auteur, ne fut pas adopté : le Corps législatif craignit de voir augmenter les abus de la spéculation et de l'agiotage, et vota avec quelques modifications le projet du gouvernement, qui devint la loi du 24 juillet 1867. C'est cette loi qui sera l'objet principal de la seconde partie de ce travail; il nous semble donc inutile d'en donner ici l'analyse. Remarquons seulement en terminant que de nombreuses attaques ont été déjà dirigées contre elle; la réforme entreprise n'est réalisée que d'une façon incomplète, et il n'est pas téméraire de prévoir, dans un temps peut-être assez rapproché, la nécessité d'une nouvelle loi qui accordera sans doute de plus grandes facilités, jusqu'à ce qu'enfin le principe de la liberté des conventions triomphe et ne reçoive plus que les dérogations indispensables dans tous les temps et indépendamment des circonstances de fait qui peuvent seules motiver une législation exceptionnelle comme celle qui nous régit.

DROIT ROMAIN.

DE LA SOCIÉTÉ

(Dig., lib. XVII, tit. II. — Cod., lib. IV, tit. XXXVII.)

DIVISION.

I. Nous nous occuperons dans quatre chapitres :

1° Des éléments essentiels du contrat de société et des modalités qui peuvent l'affecter;

2° Des diverses espèces de sociétés;

3° Des effets de la société;

4° Enfin, de la dissolution de la société et de ses suites.

CHAPITRE PREMIER.

DES ÉLÉMENTS ESSENTIELS DU CONTRAT DE SOCIÉTÉ ET DES MODALITÉS QUI PEUVENT L'AFFECTER.

II. La société est un contrat consensuel par lequel deux ou plusieurs personnes conviennent de mettre en commun certaines valeurs, afin d'en retirer un bénéfice et de le partager.

Ainsi, pour que le contrat se forme, il faut le consentement des parties, il faut que chacune d'elles fasse un apport, et il faut enfin que les associés aient pour but de retirer de la société un avantage commun. Nous examinerons ces trois éléments du contrat dans trois sections; nous parlerons ensuite des modalités dont la société est susceptible et de certaines clauses qui peuvent y être ajoutées.

SECTION I.

DU CONSENTEMENT.

III. La société étant un contrat, le consentement des parties est la première condition de sa validité. Elle se forme *solo consensu*, comme la vente, le louage et le mandat; c'est-à-dire que la *causa civilis* des obligations qui naissent du contrat se trouve dans la volonté que les parties manifestent de mettre certaines choses en commun pour en tirer des bénéfices.

IV. Du reste le consentement peut être donné expressément ou tacitement : « *Societatem coire et re et verbis et per nuntium posse nos, dubium non est,* » dit Modestin (L. 4, pr., Dig., *Pro soc.*); la société peut être contractée entre personnes qui se trouvent éloignées l'une de l'autre, « *veluti per epistolam, vel per nuntium* (1) ». Sans doute la société ne se forme ni *re*, ni *verbis*, ni *litteris;* le consentement suffit pour la former; seulement ce consentement n'a pas besoin d'être formellement exprimé, il peut être donné tacitement sans que la volonté des parties se manifeste par une stipula-

____

(1) Instit., lib. III, tit. XXII. — Conf. Gaïus (Comm. III, 130).

tion ou soit fixée par l'écriture. Il convient toutefois de
remarquer que la société *omnium bonorum* ne peut être
contractée tacitement, *re :* Ulpien le décide formelle-
lement (L. 7, cod. tit.), puisque suivant lui, quand
aucune distinction n'a été faite, la société est une société universelle de gains; cela résulte aussi d'un passage de Paul, d'après lequel les effets de la société
omnium bonorum se produisent, « *cum specialiter omnium bonorum societas coita est.* » (L. 3, § 1, cod. tit.)
Cette décision est fort raisonnable, car on ne doit pas
présumer légèrement l'intention de mettre en commun
l'universalité de ses biens.

V. Sauf cette exception, relative à la société universelle, le consentement peut se manifester sous une
forme quelconque. Mais il faut toujours qu'il existe; et
cette nécessité absolue du consentement constitue
même une différence capitale entre la société, *volunta-
rium consortium* (L. 52, § 2, cod. tit.), et l'indivision,
qui, si elle peut quelquefois exister par la volonté des
parties (1), s'établit au contraire dans la plupart des
cas sans l'intervention de cette volonté. « *Communiter
res agi potest etiam citra voluntatem, utputa cum non
affectione societatis incidimus in communionem ut evenit
in re duobus legata : item, si a duobus simul empta res sit :
aut si hereditas vel donatio communiter nobis obvenit... »*
(L. 31, cod. tit.) Il y a un grand nombre d'autres différences entre la société et l'indivision : ainsi, en l'absence de convention contraire, le communiste peut toujours demander le partage, tandis que l'associé ne peut
se retirer avant le terme; le communiste peut toujours

---

(1) Conf. Instit., § 27, *De division. rerum.* (Liv. II, tit. I.)

céder sa part indivise, l'associé ne peut substituer personne dans ses droits; chacun des associés peut exiger des autres qu'ils fassent ce qui est nécessaire pour atteindre le but du contrat, tandis que le communiste n'a aucun droit de ce genre; la mort d'une des parties dissout en principe la société et laisse subsister l'indivision; la société peut avoir le caractère de personne morale que l'indivision n'a jamais. Nous signalons en passant, sans insister, ces différences essentielles. Ce que nous avons surtout voulu établir, c'est que le consentement des parties, en dehors duquel l'indivision se forme presque toujours, est absolument indispensable pour la formation de toute société.

VI. Le consentement doit émaner d'une personne capable, et il ne doit être entaché ni d'erreur, ni de dol, ni de violence.

En principe toute personne est capable de prendre part au contrat de société; le titre *Pro socio* contient plusieurs textes où il est question de sociétés contractées par des fils de famille, des esclaves, des pupilles. Quand un fils de famille s'associe, que ce soit par ordre du *pater familias* ou à son insu, il est toujours tenu pour le tout, *jure civili,* et par l'action *pro socio;* si c'est par ordre du père que la société a été contractée, le préteur donne contre le père l'action *pro socio quod jussu* ou institoire (1); dans le cas contraire, le père peut être tenu de l'action *in rem verso,* ou de l'action *de peculio* s'il a confié un pécule à son fils; de plus la *condictio* est donnée directement contre lui toutes les fois qu'il a profité d'une opération donnant nais-

---

(1) Instit., lib. IV, tit. VII, § 1 et 2.

sance à la *condictio* (1). Si c'est un esclave qui s'est mis en société avec un homme libre, il n'est jamais tenu de l'action *pro socio*, car il n'a par lui-même aucune capacité. Quant au maître de l'esclave, s'il a autorisé cette association, le préteur donne contre lui l'action *pro socio quod jussu* ou institoire (2); et, dans le cas contraire, il est tenu seulement des actions *de peculio* et *de in rem verso;* du reste, ce que nous avons dit plus haut de la *condictio* s'applique au maître comme au père de famille. Le pupille peut valablement contracter une société avec l'autorisation de son tuteur; si cette autorisation manque, la société qu'il contracte n'est pas nulle pour cela, mais le pupille n'est pas tenu de l'action *pro socio*, et la copropriété produit seulement ses effets habituels quant aux choses acquises en commun : « *Societate sine tutoris auctoritate coita pupillus non tenetur, attamen communiter gesto tenetur.* » (L. 33, eod. tit.)

Il ne suffit pas que le consentement soit donné par des personnes capables; il faut aussi qu'il soit exempt de certains vices. L'erreur sur un point essentiel détruit l'accord de volonté et entraîne la nullité de la société, « *in societate coeunda respondendum est ut, si dissentiant, aliud alio existimante, nihil valet ea societas quæ in consensu consistit.* » (L. 57, Dig., *De oblig. et act.,* lib. XLIV, tit. VII.) De même, Paul (L. 3, § 3, Dig., *Pro soc.*) déclare nulle, *ipso jure*, la société contractée par suite d'un dol, de telle sorte que la partie qui a été trompée n'a pas besoin de faire insérer l'exception de dol dans la formule, et qu'elle peut faire

---

(1) Instit., § 4 et 8, eod. tit.
(2) Instit., § 1 et 2, eod. tit.

prononcer la nullité en se servant simplement de l'action *pro socio*.

VII. C'est à cette nécessité du consentement qu'il faut rattacher la décision d'Ulpien (L. 19 et 20, Dig., *Pro soc.*) relative au croupier que peut se donner un associé. En étudiant les effets de la société, nous aurons à nous occuper de ce cas où l'un des associés se met en société avec un tiers (ci-dessous, n° XLI). Signalons seulement, dès à présent, la décision du jurisconsulte : « *Socii mei socius, meus socius non est* », et la raison qu'il en donne : « *Socius mihi esse non potest, quem ego socium esse nolui.* »

VIII. Avant de passer au second élément de la société, il nous faut examiner deux espèces prévues par les jurisconsultes, et dans lesquelles la question de savoir s'il y a ou non société doit être résolue d'après l'intention des parties contractantes.

La loi 52, § 13, de notre titre *Pro socio,* admet que si deux voisins ont acheté un terrain en commun, « *ne luminibus suis officeretur* », et si ce terrain a été livré à l'un d'eux, qui se refuse à exécuter la convention, l'autre pourra intenter l'action *pro socio*. Au contraire, la loi 31 cite le cas où une chose a été achetée par deux personnes comme un exemple d'indivision. Ces deux décisions ne sont contradictoires qu'en apparence, et, pour les concilier, il suffit de se rappeler que la société ne peut exister sans consentement; on est alors amené à dire qu'il y a société si les deux acquéreurs ont entendu s'associer, et qu'il y a simplement indivision dans le cas contraire.

C'est encore de la même manière que nous concilierons deux autres textes d'Ulpien. (L. 44, *Pro socio*, et L. 13, pr., *Præscr. verb.*, lib. XIX, tit. V, Dig.) Dans la loi 44, le jurisconsulte suppose que je vous ai chargé de vendre une perle en convenant que, si vous la vendiez tel prix, vous me donneriez ce prix tout entier; et que, si vous la vendiez plus cher, vous conserveriez l'excédant; il admet que, suivant que nous aurons eu ou non l'intention de nous associer, nous pourrons recourir à l'action *pro socio* ou à l'action *præscriptis verbis*. Cette solution semble, au premier abord, contredire celle de la loi 13, *Præscript. verb.*, d'après laquelle, « *si tibi rem vendendam certo pretio dedissem, ut, quo pluris vendidisses, tibi haberes,... societas non videtur contracta in eo, qui te non admisit socium distractionis, sed sibi certum pretium excepit.* » Et en effet, certains auteurs pensent que les deux textes sont inconciliables et que la décision du second est préférable : dans l'espèce, disent-ils, le propriétaire de la chose ne l'a pas mise en commun; celui qui s'est chargé de la vendre n'a rien apporté, et il peut arriver qu'il n'ait aucun droit sur le prix; il ne peut donc y avoir société dans ces circonstances. Il vaut mieux, suivant nous, supposer que les deux textes cités plus haut prévoient deux hypothèses analogues en apparence, mais différentes au fond, et dire que tout dépend de la volonté des parties. La loi 13 suppose qu'il n'y a pas société, et il faut bien avouer que c'est ce qui arrivera le plus souvent : la convention dont il s'agit ressemble assez à un mandat, et elle pourra constituer réellement un mandat ou un contrat innomé. Mais, si les parties ont entendu s'associer, l'action *pro socio* sera ouverte, car alors les trois éléments du contrat de société se trouvent réunis : l'un des associés apporte une perle, l'autre son industrie; l'un et l'autre ont droit à une part des bénéfices, puisque celui qui se charge de la vente acquiert une chance de gain en échange de l'industrie qu'il apporte; dès lors rien ne s'oppose à ce que les contractants donnent à leur convention le caractère et les effets de la société.

SECTION II.

DE L'APPORT.

IX. Le second caractère de la société, c'est que chaque associé doit apporter quelque chose. Il n'est pas nécessaire que les apports soient égaux; si l'un des associés apporte plus que les autres, il pourra recevoir comme compensation une part de bénéfices plus grande. Cela même n'est pas indispensable : les parts de bénéfices peuvent fort bien, nous le verrons, ne pas être proportionnelles aux apports; par exemple, une société *totorum bonorum* peut se former entre des personnes dont les fortunes ne sont pas égales, « *cum plerumque* » *pauperior opera suppleat, quantum ei per compara-* » *tionem patrimonii deest,* » (L. 5, § 1, Dig., *Pro soc.*)

Il faut seulement que chacune des parties fasse un apport; rien n'est plus naturel : le but de la société étant de réaliser et de partager des bénéfices, il est rationnel d'exiger que tous ceux qui doivent avoir une part dans les bénéfices aient mis quelque chose dans la masse commune. S'il en était autrement, il y aurait donation et non société; or, comme dit Ulpien, « *dona-* *tionis causa societas recte non contrahitur* ». (L. 5, § 2, cod. tit.) Ainsi, un contrat qui présente ce caractère do libéralité, d'avantage purement gratuit pour l'une des parties, ne vaut pas comme société. C'est pour cela que, d'après l'opinion de Labéon rapportée par Ulpien, le mineur de vingt-cinq ans qui s'est engagé dans une société formée *donationis causa* n'a pas droit à la *restitutio in integrum;* le secours du préteur lui est en effet inutile, une telle société n'ayant aucun effet même entre les parties majeures. (L. 16, § 1, Dig., *De min.*, lib. IV, tit. IV.)

Du reste, le contrat qui nous occupe, qui a les caractères d'une libéralité, et qui ne vaut pas comme société, ne vaut pas non plus comme donation, du moins dans le droit antérieur à Justinien. A cette époque, la donation ne pouvait se faire par un simple pacte. Aussi Ulpien (1) déclare-t-il nulle une société contractée *donationis causa* entre époux, « *quia nulla » societas est quæ donationis causa interponitur, nec inter » cæteros, et propter hoc nec inter virum et uxorem* ». Jusqu'à Justinien, la convention de donner n'était qu'un simple pacte, et ne produisait aucune action, si ce n'est *inter parentes et liberos* (Cod. Theod., l. 4, lib. VIII, tit. XII). Mais une constitution de cet empereur (L. 35, § 5, Cod., *De donat.*, lib. VIII, tit. LIV) a donné force obligatoire à la donation, sans qu'il soit besoin de recourir à la stipulation ou à la tradition. En conséquence, la convention dont il s'agit, si elle ne vaut pas en tant que société, a dans le dernier état du droit les effets d'un pacto de donation, et produit la *condictio ex lege,* sauf la nécessité de l'insinuation au delà de 500 solides. (L. 36, § 3, eod. tit.)

---

(1) L. 32, § 21. Dig., *De donat. int. vir. et uxor.* (Lib. XXIV, tit. I.)

X. Quoi qu'il en soit, pour qu'il y ait véritablement société, il faut toujours que chacune des parties apporte quelque chose, de l'argent, ou toute autre valeur. Après quelques hésitations, on admit que la société pouvait s'établir entre deux personnes dont l'une apporte de l'argent et l'autre son industrie : « *Societatem, uno pecuniam conferente, alio operam, posse contrahi, magis obtinuit.* » (L. 1, Cod., *Pro soc.*) D'une manière générale, on peut dire que tout ce qui est susceptible d'estimation pécuniaire peut être l'objet d'un apport. La loi 52, § 7, Dig., *Pro soc.*, nous fournit un exemple remarquable dans lequel l'une des parties apporte de l'argent et l'autre son industrie : « Entre Flavius Victor et » Velleius Asianus il avait été convenu que, sur un ter- » rain acheté des deniers de Victor, Asianus construirait » un bâtiment, et que, le bâtiment étant ensuite vendu, » Victor reprendrait sa mise et une somme déterminée, » abandonnant le surplus à Asianus, qui apportait son » industrie à la société; il y aura lieu à l'action *pro* » *socio* », dit le jurisconsulte.

Ce ne sont pas seulement les capitaux et l'industrie qui peuvent faire l'objet d'un apport; l'un des associés peut aussi apporter son crédit, et l'on tiendra compte de cet élément dans la fixation des parts. (L. 80, Dig. *Pro soc.*) Il faut en dire autant de la propriété et de l'usufruit des corps certains, de la propriété et du quasi-usufruit des choses *quæ eo pondere, numero, mensurave constant;* il en est de même des choses futures, telles que l'hérédité d'une personne vivante (L. 3, § 2, Dig., cod. tit.). Mais, bien entendu, nous n'entendons parler ici que de la succession future d'une personne incertaine; quant à celle d'une personne vivante déterminée, elle ne peut être l'objet d'aucune convention sans le consentement de cette personne.

Bien plus, la loi 58, princ., Dig., *Pro soc.*, nous donne l'exemple curieux d'une société dans laquelle les associés apportent, non pas la valeur intrinsèque de certaines choses, mais la valeur exceptionnelle que ces choses acquièrent par le seul fait de leur réunion. Dans ce texte, Ulpien se demande si l'action *pro socio* est ouverte au profit de celui dont l'apport a péri. Et à ce propos il rapporte l'espèce suivante, qu'il emprunte à Celse : « Vous aviez trois chevaux et j'en avais un ; » nous avons contracté une société, afin de vendre le » quadrige formé par la réunion de ces quatre chevaux, » et il a été convenu que je recevrais le quart du prix ; » dans ces circonstances, si mon cheval périt avant la » vente, Celse dit qu'il ne pense pas que la société sub- » siste, et suivant lui vous ne me devez aucune part » du prix de vos chevaux, car la société n'a pas été » formée dans le but de posséder un quadrige en com- » mun, mais afin de vendre les quatre chevaux ensem- » ble. » Ainsi, le jurisconsulte admet que l'on peut, tout en conservant la propriété et la jouissance de sa chose, mettre en société purement et simplement la destination vénale de cette chose. Dans l'espèce, les parties s'étaient proposé uniquement de vendre leurs chevaux ensemble dans l'espoir d'en tirer un meilleur prix ; c'est pour cela que le propriétaire du cheval qui a péri avant la vente n'a pas l'action *pro socio*. Celse ajoute qu'il en serait autrement si les contractants avaient voulu former et mettre en commun le quadrige, de façon que la part de l'un fût trois fois plus forte que celle de l'autre ; alors, la société subsisterait malgré la perte de l'un des chevaux.

Ce dernier exemple prouve jusqu'à l'évidence que toutes les choses susceptibles d'évaluation pécuniaire peuvent faire l'objet d'un apport.

— XI. Nous avons maintenant à rechercher quel droit la société acquiert sur les apports des associés. Ce droit varie suivant les cas; et, à cet égard, nous devons distinguer quatre hypothèses :

1° L'apport consiste dans la translation de la copropriété (1) d'un corps certain; s'il s'agit d'une chose *nec mancipi,* cette translation s'opérera par tradition; pour les choses *mancipi*, il faudra avoir recours à la *mancipatio* ou à l'*in jure cessio*. Et alors la chose apportée fait partie du fonds commun que l'on partagera lors de la dissolution; elle est aux risques de la société, sa perte ne prive pas l'associé de sa part dans les bénéfices. Toutefois, cela n'est rigoureusement vrai que pour la société pure et simple; en supposant une société conditionnelle, si le corps certain périt avant la réalisation de la condition, l'obligation de celui qui devait en transférer la propriété ne naît pas faute d'objet, et l'obligation des autres ne naît pas faute de cause, de sorte que l'associé qui ne peut remplir son engagement perd par cela même tous ses droits (2).

2° L'apport consiste dans la constitution d'un droit

---

(1) Nous disons la copropriété, parce qu'il faut toujours que l'associé conserve une partie de la propriété; s'il la transférait tout entière, il n'y aurait pas société : « *nemo societatem contrahendo rei suæ* « *dominus esse desinit.* » (L. 13, § 1, Dig., *Præscript. verb.,* lib. XIX, tit. V.)

(2) On pourrait rattacher à cette idée la loi 58, Dig., *Pro soc.,* que nous avons citée plus haut (voir n° 10); la société *vendendæ quadrigæ* est une société conditionnelle; l'un des chevaux venant à périr avant la réalisation de la condition, c'est-à-dire avant la vente, le jurisconsulte refuse justement l'action *pro socio* à son propriétaire.

d'usufruit sur un corps certain; en pareil cas, l'associé reste propriétaire de la chose, et la prélève en nature avant le partage; si elle périt par cas fortuit, l'associé nu propriétaire éprouve sans doute une perte, mais les risques sont pour la société, en ce sens que cet associé conserve néanmoins son droit aux bénéfices.

3° Nous venons d'appliquer les règles de la vente; ce sont celles du louage qui reçoivent leur application lorsque l'associé s'est simplement obligé à faire jouir la société d'un corps certain. Il est alors dans la position d'un bailleur; évidemment il reste propriétaire; et si la chose périt, d'une part il se trouve libéré vis-à-vis des autres associés, et d'autre part il n'a plus aucun droit dans les bénéfices (L. 33, Dig., *Locat. conduct.*, lib. XIX, tit. II).

4° Enfin, il peut se faire que l'apport consiste en un droit de quasi-usufruit sur des choses *quæ ex pondere, numero, mensurave constant*. Alors, conformément aux règles du quasi-usufruit, l'associé prélève avant partage des choses de même nature et de même valeur. Les risques sont pour la société dès que l'apport est réalisé; jusque-là, ils sont pour l'associé qui ne serait pas libéré par la perte fortuite des choses qu'il se proposait de livrer.

Bien entendu, le prélèvement dont nous venons de parler n'a lieu que si l'apport consiste dans le quasi-usufruit, et non dans la propriété même de l'argent ou des choses qui en font l'objet; quelquefois il y a doute sur le point de savoir si l'associé s'est engagé à apporter l'usufruit ou la propriété, et si par conséquent il a ou non droit au prélèvement. Nous verrons plus tard, en parlant des prélèvements (ci-dessous, n° LXXII), à quelle présomption il faut s'attacher en pareil cas.

SECTION III.

DU BUT DE LA SOCIÉTÉ.

XII. Le troisième élément constitutif de la société, c'est, nous le savons, l'avantage commun que les associés ont pour but de retirer du contrat. Il nous reste donc, pour expliquer et développer la définition du contrat de société, à nous occuper du but de ce contrat.

Ce but doit être de poursuivre un avantage licite, appréciable en argent et commun à tous les associés.

XIII. La société dont le but ne serait pas licite serait radicalement nulle. Cela résulte des principes généraux du droit et de plusieurs textes qui se rapportent spécialement à notre matière. (Dig., l. 57, *Pro soc.; l. 1, § 14, De tut.,* lib. XXVII, tit. III; l. 35, § 2, *De contrah. empt.,* lib. XVIII, tit. I.) (1) Mais si, en fait, une société de ce genre a été formée, quelles en seront les conséquences?

D'abord, la société étant nulle, il est certain qu'aucune des parties ne peut contraindre les autres à réaliser leur apport. Seulement, si l'apport a été réalisé, le partage se fera, et se fera nécessairement par l'action *communi dividundo.* En effet, il ne peut être question de la *condictio ob turpem causam,* puisque la *turpis causa* existe également chez tous les associés; l'action *pro socio* n'étant pas non plus admissible, il faut recourir

---

(1) « *Flagitiosæ rei societas coita nullam vim habet* », dit Gaïus. (L. 70, in fin., Dig., *De fidejuss.,* lib. XLVI, tit. I.)

à l'action *communi dividundo*, qui est donnée pour le partage de l'argent appartenant aux *collegia illicita*. (L. 3, princ. Dig., *De colleg.*, lib. XXVII, tit. XXII.)

C'est ici le lieu d'examiner les effets des délits commis par les associés, effets qui se produisent dans les rapports des associés avec les tiers et dans les rapports des associés entre eux :

1° Les tiers victimes de ces délits pourront avoir à exercer des actions pénales bilatérales ou unilatérales ou des actions mixtes. Les actions pénales bilatérales, comme l'action *furti*, s'intentent pour le tout contre chacun des auteurs du délit ; le payement fait par l'un ne libère pas les autres. Les actions pénales unilatérales, celles qui sont *rei persecutoriæ* du côté du demandeur, comme l'action *de dolo*, s'intentent *in solidum* contre celui des délinquants qu'il plaît au demandeur de poursuivre, mais le payement fait par l'un libère tous les autres. Les actions mixtes, celle de la loi *Aquilia*, par exemple, sont données pour le tout contre chacun des délinquants ; le payement fait par l'un ne libère pas les autres : « *Nam ex lege Aquilia quod alius præstitit* » *alium non relevat cum sit pœna.* » (L. 11, § 2, *ad leg. Aquil.* Dig., lib. IX, tit. II) (1).

2° Maintenant, en supposant que le délit n'ait pas été commis par tous les associés, ceux qui n'y ont pas pris part n'ont point l'action *pro socio* pour obtenir une part du bénéfice qui en est résulté. D'un autre côté, si le

____

(1) L'action de la loi Aquilia est toujours donnée *in solidum*, et le payement fait par l'un des délinquants n'empêche pas les autres de rester tenus. Il en est ainsi alors même que l'action est pénale unilatérale, c'est-à-dire *rei persecutoria* pour le demandeur, ce qui arrive notamment quand l'esclave tué n'a pas changé de valeur dans l'année qui a précédé le délit.

gain illicite a été mis en commun, il ne peut plus être
répété (L. 53, Dig., *Pro soc.*) : *Nemo auditur propriam
turpitudinem allegans.* Il en résulte que ce gain, faisant
partie désormais de l'actif social, sera partagé au moyen
de l'action *communi dividundo.* Seulement, l'associé
délinquant peut avoir contre les autres un recours à
raison des condamnations qu'il a subies; à cet égard,
une distinction est nécessaire.

Si la société a eu pour but dès l'origine des opérations illicites, elle est nulle *ab initio,* et l'action *pro
socio* ne peut être donnée (1).

Au contraire, lorsqu'il s'agit d'une société licite dans
son principe, la communication du bénéfice résultant
d'un délit entraîne comme conséquence la participation à la perte. Toutefois, les jurisconsultes tiennent
compte des circonstances, et avec raison. Si les associés non coupables ont ignoré la source du gain, ils
ne contribuent qu'au payement de l'indemnité, tandis
que s'ils l'ont connue ils subissent toutes les conséquences du délit. (L. 55 à 57. Dig., *Pro soc.*) Ainsi,
l'associé qui a de bonne foi profité du délit ne doit
rendre que ce qu'il a reçu ; celui qui a connu le délit
supporte, en outre, sa part de la peine.

—XIV. En second lieu, l'avantage poursuivi par les
associés doit être appréciable en argent. Mais il n'est
pas nécessaire que la société ait pour but de faire des
bénéfices pécuniaires. La loi 52, § 12 et 13 de notre
titre au Digeste, nous fournit trois exemples de sociétés

---

(1) « *Si maleficii societas coita sit, constat nullam esse societatem;
» generaliter enim traditur rerum inhonestarum nullam esse societa-
» tem.* » (L. 57, Dig., *Pro socio.*)

contractées sans que les parties aient en vue la réalisation de bénéfices pécuniaires :

« Si des dépenses ont été faites, dit Ulpien, pour la
» réparation d'un cours d'eau commun, Cassius dit
» que l'action *pro socio* sera donnée pour obtenir le
» remboursement. De même, Mela pense que si deux
» voisins ont mis en commun chacun un demi-pied de
» terrain pour y élever un mur de séparation, *ad onera*
» *utriusque sustinenda*, et si ensuite l'un des deux veut
» empêcher l'autre d'appuyer une poutre dans le mur,
» celui-ci pourra intenter l'action *pro socio*. Cette ac-
» tion sera donnée également si deux personnes ont
» acheté en commun un terrain pour que leur vue ne
» fût pas gênée, et si la tradition a été faite à l'un des
» deux acheteurs qui refuse d'exécuter la convention
» vis-à-vis de l'autre. »

— XV. Ce texte nous montre bien que l'espérance d'un bénéfice pécuniaire n'est pas absolument indispensable à la formation du contrat. Dans les trois hypothèses qu'il prévoit, les parties recherchent un avantage appréciable en argent et qui doit leur être commun ; cela suffit pour qu'il y ait société. Comme chacune des parties doit avoir un intérêt dans la société, et comme celle-ci doit avoir pour but un avantage commun à tous les contractants, il faut considérer comme nulle la société léonine, celle qui attribue tous les bénéfices à l'un, tandis que l'autre supporte les pertes sans participer au gain. C'est ce que décide Ulpien, en flétrissant énergiquement une pareille convention :
« *Aristo refert Cassium respondisse societatem talem*
coiri non posse, ut alter lucrum tantum, alter damnum
sentiret ; et hanc societatem leoninam solitum appel-

lare : et nos consentimus talem societatem nullam esse..... iniquissimum enim genus societatis est, ex qua quis damnum non etiam lucrum spectet. » D'ailleurs, les parts des associés peuvent être inégales, nous le verrons plus tard; il faut seulement et il suffit que chacun d'entre eux ait un droit sérieux aux bénéfices. Et ce droit, tout en étant sérieux, peut fort bien n'être qu'éventuel, subordonné, par exemple, à la condition que le prix de vente de l'objet commun dépassera un certain chiffre. (L. 44 et 52, § 7. Dig., *Pro soc.*)

Il faut remarquer qu'un contrat n'a pas les caractères de la société par cela seul que les diverses parties ont un intérêt dans ce contrat. Ce qui est le propre de la société, c'est la communauté d'intérêt; le but du contrat est nécessairement de poursuivre un avantage commun. Aussi voyons-nous que l'action *pro socio* n'est pas ouverte lorsque les parties poursuivent chacune un but distinct et particulier. Africain applique ces principes d'une façon remarquable dans l'espèce suivante : « *Cum fundum communem habuimus, et inter nos convenit ut alternis annis certo pretio eum conductum haberemus : tu, cum tuus annus exiturus esset, consulto fructum insequentis anni corrupisti; agam tecum duabus actionibus, una ex conducto, altera ex locato, locati enim judicio mea pars propria, conducti autem actione tua duntaxat propria in judicium venient.* » (1). Dans l'espèce, la réparation du dommage causé peut être demandée par deux actions, parce que chacun des contractants joue le rôle de *conductor* et celui de *locator;* elle ne peut l'être par l'action *pro socio*, parce que l'intérêt commun n'existe pas, chacun usant ex-

---

(1) L. 35, § 1, Dig. *Locat. cond.* (Lib. XIX, tit. II.)

clusivement du fonds pendant un an. — De même, la décision bien connue du § 2, *De locat. et conduct.*, aux Institutes (lib. III, tit. XXIV), nous montre encore que la société ne peut exister là où l'intérêt commun ne se rencontre pas : lorsque deux voisins ayant chacun un bœuf conviennent que chacun d'eux se servira des deux bœufs pendant dix jours, celui qui a quelque réclamation à faire valoir doit se servir de l'action *præscriptis verbis*. Il n'y a là, dit le texte, ni louage ni commodat; nous pouvons ajouter : il n'y a pas non plus société, bien que l'un et l'autre des voisins fournissent quelque chose, car chacun poursuit un but distinct, et n'a en vue que son intérêt personnel.

Il peut arriver quelquefois qu'il y ait doute sur le point de savoir si les parties ont eu en vue un résultat destiné à devenir commun. Ce doute alors doit être résolu en fait et d'après l'intention des parties (1); car, comme nous l'avons dit, il n'y a pas de société sans le consentement exprès ou tacite des associés.

Dans tous les cas il n'y a de partageable que le gain réalisé dans les opérations pour lesquelles les parties ont entendu s'associer. Ainsi, deux *argentarii* qui se sont mis en société pour exploiter le commerce de la banque ne sont pas tenus de mettre en commun leurs bénéfices résultant d'opérations étrangères à ce commerce. Cette solution ne soulève aucune difficulté : « *Explorati juris est* », dit l'empereur Septime Sévère dans un rescrit rapporté par Ulpien. (L. 52, § 5, Dig., *Pro soc.*)

---

(1) C'est la décision que donne Ulpien. (L. 52 princ. Dig., *Pro soc.*)

SECTION IV.

DES MODALITÉS DONT LA SOCIÉTÉ EST SUSCEPTIBLE, ET DE CERTAINES CLAUSES QUI PEUVENT Y ÊTRE AJOUTÉES.

XVI. Un texte de Paul (L. 1, Dig. *Pro soc.*) nous indique les modalités qui peuvent affecter le contrat dont nous nous occupons : « *Societas coiri potest vel in perpetuum, id est dum vivunt, vel ad tempus, vel ex tempore, vel sub conditione.* »

La société formée *in perpetuum* dure tant que vivent les associés. Il n'est pas permis de contracter une société *in æternum* (L. 70, cod. tit.), c'est-à-dire de façon qu'à la mort d'un des associés elle continue avec ses héritiers; une telle clause n'est possible que dans les *societates vectigalium* (1). (L. 35 et 59, pr., cod. tit.) Elle est sans effet dans les autres espèces de sociétés : l'*intuitus personæ* étant le mobile du contrat, on conçoit qu'on ne puisse admettre d'avance comme associé une personne incertaine, telle que l'héritier d'une des parties qui ne peut être institué d'une manière irrévocable à l'époque de la convention. « *Societas*, dit Paul (L. 65, § 11, cod. tit.), *quemadmodum ad hæredes socii non transit, ita nec ad adrogatorem, ne alioquin invitus quis socius efficiatur cui non vult.* »

Les parties peuvent fixer un terme, soit pour le commencement, soit pour la fin des opérations. La société existe *ad tempus*, soit que le terme ait été fixé expressément, soit qu'il résulte implicitement de l'affaire déterminée en vue de laquelle les parties ont con-

---

(1) V. ci-dessous n° LXVII-1°.

tracté. A défaut de terme exprès ou implicite, elle est considérée comme faite *in perpetuum*. Dans tous les cas, comme nous le verrons, la *renunciatio* de l'un des associés, fondée sur une juste cause, peut amener la dissolution de la société.

XVII. Le texte de Paul dit encore que la société peut être faite *sub conditione*. En présence d'une expression aussi générale, il faut admettre que l'on pouvait subordonner à une condition, soit le commencement, soit la fin de l'association. Du reste, bien que Paul s'exprime d'une manière très-affirmative, les jurisconsultes avaient douté pendant longtemps que l'existence d'une société pût être subordonnée à l'événement d'une condition. Justinien lui-même constate cette controverse (1), et tranche définitivement la question en admettant cette modalité. Cujas, et après lui Voët et Pothier, ont pensé que le doute des anciens jurisconsultes venait de ce que la réalisation des apports avait lieu au moyen de la *mancipatio*, qui n'admettait pas de condition Cette conjecture est mal fondée : la *mancipatio*, comme les autres *actus legitimi*, n'admettait pas plus le terme que la condition, et cependant on a toujours permis l'adjonction d'un terme au contrat de société. De plus, suivant la règle *expressa nocent, non expressa non nocent*, rien n'aurait empêché que la *mancipatio* fût soumise tacitement à la condition exprimée dans le contrat, car les *actus legitimi* pouvaient être affectés d'une condition tacite. Enfin, pour les apports consistant en *res nec mancipi*, la translation s'opérait au moyen de la

---

(1) « *De societate apud veteres dubitatum est, si sub conditione contrahi potest.* » (L. 6, Cod., Pro soc.)

tradition, et la tradition admettait très-bien une condition même expresse. Il est donc plus vraisemblable que les jurisconsultes s'étaient arrêtés devant les difficultés qui résultent de la condition, principalement dans la société *totorum bonorum*; car, tant que la condition est en suspens, on ne peut savoir si le résultat d'une opération faite par l'une des parties lui sera personnel ou appartiendra à la société. C'est cet inconvénient sans doute qui avait motivé l'hésitation dont parle la constitution de Justinien. Dans le dernier état du droit, le doute n'est plus possible; la société peut être soumise à une condition *ex qua*, ou à une condition *ad quam*.

— XVIII. Nous connaissons les conditions essentielles de la société, celles que la loi impose, et que nul ne peut changer. Il convient, pour terminer ces notions générales, d'étudier quelques-unes des clauses que les Romains ajoutaient fréquemment au contrat qui nous occupe.

Paul (L. 71, Dig., *Pro soc.*) cite une clause qui rend incertaine l'existence même du contrat. Deux personnes se sont associées pour enseigner la grammaire, en convenant de mettre leurs bénéfices en commun; après avoir rédigé leurs conventions par écrit, chacune d'elles a promis à l'autre « *hæc quæ supra dicta sunt, ea ita dari, fieri, neque adversus ea fieri; si ea ita data, facta non erunt, tum viginti millia dari.* » On demande si l'action *pro socio* sera ouverte contre celui qui a violé la convention. Le jurisconsulte répond que, suivant lui, il n'y a pas novation, parce que la stipulation ne porte pas sur l'exécution même de la convention; elle est conditionnelle, subordonnée à l'inexécution des obligations; en un mot, il s'agit simplement d'une clause pénale, qui ne s'oppose pas à l'exercice de l'action *pro socio*.

XIX. La loi 14, Dig., *Pro soc.*, est relative à la clause *ne intra certum tempus societate abeatur*, par laquelle les associés s'engagent réciproquement à rester en société. Pomponius considère cette clause comme inutile; car, alors même qu'elle n'existe pas, si l'une des parties se retire en temps inopportun, l'action *pro socio* peut être intentée; et d'autre part, malgré cette clause, la renonciation peut être faite avant le terme, si elle se fonde sur une cause légitime.

Dans le même texte, Ulpien suppose qu'il a été convenu, *ne intra certum tempus communis res dividatur*. En pareil cas, la société ne dure pas nécessairement jusqu'à l'époque fixée; seulement, si elle se dissout, l'indivision subsistera jusqu'à l'expiration du terme, avant lequel l'action *communi dividundo* ne pourra être exercée utilement.

XX. Il peut se faire que l'un des associés ait stipulé une clause pénale pour un cas déterminé. La condition s'étant réalisée, le stipulant réclamera le montant de la peine promise au moyen de la *condictio certi*, et son droit se bornera là, si cette peine est au moins égale à la condamnation méritée. Que si elle est inférieure, le surplus sera obtenu par l'action *pro socio*. (L. 41 et 42, Dig., *Pro soc.*)

XXI. La clause *ut de communi dos constitueretur* était très-fréquente en droit romain (1); la loi 81 de notre titre en indique les effets.

____

(1) Il résulte même de la loi 73, Dig., *Pro soc.*, qu'elle était sous-entendue dans la société *totorum bonorum*.

L'un des associés a promis une dot à son gendre; il meurt sans l'avoir payée, laissant sa fille héritière; celle-ci divorce et intente l'action *rei uxoriæ* contre son mari, non pour exiger la dot qui n'a pas été fournie, mais pour se faire libérer de son obligation par acceptilation (1). La clause qui nous occupe étant intervenue entre le père et ses associés, on se demande si la femme divorcée peut obtenir par l'action *pro socio* de prélever sur le fonds social la dot qu'elle aurait entre les mains depuis le divorce si elle avait été fournie effectivement. Papinien décide que ce prélèvement ne peut avoir lieu; les choses doivent se passer comme si la société se fût dissoute avant la constitution de dot; ce n'est pas la faute de la société si la dot n'a pas été payée.

Que si le père avait payé la dot avant sa mort, la femme divorçant ensuite et obtenant du mari la restitution de cette dot ne serait pas tenue de la remettre dans l'actif social, bien qu'elle fût héritière de son père; car c'est *jure proprio* qu'elle exerce l'action en restitution de la dot; dès lors elle garde pour elle ce qu'elle obtient ainsi, qu'elle soit ou non exhérédée.

Enfin Papinien suppose que, la dot ayant été payée, le mariage se dissout du vivant du père; s'il se dissout par la mort de la femme, la dot profectice est rendue par le mari au père dotateur, et l'équité exige qu'elle soit versée dans la caisse sociale qui l'a fournie. Au contraire, dans le cas de divorce, la fille agit de concert avec son père contre le mari, et la dot rentre dans la caisse de la société; elle y rentre *cum sua causa*, sci-

---

(1) En effet, comme héritière de son père, elle doit la dot; elle intente l'action *rei uxoriæ* pour obtenir sa libération.

licet ut ea vel alii marito dari possit. Toutefois si le mari n'a pas restitué toute la dot (1), le père ne peut, à moins de convention spéciale, puiser de nouveau dans la caisse commune pour la compléter; en cas de second mariage de sa fille, il ne peut prendre dans cette caisse que les sommes recouvrées au moyen de l'action *rei uxoriæ.*

XXII. Nous citerons en dernier lieu une clause fort obscure, indiquée par Ulpien dans un texte (L. 69, Dig., *Pro soc.*) qui a été mis au nombre des *septem cruces jurisconsultorum,* et qui est ainsi conçu : « *Cum societas ad emendum coiretur, et conveniret ut unus reliquis nundinas (id est epulas) præstaret, eosque a negotio dimitteret, si eas eis non solverit, et pro socio, et ex vendito cum eo agendum est.* » Un grand nombre d'auteurs ont commenté ce texte; la plupart des interprétations proposées cadrent mal avec les expressions d'Ulpien; aussi nous bornerons-nous à donner ici l'explication qui nous paraît la plus simple et la plus rationnelle.

Une société *ad emendum* étant établie entre Titius et deux autres personnes, les parties conviennent que Titius prendra à sa charge toutes les opérations, qu'il fournira toutes les sommes nécessaires au fonctionnement de la société, et recueillera seul tous les bénéfices, à la charge de subvenir aux frais d'entretien de ses coassociés. Cette convention, véritable pacte de vente, se conçoit aisément, si l'on suppose que Titius a des capitaux importants à sa disposition, et que ses associés sont d'habiles commerçants; ceux-ci lui vendent leur part dans les bénéfices communs, et le payement

______

(1) A cause du bénéfice de compétence.

des sommes nécessaires à leur entretien constitue le prix de cette vente. La somme à laquelle s'élèvent ces frais représente à la fois le prix de la vente et la part des associés vendeurs dans les bénéfices résultant des opérations communes. Aussi le payement de cette somme peut être poursuivi contre Titius par deux actions : « *et pro socio, et ex vendito, cum eo agendum est* (1). » L'action *pro socio* sera préférable si la société a prospéré et si Titius est solvable; elle aboutira au payement des *epulæ*, et peut-être même d'une indemnité. Que si la solvabilité de Titius est douteuse, il vaudra mieux, pour échapper au bénéfice de compétence, agir *ex vendito* pour obtenir simplement le montant des *epulæ*.

Cette solution nous paraît conforme au texte d'Ulpien, qui suppose deux conventions distinctes, un contrat de société et un pacte qui fixe les droits des deux associés de Titius. Celui-ci se charge de toutes les affaires sociales; mais, comme il faut que les autres aient en vue un bénéfice, il s'engage à leur fournir les *epulæ*, dont la valeur représente leur part dans les bénéfices sociaux et forme le prix de la vente par eux consentie de tous leurs droits. Ainsi s'explique l'existence des deux actions que les associés vendeurs peuvent intenter contre Titius (2).

---

(1) Le cumul des deux actions n'a rien d'étonnant ici : le pacte de vente étant ajouté *in continenti* au contrat, se trouve muni, comme le contrat lui-même, de l'action *pro socio;* de plus, comme il constitue une vente, son exécution peut être demandée par l'action *ex vendito.*

(2) Cujas propose une autre explication; suivant lui, les deux actions *pro socio* et *ex vendito* seraient intentées par des personnes différentes; il suppose une société *ad emendum* formée entre trois personnes dont l'une, Titius, se charge de préparer à ses frais les repas aux vendeurs et envoie les autres au marché : (*ad negotium* au

lieu de *a negotio dimittit*). Lorsqu'ils reviennent avec un vendeur, Titius n'a rien préparé; alors, dit Cujas, il est tenu de l'action *pro socio* envers ses associés; et le tiers vendeur a contre lui une action *ex vendito* utile à cause du mandat d'acheter qu'il avait donné à ses coassociés.

Nous préférons l'explication donnée au texte, parce qu'elle ne fait aucune correction dans la loi 69; il est tout à fait arbitraire de remplacer les mots *a negotio* par les mots *ad negotium*. De plus, Ulpien ne parle pas de tiers vendeur; il semble plutôt envisager une question de rapports entre associés; et les deux actions dont il parle doivent appartenir à la même personne.

CHAPITRE II.

DES DIVERSES ESPÈCES DE SOCIÉTÉS.

XXIII. En considérant les sociétés au point de vue
de leur caractère, on reconnaît que les unes sont de
véritables personnes juridiques, tandis que les autres
consistent simplement dans une réunion de personnes
copropriétaires du fonds commun. Cette distinction est
très-importante, et nous l'approfondirons bientôt en
étudiant les effets du contrat de société. Pour le moment, et en nous attachant plus spécialement à leur
objet, nous diviserons les sociétés en cinq classes,
savoir :

1° La société *totorum bonorum;*
2° La société *universorum quæ ex quæstu veniunt;*
3° La société *unius rei;*
4° La société *alicujus negotiationis;*
5° La société *vectigalium.*

Les Institutes de Gaius (Comm. III, § 148) et de Justinien (princ., *De societ.*, lib. III, tit. XXV) ne mentionnent que la première et la troisième de ces cinq
classes. La classification complète, telle que nous venons de la donner, est indiquée par Ulpien au Digeste
(L. 5 et 7, *Pro soc.*). Du reste, la société *vectigalium*
n'est au fond qu'une société *alicujus negotiationis;* nous
lui consacrerons pourtant un paragraphe spécial, à
cause de certaines particularités qu'elle présente.

§ I. — *De la société* totorum bonorum.

XXIV. Nous savons déjà que cette société ne peut se former sans le consentement exprès des parties, et qu'il n'est pas indispensable que ceux qui la contractent aient des patrimoines rigoureusement égaux (L. 5, § 1, Dig., *Pro soc.*) (1). Avant de déterminer la composition de l'actif et du passif, nous devons insister sur une règle toute spéciale à cette espèce de société.

Au moment même de la formation du contrat, et sans tradition, la propriété des objets corporels appartenant à chacun des associés devient indivise entre tous : « *Omnes res quæ coeuntium sunt, continuo communicantur* » (L. 1, § 1, eod. tit.). C'est là une dérogation remarquable au principe de la loi 20 au code *De pactis* (lib. II, tit. III) : « *Traditionibus et usucapionibus dominia rerum, non nudis pactis, transferuntur.* » Nous voyons ici, en effet, une translation de propriété qui s'opère sans tradition, par le seul effet de la convention. Gaius constate cette singularité en ces termes : « *Licet specialiter traditio non interveniat, tacita tamen creditur intervenire* » (L. 2, Dig., *Pro soc.*). Il est probable que ce texte a été remanié et mis en harmonie avec le droit de Justinien : au temps de Gaius, le *dominium* des choses *mancipi* se transférait par la *mancipatio*, et dès lors le jurisconsulte devait parler non-seulement de tradition tacite, mais aussi de *mancipatio* tacite. — Quoi qu'il en soit, la raison de cette disposition exceptionnelle paraît être dans la nature du contrat, qui exige la bonne foi réciproque des parties :

(1) Voir ci-dessus, n°s IV et IX.

si l'on eût exigé une tradition véritable ou un constitut possessoire exprès, les parties auraient pu oublier, par dol ou par négligence, d'accomplir ces formalités à l'égard de certains objets dont la prop·iété leur serait restée entière. Voilà pourquoi on sous-entend ici la clause de constitut possessoire, de sorte qu'en réalité les choses se passent comme si la propriété était trans-férée par la convention.

Il faut remarquer, du reste, que ce constitut posses-soire tacite ne s'applique pas aux créances; « *ea vero quæ in nominibus erunt manent in suo statu, sed ac-tiones invicem præstare debent* » (L. 3, princ., eod. tit.). Les Romains n'ayant jamais admis la cession di-recte des créances, il fallait, pour arriver à un résultat analogue, recourir à la novation ou constituer celui qui voulait acquérir le droit *procurator in rem suam;* la *mancipatio* et la tradition ne s'appliquaient pas aux créances (Gaius, II, § 38); il ne pouvait donc être question, quant à elles, de constitut possessoire tacite. Lorsqu'un associé était ou devenait créancier, les au-tres pouvaient seulement, par l'action *pro socio,* le contraindre à les constituer *procuratores in rem suam,* et à leur communiquer ainsi le bénéfice de la créance.

Même en ce qui touche les choses corporelles, le constitut possessoire tacite ne s'applique pas à celles que les associés peuvent acquérir après la formation de la société. (L. 74, Dig., *Pro soc.*) Rien n'est plus ration-nel : car, dès que la société existe, que les intérêts des parties se trouvent confondus, et que chacune d'elles surveille les affaires des autres, il n'y a plus lieu de craindre que la translation de propriété ne soit pas effectuée par dol ou par négligence. Bien entendu, la tradition effective de ces choses acquises au cours de la société n'est pas nécessaire; il suffit, conformément au droit commun, d'un constitut possessoire exprès.

— XXV. Nous avons maintenant à déterminer quelles choses entrent dans l'actif de la société *totorum bonorum*, et réciproquement quelles sont les charges que les associés doivent supporter en commun. Le principe que nous aurons à appliquer est celui-ci : la société supporte toutes les charges corrélatives aux choses dont elle devient propriétaire.

XXVI. Le nom même de cette société indique que son actif comprend le patrimoine tout entier des associés, c'est-à-dire l'ensemble de leurs biens présents et à venir. En conséquence, tout ce que l'un des associés acquiert à titre d'héritier, de légataire, de donataire (1), ou à tout autre titre (L. 3, § 1, cod. tit.), tout le profit qu'il tire de son industrie appartient à la masse commune. Chacune des parties doit également mettre dans cette masse tout ce qu'elle obtient au moyen de l'action d'injures, ou de l'action de la loi Aquilia, alors même qu'elle aurait exercé cette action à raison de blessures faites à elle-même ou à son enfant. (L. 52, § 10, cod. tit.)

Il faut en dire autant de la dot que l'associé reçoit de sa femme; la société acquiert cette dot *cum sua causa*, avec son affectation spéciale, qui est de subvenir aux charges du mariage. De là les conséquences suivantes :

---

(1) Toutefois, un legs ou une donation pourrait être fait à l'un des associés sous la condition que la chose léguée ou donnée ne serait pas commune; celui qui fait une libéralité, étant libre de ne pas la faire, peut y joindre telle condition qu'il lui plait d'y ajouter.

1° Si la société se dissout *manente matrimonio*, le mari prélève la dot, car c'est lui qui supporte à l'avenir les charges du mariage. (L. 63, §'16, Dig., *Pro soc.*)

2° Le mariage venant à se dissoudre pendant la durée de la société par la mort de la femme, si le mari a le droit de conserver la dot parce qu'elle est adventice et que le constituant n'en a pas stipulé la restitution, il n'a pas droit de prélever la dot lors du partage du fonds social (L. 66, cod. tit.) (1).

3° Enfin, dans cette même hypothèse où la dissolution du mariage précède celle de la société, il peut arriver que le mari ait à restituer la dot, ce qui a lieu lorsqu'elle est profectice ou réceptice. Dans ce cas, « *eadem die recipienda est dos qua et solvi debet* » (L. 63, § 16, in fin., cod. tit.); le mari, ne gardant pas la dot, a le droit de reprendre dans l'actif social ce qu'il doit restituer, à l'époque même de la restitution. Une distinction est donc nécessaire. Avant Justinien, la restitution des corps certains peut être exigée sans délai, tandis que les quantités sont restituées *annua, bima, trima die;* par suite, le mari prélève les corps certains immédiatement, et les quantités successivement à la fin de la première, de la seconde, de la troisième année après le mariage dissous. Sous Justinien, les immeubles sont rendus immédiatement, et les meubles dans l'année : le mari prélèvera donc les immeubles aussitôt la dissolution du mariage, et les meubles au bout d'une année (2).

---

(1) Le texte suppose également qu'une partie seulement de la dot doit rester au mari, ce qui peut arriver *propter liberos, propter mores,* etc. (Ulp., Reg., tit. VI, § 9 suiv.), et il donne pour ce cas la même décision : cette partie de la dot que le mari acquiert entre définitivement dans l'actif social.

(2) Dans le cas de divorce, la femme peut aussi avoir à réclamer sa

Tout ce qui est acquis *ex prohibitis causis* ne doit pas être mis dans la masse commune (L. 52, § 17, cod. tit.). Nous avons déjà dit plus haut que, si des bénéfices illicites sont entrés dans cette masse, l'associé coupable ne peut se les faire rendre; et nous avons exposé la distinction que font les jurisconsultes en ce qui touche la part à supporter par chacun dans les condamnations résultant du délit, suivant que les associés non délinquants sont de bonne ou de mauvaise foi.

XXVII. D'après tout ce qui précède, il nous sera facile de déterminer les éléments dont se compose le passif de la société *omnium bonorum*.

En vertu du principe *bona non intelliguntur, nisi deducto ære alieno*, les dettes des divers associés au moment de la formation du contrat deviennent communes. De même, la société doit pourvoir à l'entretien de ses membres, de leurs femmes et de leurs enfants. Elle supporte les pertes fortuites qui ne peuvent être attribuées au dol ou à la faute des associés : si l'un d'eux a été condamné injustement à raison d'un délit, en prouvant l'injustice de la sentence, il aura le droit de prendre le montant de la condamnation dans la caisse sociale. Il faut même aller jusqu'à dire que la société doit doter les filles de ses membres; ceux-ci n'ayant plus de fortune propre, c'est la masse commune qui doit fournir à toutes leurs dépenses raisonnables. Aussi, comme nous l'avons dit en nous occupant de la clause *ut de communi dos constituatur*, cette clause est toujours sous-entendue dans la société *omnium bonorum* (1); en

-----

dot; il faut faire alors les mêmes distinctions, et appliquer la règle que le prélèvement a lieu à l'époque fixée pour la restitution.

(1) Voir, pour les effets de cette clause, ci-dessus n° XXI.

vain dirait-on que nul ne peut faire de libéralités que sur ses propres biens ; en droit romain, la constitution de dot n'est pas une libéralité ; c'est de la part du père l'exécution d'une obligation sanctionnée par une action. (L. 19, Dig., *De rit. nupt.*, lib. XXIII, tit. II.)

De ce que les associés ne peuvent être contraints de mettre en commun les bénéfices illicites qu'ils réalisent, il faut conclure qu'ils n'ont pas le droit de mettre à la charge de la société les pertes qu'ils éprouvent *ex inhonesta causa*. (L. 59, § 1, Dig., *Pro soc.*) Ils doivent supporter individuellement les condamnations prononcées contre eux à l'occasion de leurs délits, à moins qu'ils ne prouvent que la sentence est injuste (L. 52, § 18, eod. tit.). Du reste, alors même qu'il serait innocent, l'associé condamné n'aurait rien à réclamer aux autres si la condamnation pouvait être attribuée à sa négligence, si, par exemple, il ne s'était pas présenté devant le juge.

§ II. — *De la société* universorum quæ ex quæstu veniunt.

XXVIII. La société *quæstuum* peut être générale ou spéciale, comprendre tous les gains que les associés font d'une manière quelconque, ou seulement ceux qui proviennent d'une industrie déterminée. Dans ce dernier cas, le contrat est une société *alicujus negotiationis;* nous nous en occuperons au § IV. Ici nous avons à parler seulement de la société universelle de gains; c'est elle qui est présumée exister toutes les fois que les associés ne se sont pas expliqués sur la portée précise de leur convention. (Ci-dessus, n° IV.)

XXIX. Chacun des associés reste propriétaire de tous ses biens; il n'apporte à la masse que ses gains, *quæstus.* Par là il faut entendre les bénéfices résultant du travail, de l'industrie : « *Quæstus enim intelligitur* » *qui ex opera cujusque descendit.* » (L. 8, Dig., *Pro soc.*) Peu importe que l'on se soit servi des mots *quæstus, lucrum, compendium,* ensemble ou séparément : l'objet de la société et la composition de son actif sont toujours les mêmes, car tous ces mots sont synonymes. (L. 13 et 71, § 1, cod. tit.) Le mot *quæstus* ne désigne pas seulement les bénéfices que l'un des associés peut retirer d'un contrat à titre onéreux, de vente ou de louage, par exemple (1) (L. 7, in fin., cod. tit.); il comprend encore les fruits que l'associé obtient par son travail des biens dont il est propriétaire. Il comprend même la solde militaire (L. 52, § 8, cod. tit.); Papinien en tire cette conséquence que le frère émancipé qui s'est associé à ses frères soumis à la puissance paternelle doit leur tenir compte des biens qui composent son *peculium castrense,* quoique ces biens ne soient pas soumis à la *collatio bonorum* dont est tenu envers ses frères le fils émancipé qui vient à la succession paternelle. Cela s'explique facilement : la société *quæstuum* acquiert sans distinction tous les bénéfices que font ses membres, tandis que la *collatio bonorum* ne s'applique qu'aux biens que le fils émancipé eût acquis pour le *paterfamilias* s'il était resté *in potestate.*

---

(1) Les choses achetées par l'un des associés devront être payées par la société, et l'associé acheteur est tenu d'en transférer aux autres la copropriété. Mais elles ne deviennent pas communes *ipso facto* si l'associé les a achetées *proprio nomine :* en droit romain, on acquiert rarement *per extraneam personam,* et l'associé ne compte pas au nombre de ceux qui acquièrent la propriété pour autrui.

Les hérédités, les legs, les donations entre-vifs ou à cause de mort restent propres à l'associé héritier, légataire ou donataire. (L. 9 à 11 et 71, § 1, eod. tit.; l. 45, § 2, Dig., *De acquir. vel omitt. hæred.*, lib. XXIX, tit. II.)

Bien entendu, la société *quæstuum* n'acquiert pas les gains illicites; il faut appliquer ici, et généralement dans toute société, ce que nous avons dit à cet égard pour la société *totorum bonorum*.

XXX. Quant au passif de la société qui nous occupe, la règle est très-simple; il se compose de toutes les charges corrélatives aux opérations d'où résultent les gains communs (L. 12, Dig., *Pro soc.*), et des frais d'entretien des associés et de leurs familles; ces frais sont pris habituellement sur les profits que la société acquiert, et dès lors ils doivent être supportés par elle.

§ III. — *De la société* unius rei.

XXXI. La société *unius rei* et la société *alicujus negotiationis* sont de beaucoup les plus fréquentes; leur objet restreint les fait préférer naturellement aux associations qui comprennent tout le patrimoine ou tous les *quæstus* des associés.

La société *unius rei* se compose d'un ou de plusieurs objets que les parties mettent en commun pour en tirer des bénéfices; tous les autres biens sont exclus de l'association. Réciproquement le passif ne comprend d'autres charges que celles qui résultent de l'exploitation de la chose mise en commun.

XXXII. Le titre *Pro socio* au Digeste nous fournit plusieurs exemples de cette société particulière. Nous citerons la société qui a pour but la vente d'un qua-drige formé de la réunion de chevaux appartenant à deux personnes (L. 58, pr.), celle qui s'établit entre deux frères relativement à l'hérédité de leur père (L. 52, § 6), celle enfin dans laquelle les parties conviennent de faire entrer toute *justa hæreditas* qui serait acquise à l'une d'elles. En ce qui touche cette dernière société, il faut entendre dans un sens restrictif les mots *justa hæreditas*, qui s'appliquent seulement à l'hérédité *ab intestat*. (L. 3, § 2, Dig., *Pro soc.*)

§ IV. *— De la société* alicujus negotiationis.

XXXIII. Cette société a pour objet une ou plusieurs opérations de commerce déterminées, par exemple la vente et l'achat des esclaves, de l'huile, du vin, du blé (Gaius, Comm., III, § 148; Inst. Just., lib. III, tit. XXV, pr.), le commerce de la banque (L. 52, § 5, Dig., *Pro soc.*), le transport des marchandises, etc.

Elle ne comprend évidemment que les gains et les pertes résultant des opérations en vue desquelles elle est formée. Si l'un des associés fait un voyage pour acheter des marchandises dans l'intérêt commun, et s'il est dépouillé par des voleurs, il peut se faire indemniser au moyen de l'action *pro socio* du dommage que ce voyage lui a causé; il a le droit de se faire payer la valeur de tout ce qu'il avait emporté à raison du but spécial de son voyage; au contraire il ne peut rien réclamer à l'occasion de la perte des objets qu'il avait pris avec lui par négligence et sans aucune nécessité. (L. 52, § 4, eod. tit.)

4.

§ V. — *De la société* vectigalium.

XXXIV. Cette société est une variété de la société *alicujus negotiationis;* elle a pour objet la ferme des impôts. Le plus souvent elle s'établit entre des chevaliers romains, qui obtiennent à leurs risques et périls l'adjudication des impôts d'une province mis aux enchères publiques.

Si les jurisconsultes rangent les sociétés *vectigalium* dans une classe à part, c'est qu'elles présentent des caractères particuliers très-remarquables. Elles constituent certainement des personnes morales (L. 1, pr., Dig., *Quod cuj. univ.*, lib. III, tit. IV); nous allons le voir dans le chapitre suivant. De plus elles doivent être distinguées des autres sociétés, à cause des règles spéciales relatives à leur dissolution. (Ci-dessous n° LXVII.)

CHAPITRE III.

XXXV. La société est-elle une personne juridique, un *corpus;* a-t-elle une existence propre, distincte de celle de ses membres? Telle est la question fort importante qui se présente ici tout d'abord; on conçoit en effet combien les effets du contrat seront différents, suivant qu'il donnera ou non naissance à un être juridique, à une personne morale.

Gaius (L. 1, pr., *Quod cujusc. univ.*, Dig., lib. III, tit. IV), résout cette question par une distinction qu'il importe de signaler. Il pose en principe que la volonté des particuliers ne peut fonder une personne juridique telle qu'une société, un *collegium,* et que le droit de créer des êtres fictifs n'appartient qu'à la puissance publique se manifestant sous la forme d'une loi, d'un sénatus-consulte ou d'une constitution impériale (1). Mais il indique aussitôt quelques cas dans lesquels, par une faveur spéciale, le caractère de personne morale a été concédé : « *Paucis admodum in causis concessa sunt hujusmodi corpora : ut ecce, vectigalium publicorum sociis*

----

(1) Voici en quels termes M. de Savigny justifie ce principe : « La » nécessité du consentement de l'État pour la formation d'une per- » sonne juridique trouve sa source dans la nature même du droit ; » quand la capacité naturelle de l'homme est étendue fictivement à » un être idéal, l'apparition corporelle manque, et la volonté de » l'autorité suprême peut seule y suppléer. » (*Hist. du dr. rom.*, t. II, § 276.)

permissum est corpus habere, vel aurifodinarum, vel argentifodinarum, et salinarum. »

Ainsi, si l'on s'en tient au texte de Gaius, il faut admettre que les sociétés *vectigalium, aurifodinarum, argentifodinarum, salinarum,* ont seules le caractère de personnes juridiques qu'elles ont reçu de l'autorité publique ; toute autre société n'est qu'une réunion de personnes copropriétaires du fonds commun. C'est là, suivant nous, la véritable solution de notre question : en droit romain la personnalité des sociétés est exceptionnelle ; elle n'existe que dans certains cas, en vertu d'un acte de l'autorité publique ; et, comme la société peut sans aucun doute se former en dehors de toute intervention de l'État, il faut bien reconnaître que généralement elle ne constitue pas une personne morale. La loi 13, § 1, Dig., *De præscr. verb.* (lib. XIX, tit. V), que nous avons déjà citée, fournit d'ailleurs un argument décisif en faveur de cette opinion ; Ulpien y dit expressément que l'associé reste copropriétaire des choses qui font l'objet de son apport : « *Nemo societatem contrahendo rei suæ dominus esse desinit.* » Or, si la société était une personne, elle serait très-certainement propriétaire des choses apportées à la masse commune par ses membres, et ceux-ci ne pourraient se prétendre copropriétaires de ces choses. (L. 6, § 1, Dig., *De divis. rer.,* lib. I, tit. VIII.)

XXXVI. On a soutenu cependant que la personnalité des sociétés était de droit commun ; les arguments invoqués à l'appui de cette thèse sont faciles à réfuter, et leur réfutation viendra confirmer le système de Gaius. La loi 22, Dig., *De fidejuss.* (lib. XLVI, tit. I), est présentée par M. Troplong (t. I, p. 77 et suiv.)

comme décisive en faveur du système de la personnalité; Florentinus admet dans ce texte qu'un tiers peut
se porter fidéjusseur pour une hérédité jacente, « *quia
hæreditas personæ vice fungitur, sicuti municipium,
et decuria, et societas.* » Mais évidemment cette loi
signifie seulement qu'une société peut être une véritable personne, et qu'alors ses dettes peuvent être garanties par un fidéjusseur; or nous admettons avec
Gaius que certaines sociétés sont des personnes juridiques, et dès lors le texte de Florentinus n'a pas l'importance qu'on lui prête. Nous ne nous arrêterons pas
non plus à deux autres lois (L. 3, § 4, Dig., *De bonor.
possess.*, lib. XXXVII, tit. I, et l. 31, § 1, *De furt.*,
lib. XLVII, tit. II), qui mettent les sociétés et les autres
corpora sur la même ligne; cette assimilation ne s'applique qu'aux sociétés qui sont des *corpora*, conformément au principe posé par Gaius dans la loi 1, princ.,
Quod cujusc. univers.

La loi 65, § 14, Dig., *Pro soc.*, semble, au premier
abord, plus difficile à expliquer : « *Si communis pecunia penes aliquem sociorum sit,* » dit Paul, *et alicujus sociorum quid absit, cum eo solo agendu penes
quem ea pecunia sit : qua deducta, de reliqu quod
cuique debeatur, omnes agere possunt.* » M. Troplong,
s'emparant de ce texte, en conclut que la société est
toujours un *corpus;* autrement comment expliquer que
l'associé qui a une réclamation à faire valoir doit
s'adresser de préférence à celui qui est détenteur des
deniers communs, au lieu de demander à chacun de
ses coassociés une part de ce qui lui est dû? Cependant,
la décision du jurisconsulte peut être expliquée sans
supposer qu'il considère la société comme un être
abstrait distinct des associés; Paul applique simple-

ment les principes du mandat : un associé a été chargé de l'administration des affaires communes, et comme mandataire il est en possession de l'actif social ; il est naturel alors que celui qui a quelque chose à réclamer s'adresse à ce caissier chargé par ses coassociés de recevoir et de payer pour eux.

En résumé, la doctrine de Gaius, qui distingue entre les sociétés ordinaires et celles qui ont reçu légalement le caractère de *corpora*, n'est contredite par aucun texte ; elle cadre avec les décisions des jurisconsultes qu'invoquent les partisans de l'opinion contraire. Nous nous en tiendrons donc à cette doctrine, qui a, comme on va le voir, des conséquences très-importantes.

XXXVII. Les effets généraux de la société sont très-différents, suivant qu'elle est ou non une personne juridique. Il est donc nécessaire d'indiquer les intérêts de la distinction entre les sociétés *vectigalium, aurifodinarum*, etc., et les sociétés ordinaires :

1° Dans les sociétés ordinaires, les associés sont copropriétaires du fonds social ; chacun d'eux a le droit d'aliéner sa part dans les biens communs ; au contraire, les sociétés *vectigalium* sont des êtres fictifs, susceptibles de devenir propriétaires, de sorte que la propriété de leur actif n'appartient pas aux associés (1).

2° Lorsque l'actif social comprend un usufruit, cet usufruit repose sur la tête de l'être moral dans les sociétés *vectigalium* (2), tandis que dans les sociétés ordinaires tous les associés sont cousufruitiers.

---

(1) L'esclave d'une société *vectigalium* peut donc déposer contre l'un de ses membres ; l'affranchi d'une telle société peut, sans autorisation du préteur, ester en justice contre l'un des associés.

(2) Il dure alors cent ans, suivant Gaius (L. 56, Dig., *De usufr.*, lib. VII, tit. I), et trente ans seulement d'après Ulpien. (L. 68, princ. Dig., *Ad leg. Falcid.*, lib. XXXV, tit. II.)

3° Les sociétés personnes morales ne peuvent acquérir par l'*in jure cessio* ni l'usufruit ni les servitudes
prédiales, parce que l'*in jure cessio* ne peut s'exercer
par l'intermédiaire d'un mandataire ou d'un esclave
social. Les associés ordinaires peuvent acquérir ces
droits réels au moyen de l'*in jure cessio*.

Ajoutons qu'à cause de la règle *nemini res sua servit*,
l'associé ordinaire ne peut acquérir au profit de son
fonds une servitude sur un bien commun ; aucun em-
pêchement de ce genre n'existe à l'égard des membres
d'une société *vectigalium*.

4° A l'origine, les sociétés personnes morales, n'é-
tant pas susceptibles d'avoir l'*animus possidendi*, ne
pouvaient acquérir la possession que *peculiari nomine*,
par l'intermédiaire de leurs esclaves ; plus tard, on
admit qu'elles pourraient posséder et usucaper même
par l'intermédiaire d'une personne libre. (L. 2, *De acq.
vel amitt. poss.*, Dig., lib. XLI, tit. II.) Quant aux associés ordinaires, comme ils peuvent avoir l'*animus
possidendi*, aucune difficulté ne s'élève à leur égard, ils
ont toujours pu acquérir la possession.

5° Les sociétés *vectigalium, aurifodinarum* ....., peuvent avoir des créances, et la compensation ne peut
s'opérer pour aucune partie entre une créance de ce
genre et la dette dont l'un des associés se trouve personnellement tenu envers le débiteur de la société. La
compensation serait au contraire possible s'il s'agissait
d'une société ordinaire.

6° Une société personne morale peut être créancière
à raison de contrats passés par ses esclaves, ou par une
extranea persona en son nom (1) ; elle peut l'être aussi

---

(1) La société a, dans ce cas, une action utile. (L. 5, § 9, Dig., *De
pecun. const.*, lib. XIII, tit. V.)

à raison de délits commis à son préjudice, et réciproquement. Une telle société peut être poursuivie par les actions *quod jussu, exercitoria, de peculio,* en vertu d'un contrat passé par un de ses esclaves; si un homme libre a agi en son nom comme mandataire, on donnera contre elle une action utile. — Dans les sociétés ordinaires, les associés sont créanciers ou débiteurs individuellement.

Il suit de là que les créanciers d'un *corpus* ont un droit de préférence sur les biens sociaux, et ne sont pas obligés, comme les créanciers d'une société ordinaire, de subir le concours des créanciers personnels des associés.

7° Un associé ordinaire peut être institué directement ou par voie de fidéicommis, recevoir un legs ou un fidéicommis particulier, sous la condition que l'hérédité, le legs ou le fidéicommis, entrera dans la masse commune.

Quant aux *corpora,* bien qu'ils aient droit à l'hérédité *ab intestat* de leurs affranchis, au temps des jurisconsultes, ils ne peuvent être institués par testament. Cette incapacité subsiste pour les sociétés *vectigalium, aurifodinarum.....,* dans le dernier état du droit. Seulement le droit prétorien, moins rigoureux que le droit civil, admet au bénéfice de la *bonorum possessio* tous les *corpora* sans distinction (L. 3, § 4, Dig., *De bonor. possess.,* lib. XXXVII, tit I.); et, depuis Marc Aurèle, des libéralités à titre particulier peuvent être faites au profit de tous les *corpora* régulièrement autorisés. (L. 20, Dig., *De reb. dub.,* lib. XXXIV, tit. V.) Mais les sociétés personnes morales n'ont jamais reçu, comme les municipes, la capacité de recevoir des hérédités fidéicommissaires.

— XXXVIII. La question que nous venons de dis
cuter a, cela résulte de tout ce qui précède, une importance considérable au point de vue des effets du
contrat de société. Laissant maintenant de côté les
sociétés personnes morales, qui sont assez rares en droit
romain, nous allons examiner les effets de la société,
soit dans les rapports des associés entre eux, soit dans
leurs rapports avec les tiers.

SECTION I.

RAPPORTS DES ASSOCIÉS ENTRE EUX.

XXXIX. La société est essentiellement un contrat de
bonne foi; la considération des personnes préside à sa
formation; et l'idée de fraternité, qui disparaît dans
nos grandes sociétés modernes, domine la plupart des
décisions des jurisconsultes romains relatives aux rapports des associés. A Rome, l'association a rarement
un but commercial; les associés ont sans doute en vue
la réalisation de bénéfices qu'ils se proposent de partager, mais le plus souvent ils contractent des sociétés
universelles, ils mettent leurs fortunes en commun,
moins pour spéculer que pour cimenter leur amitié et
leur estime réciproques par la communauté de leurs
intérêts. Il y a donc une différence capitale entre le
droit romain et le droit français; cependant les rédacteurs du Code civil ont puisé un grand nombre des
règles que nous étudierons plus tard dans les textes des
jurisconsultes romains; ils ont suivi, peut-être trop
complaisamment, la tradition, sans se rendre compte
que les sociétés universelles, fréquentes en droit romain, disparaissent de plus en plus de la pratique mo-

derne, et que par conséquent beaucoup de décisions du Digeste n'ont plus aujourd'hui la même raison d'être qu'autrefois. Quoi qu'il en soit, la similitude entre les deux législations donne un intérêt de plus aux principes que nous allons examiner.

Nous nous occuperons successivement des droits et des devoirs des associés ; et, dans un paragraphe spécial, nous traiterons des actions qui naissent du contrat de société.

§ I. — *Des droits des associés.*

XL. La société n'étant pas, du moins en général, une personne juridique, chacun des associés est copropriétaire des choses communes ; il peut aliéner sa part, mais son droit s'arrête là : « *Nemo ex sociis plus parte sua potest alienare,* » dit Gaius. (L. 68, Dig., *Pro soc.*) Ce droit même d'aliéner sa part n'existe pour l'associé que si aucune convention n'a été faite pour empêcher le partage du fonds commun ; en supposant une convention de ce genre, l'associé ne peut par aucun moyen faire que ce partage ait lieu ; s'il vend sa part, la vente ne sera pas nulle absolument ; seulement l'acheteur sera soumis aux mêmes exceptions que son auteur, et il ne pourra intenter utilement l'action *communi dividundo* avant l'époque fixée par la convention. (L. 16, § 1, Dig., *Pro soc.;* l. 14, § 3, Dig., *Comm. divid.,* lib. X, tit. III) (1).

____

(1) De plus, Paul admet (L. 17, princ., Dig., *Pro soc.*) que l'associé qui, en aliénant sa part dans ces circonstances, a violé la convention, est tenu d'indemniser ses coassociés du dommage qu'il leur a causé. Ceux-ci pourront donc se faire indemniser par l'action *pro socio* ou par l'action *communi dividundo* s'ils ont omis d'opposer l'exception du pacte ; ils pourront dans tous les cas se faire rembourser les frais du procès qu'ils ont eu à soutenir pour repousser la demande en partage.

Le droit de propriété comprend toujours le *jus utendi* : les associés peuvent donc se servir des choses communes; mais, comme les droits de tous sont égaux, aucun d'eux ne peut s'en servir de façon à empêcher l'exercice du droit des autres, et nul n'a le droit de changer sans l'assentiment de ses coassociés la destination des choses sociales.

XLI. L'associé étant copropriétaire du fonds commun et pouvant aliéner sa part dans ce fonds, peut à plus forte raison s'associer avec un tiers, de façon à partager avec lui tout ce qu'il retirera de la société. En pareil cas, il y a en quelque sorte deux sociétés parfaitement distinctes; le croupier n'a aucun droit à exercer contre l'associé avec lequel il n'a pas traité, et il n'est tenu envers lui d'aucune obligation. C'est ce qui résulte de deux textes d'Ulpien : « *Qui admittitur socius, ei tantum socius est, qui admisit...; nam socii mei socius, meus socius non est.* » (L. 19 et 20, Dig. *Pro soc.*) Et cela est d'ailleurs parfaitement conforme aux principes : la société se forme *intuitu personæ*, le consentement de toutes les parties est une condition essentielle de sa validité, et dès lors il ne peut dépendre d'un de ses membres d'y faire entrer un tiers sans le consentement des autres.

Quelle sera donc la situation du croupier vis-à-vis de la société? Supposons deux associés, Primus et Secundus; celui-ci s'associe un étranger, Tertius : quelles seront les conséquences de cette association? Tertius doit partager avec Secundus les bénéfices qu'il réalise, et Secundus à son tour doit les partager avec Primus, car il est censé les avoir réalisés lui-même. (L. 21, eod. tit.) Réciproquement, Secundus doit tenir compte à Tertius des bénéfices provenant du fait de Primus; celui-ci ne peut être actionné directement par Tertius, qui a simplement le droit de demander à Secundus la *communicatio* des bénéfices réalisés par la société primitive. (L. 22, cod. tit.) Au reste, Gaius admet (L. 22, cod. tit.) que le croupier Tertius peut agir contre Secundus avant que celui-ci ait actionné Primus; il ne doit pas, en effet, souffrir de la négligence de son associé. — Il peut arriver que Tertius cause un dommage à la société; alors Secundus a une action contre lui, et il doit céder cette action à Primus. Ulpien va plus loin, et, malgré l'hésitation d'autres jurisconsultes, il considère comme certain que Secundus répond du fait de son croupier et qu'il doit lui-même réparer le dommage causé si Tertius invoque le bénéfice de compétence; cette décision est fort juste, car Secundus est en faute s'il a traité avec un tiers insolvable, et Primus ne doit pas supporter les conséquences de cette faute. (L. 23, pr., cod. tit.) Il en est ainsi alors même que le croupier aurait procuré des bénéfices à la société; ces bénéfices ne l'ont pas rendu créancier et ne peuvent entrer en compensation avec la dette résultant du dommage qu'il a causé (1). Réciproquement Secundus doit partager avec son croupier l'indemnité qu'il obtient à raison du dommage causé à la société par Primus; mais il ne répond pas de ce dommage, en ce sens que si Primus est insolvable, il est libéré en cédant l'action qu'il a contre lui; le croupier a connu nécessairement la société primitive, il a pu prévoir la possibilité du *damnum* provenant du

____

(1) Ulpien repousse formellement cette idée de compensation que Pomponius avait admise. (L. 23, § 1, Dig., *Pro soc.*)

fait de Primus, et par conséquent il ne peut rendre Secundus responsable de ce *damnum*.

XLII. Si l'un des associés a fait des dépenses pour la société, il peut se faire indemniser au moyen de l'action *pro socio;* par exemple, c'est la société qui devra supporter les frais d'un voyage entrepris par un de ses membres dans l'intérêt commun. (L. 52, § 15, Dig., *Pro soc.*) Bien plus : une constitution de Marc Aurèle, rapportée par Ulpien (L. 52, § 10, cod. tit.), accorde l'action *pro socio* à celui qui a réparé à ses frais la part d'un de ses coassociés dans un bâtiment commun; et cependant la même constitution concède dans ce cas un privilége pour la restitution du capital dépensé et des intérêts pendant quatre mois, avec le droit pour l'associé créancier de s'approprier l'immeuble au bout de ce temps; mais il peut se faire qu'il aime mieux obtenir le remboursement des dépenses faites, et c'est pour cela que l'empereur Marc Aurèle lui permet d'intenter l'action *pro socio*. Du reste, le droit de réclamer des intérêts existe dans tous les cas au profit de l'associé qui a fait des dépenses nécessaires pour la société; Paul est à cet égard très-explicite : « *Et si suam pecuniam dedit, non sine causa dicetur quod usuras quoque percipere debeat, quas possit habere, si alii mutuum dedisset.* » (L. 67, § 2, cod. tit.)

XLIII. C'est la masse commune qui doit payer les dettes contractées par un des associés pour les affaires sociales; si l'une des parties a payé au delà de sa part dans une telle dette, elle peut se faire indemniser par l'action *pro socio*. Et cela est vrai, non-seulement des dettes dont l'échéance arrive *durante societate*, mais même de celles qui viennent à échoir après la dissolution de la société, parce qu'elles sont affectées d'un terme ou d'une condition : « *Omne æs alienum, quod manente societate contractum est, de communi solvendum est, licet posteaquam societas distracta est solutum sit.* » (L. 27, cod. tit.) Le jurisconsulte Paul, prévoyant cette hypothèse d'une dette non encore échue lors de la dissolution de la société, décide que le partage se fera néanmoins entre les associés, et que celui qui s'est engagé personnellement exigera des autres une caution pour garantir son recours en indemnité (L. 28, cod. tit.). Il ne fait, au surplus, qu'appliquer un principe commun à toutes les actions de bonne foi : « *Pro socio arbiter prospicere debet cautionibus in futuro damno vel lucro pendente ex ea societate; quod Sabinus in omnibus bonæ fidei judiciis existimavit.* » (L. 38, cod. tit.) C'est encore en vertu de ce principe que Paul (L. 67, pr., cod. tit.), supposant la vente d'une chose commune faite par l'un des associés avec le consentement des autres, accorde à l'associé vendeur le droit, avant de communiquer aux autres le prix de cette vente, d'exiger d'eux une caution pour le cas où l'acheteur évincé le poursuivrait en garantie; s'il n'a pas demandé cette caution, et s'il encourt quelque condamnation à l'occasion de la vente, l'associé vendeur peut encore se faire indemniser par ses coassociés; et si l'un d'eux est insolvable, la perte résultant de cette insolvabilité est supportée par tous les associés et non pas exclusivement par celui qui a consenti la vente (1).

---

(1) Pour les obligations qui naissent du délit de l'un des associés, voir ci-dessus n° XIII.

XLIV. Enfin les pertes subies par l'un des associés *propter societatem* doivent être supportées en commun. Ainsi, si l'un des associés entreprend un voyage pour le compte de la société, et s'il est dépouillé par des voleurs, ou si les choses qu'il avait emportées avec lui dans l'intérêt commun périssent dans un naufrage, il a droit à une indemnité. C'est la société également qui payera les frais de guérison d'une blessure que l'un de ses membres a reçue en s'opposant à la fuite d'esclaves communs. (L. 52, § 4, et L. 61, cod. tit.)

Bien entendu, l'associé ne peut mettre à la charge de la société que les pertes arrivées sans sa faute. Quant à celles qui ont été occasionnées par son imprudence, elles ne donnent lieu à aucun recours; c'est lui seul aussi qui supporte les pertes qui ne sont pas une suite directe de sa gestion, et, par exemple, il n'a droit à aucune indemnité s'il a été privé d'un legs ou d'une hérédité à cause du commerce auquel se livre la société et que le testateur lui avait interdit d'exercer.

§ II. — *Des devoirs des associés.*

XLV. L'associé doit avant tout réaliser son apport; il s'acquittera de cette obligation au moyen de la *mancipatio*, de l'*in jure cessio*, ou de la tradition s'il s'agit de choses corporelles (1); s'il a promis de mettre en commun une créance, il constituera ses coassociés *procuratores in rem suam;* s'il s'est engagé à fournir son industrie, il s'acquittera en exécutant les travaux par lui promis.

---

(1) Pour la société *totorum bonorum*, la translation de propriété s'effectue au moyen d'un constitut possessoire tacite. (Voir ci-dessus, n° XXIV.)

Nous avons examiné plus haut (n° XI) la nature du droit que la société acquiert sur les choses mises en commun; nous avons vu dans quels cas les risques sont à sa charge, et dans quels cas ils restent à la charge de l'associé. Nous ne reviendrons pas ici sur ces diverses questions, et nous nous contenterons de rappeler que les rapports de l'associé avec la société sont quelquefois analogues à ceux d'un vendeur avec son acheteur, ou à ceux d'un bailleur avec son preneur. Si l'une des parties a apporté la propriété ou l'usufruit d'un corps certain, en cas d'éviction, les autres se feront indemniser par l'action *pro socio* de tout le dommage qui résulte pour elles de cette éviction; l'action *pro socio* leur serait de même donnée, si la chose apportée avait des défauts cachés qui fussent de nature à en diminuer la valeur. Que si l'apport consiste dans la jouissance d'un corps certain, l'associé doit garantir cette jouissance et répond des vices cachés qui l'empêcheraient de s'exercer utilement. (L. 19, § 1, Dig., *Local. cond.*, lib. XIX, tit. II.)

— XLVI. En second lieu, chacun des associés est obligé de tenir compte aux autres des bénéfices qu'il a faits *ex societate*. A cet égard il faut remarquer que l'obligation dont il s'agit s'applique seulement aux gains faits *ex societate*, non aux bénéfices recueillis *propter societatem*. « *Nec compendium, quod propter societatem ei contigisset, veniret in medium, veluti si propter societatem hæres fuisset institutus, aut quid ei donatum esset.* » (L. 60, § 1, Dig., *Pro soc.*) (1). De plus,

---

(1) Conf. l. 63, § 6, Dig., *Pro soc.*, qui applique la même idée dans une hypothèse fort curieuse.

l'associé qui a seulement reçu sa part dans une dette
sociale, est à l'abri de toute action, bien qu'il y ait là
un *lucrum ex societate quæsitum* (L. 62, cod. tit.), si le
débiteur qui l'a payé est solvable. Au contraire, en cas
d'insolvabilité de ce débiteur, l'associé qui n'a rien
reçu peut forcer l'autre à partager avec lui la part qui
lui a été payée, à moins qu'il n'ait une faute à se reprocher, qu'il n'ait par exemple tardé trop longtemps
à agir; hors de ce cas, où l'un des associés est en faute,
l'équité exige que les sommes reçues par l'une des
parties se partagent entre toutes lorsque le débiteur
est insolvable (L. 63, § 5, cod. tit.)

— XLVII. L'associé peut devoir des intérêts, soit à
raison des sommes qu'il a prises dans la caisse sociale
pour son usage personnel, soit à raison des sommes
dont il doit tenir compte à la société et qu'il ne verse
pas aussitôt que ses coassociés l'ont mis en demeure.
Il importe de distinguer soigneusement ces deux cas.

La loi 1, § 1, Dig., *De usuris* (lib. XXII, tit. 1), prévoit
le premier cas, celui où l'un des associés s'est emparé
de sommes appartenant à la société ou a employé l'argent commun à ses propres affaires. Et voici comment
elle s'exprime : « *Socius si ideo condemnandus erit, quod
pecuniam communem invaserit, vel in suos usus con-
verterit, omnino, etiam mora non interveniente, præ-
stabuntur usuræ.* » Papinien, dans ce texte, ne s'occupe que du cas où l'un des associés a pris dans la
caisse sociale des sommes qui y étaient déjà entrées,
par exemple, des sommes provenant d'un apport réalisé,
et il décide que les intérêts courent alors de plein droit
sans mise en demeure, *mora non interveniente*, par application du principe d'après lequel le voleur est censé

être toujours en demeure, car l'associé qui puise ainsi dans la caisse commune sans l'assentiment des autres commet en quelque sorte un *furtum*.

Quant à la seconde hypothèse que nous avons indiquée, celle où l'associé conserve entre ses mains des sommes qu'il devrait partager avec ses coassociés, telles que celles qu'il a gagnées *ex societate*, elle fait l'objet de la loi 60, princ., Dig., *Pro soc.* Pomponius, supposant que les sommes dont il s'agit ont été employées par l'un des associés à son usage personnel, et que de plus cet associé a été mis en demeure, décide qu'il devra payer non-seulement des intérêts, « *sed quod socii intersit moram eum non adhibuisse.* » Pour que la condamnation comprenne tout le dommage résultant du retard, il faut, remarquons-le bien, et que l'associé ait été mis en demeure et qu'il ait employé l'argent à ses propres affaires : « *sed si aut usus pecunia non sit, aut moram non fecerit, contra esse* », dit Pomponius (1). Si donc l'associé est simplement en retard, s'il ne s'est pas servi de l'argent qu'il a entre les mains, il ne devra que les intérêts; il ne sera pas tenu de payer « *quod socii intersit, moram eum non adhibuisse* (2). »

XLVIII. Nous pouvons maintenant aborder l'explication très-difficile d'un texte dans lequel le jurisconsulte Paul, supposant que l'un des associés a prêté de l'argent appartenant à la société, admet que les intérêts

---

(1) La décision de Pomponius, très-dure pour l'associé, est une conséquence du contrat de société. Aussi le jurisconsulte ajoute-t-il : « *Post mortem socii nullam talem æstimationem ex facto hæredis faciendam; quia morte socii dirimatur societas.* »

(2) S'il s'agissait de corps certains, la mise en demeure aurait pour effet de mettre les risques à la charge de l'associé débiteur.

reçus par le prêteur pourront être conservés par lui s'il a fait le *mutuum* en son propre nom, et qu'il n'en devra tenir compte à ses coassociés que s'il a prêté *societatis nomine*. « *Si unus ex sociis ..... communem pecuniam fœneraverit, usurasque perceperit : ita demum usuras partiri debet, si societatis nomine fœneraverit : nam si suo nomine, quoniam sortis periculum ad eum pertinuerit, usuras ipsum retinere oportet.* » Comment concilier ce texte avec ce que nous avons dit jusqu'ici ? est-ce que les intérêts perçus sur le prêt d'une somme commune ne constituent pas un *lucrum ex societate*, dont la communication est due à tous les associés ? Et comment un associé peut-il faire un prêt *suo nomine* avec de l'argent dont une partie seulement lui appartient ? A cet égard, il faut remarquer que, sans doute, le *mutuum* n'est valable en principe que jusqu'à concurrence de la part du prêteur dans la somme qui en fait l'objet ; que cependant il devient valable pour le tout si la somme prêtée a été consommée de bonne foi par l'emprunteur (1). Mais voici la véritable difficulté : comment concilier la loi 67 avec la loi 1, *De usuris*, qui déclare que l'associé qui a employé l'argent commun dans son intérêt personnel doit les intérêts de plein droit ? Est-ce que l'associé qui prête *suo nomine* l'argent de la société ne détourne pas cet argent à son profit, et dès lors pourquoi lui permettre de conserver pour lui seul les intérêts qu'il en retire ? On a voulu concilier les deux lois qui nous occupent en disant que si d'une part l'associé n'est pas tenu de rendre compte

---

(1) Si elle avait été consommée de mauvaise foi, il y aurait lieu à l'action *ad exhibendum*; si elle existait encore en nature, les associés pourraient revendiquer chacun leur part, sauf, bien entendu, celui qui a consenti le prêt.

des intérêts qu'il touche à raison d'un prêt fait *suo nomine* (L. 67, *Pro socio*), d'autre part, rien n'empêche d'admettre qu'il soit tenu de plein droit envers ses coassociés des intérêts de la somme prêtée au taux du lieu où s'est formée la société, conformément à la loi 1, *De usuris* (1). Cette interprétation a l'inconvénient de mettre à la charge de l'associé prêteur des intérêts que la loi 67 semble bien le dispenser de payer d'une façon absolue, puisqu'elle donne pour raison de cette dispense que l'associé court le risque de l'insolvabilité du débiteur. Suivant nous, les deux textes dont il s'agit se rapportent à deux hypothèses différentes : d'après la loi 1, *De usuris*, les intérêts seront dus de plein droit si l'un des associés a prêté l'argent commun à l'insu des autres ou malgré eux ; au contraire, s'il a agi avec l'assentiment exprès ou tacite de ses coassociés, celui qui a fait le prêt conservera pour lui les intérêts stipulés, conformément à la décision de la loi 67. De cette manière, nous laissons à la loi 67 tout son effet, et nous accordons à l'associé une juste compensation des risques qu'il court. La loi 10, § 3 et 8, Dig., *Mandat.* (lib. XVII, tit. I), donne d'ailleurs une solution analogue, et permet au mandataire de conserver les intérêts d'un prêt fait avec l'argent du mandant, s'il l'a fait *periculo suo*.

Dans la loi 67, que nous venons d'expliquer, Paul distingue entre le cas où l'associé a prêté l'argent commun *suo nomine*, et celui où le prêt a été fait *societalis nomine*. Il a soin d'ajouter que cette distinction n'a plus de raison d'être lorsqu'il s'agit d'une société *totorum bonorum ;* alors l'associé doit toujours tenir compte des

---

(1) Voët (*Pro socio*, nº 17).

intérêts à ses coassociés, car il ne peut rien acquérir qui lui soit propre. (V. ci-dessus, n° XXVI.)

— XLIX. L'associé qui a fait des actes de gestion doit rendre compte aux autres (L. 0, princip., Dig., *De edendo*, lib. II, tit. XIII); il doit partager avec eux les fruits qu'il a retirés d'une chose commune, les intérêts d'un prêt fait *societatis nomine;* il doit leur communiquer la propriété des choses par lui acquises au nom de la société. (L. 38, § 1 ; 67, § 1 ; 74, Dig., *Pro soc.*) Cet associé est certainement responsable du dol et de la faute lourde assimilée au dol; il est également tenu, en vertu de la loi Aquilia, de la faute qui consiste dans un fait positif par lequel il cause injustement un dommage à la société. (L. 47, § 1, Dig., cod. tit.) Mais nous devons nous demander s'il est aussi responsable de la faute qui consiste dans l'inobservation des obligations qui naissent pour lui du contrat de société. Les textes s'accordent à déclarer l'associé responsable de sa faute aussi bien que de son dol (L. 52, § 2, et l. 72, cod. tit.), quoique à l'origine on ait voulu l'assimiler au dépositaire qui ne répond que de son dol et de sa faute lourde. (Inst., lib. III, tit. XXV, § 0, *De societ.*) Seulement, pour employer le langage généralement admis, l'associé ne répond que de la *culpa levis in concreto,* c'est-à-dire qu'il doit simplement apporter aux affaires de la société les soins qu'il apporte d'ordinaire à ses propres affaires (1) : « *Sufficit enim talem*

____

(1) Même lorsqu'il est négligent dans ses propres affaires, l'associé est moins bien traité que le dépositaire; celui-ci ne répondant que de sa *culpa lata*, c'est au déposant à prouver la faute; au contraire, c'est à l'associé défendeur qu'incombe le soin de prouver que la faute qu'on lui reproche est habituelle pour lui, et qu'ainsi il ne doit pas être condamné.

diligentiam communibus rebus adhibere qualem suis rebus adhibere solet; quia qui parum diligentem sibi socium adquirit, de se queri debet. » (L. 72, Dig., *Pro soc.*) Ce motif donné par Gaius pour expliquer sa décision n'est pas suffisant, car les cohéritiers et les colégataires, qui ne se choisissent pas, sont soumis à la même responsabilité que les associés; la vraie raison à donner, c'est que les associés, et en général tous ceux qui sont tenus de la *culpa in concreto*, administrent leurs propres affaires en administrant les affaires communes, et que dès lors ils ont un motif raisonnable pour faire des actes de gestion.

Ainsi, suivant Gaius, l'associé répond non-seulement de son dol et de sa faute lourde, mais encore de ce que les interprètes appellent la *culpa levis in concreto*. Ce n'est pas là, du reste, une opinion isolée : Justinien la reproduit aux Institutes (lib. III, tit. XXV, § 9), et Ulpien l'adopte également (1). Ajoutons que cette doctrine, qui étend au contrat de société la théorie générale des fautes, est applicable même lorsque l'une des parties n'apporte que son industrie (L. 52, § 2, Dig., *Pro soc.*); alors, bien que l'associé industriel n'ait pas

---

(1) Il est vrai que dans la loi 5, § 2, *Commod.* (Dig., lib. XIII, tit. VI) Ulpien semble contredire la doctrine de Gaius, en disant que dans les contrats où l'intérêt des deux parties est en jeu, la faute doit être assimilée au dol, « *et dolus, et culpa præstatur* ». Glück conclut de la généralité de ces termes, qu'Ulpien rend l'associé responsable même de la *culpa levis in abstracto*, comme le vendeur, d'autant plus que le même Ulpien se sert d'expressions analogues dans la loi 23, *De reg. jur.* (Dig., lib. L., tit. XVII.) Mais, selon nous, dans la loi 5, § 2, *Comm.*, le jurisconsulte veut seulement opposer au dépositaire les diverses personnes qui répondent même de la *culpa levis*, sans se prononcer sur la manière dont il convient d'apprécier cette faute; ce qui le prouve, c'est qu'il assimile l'associé au mari, et que lui-même reconnaît que le mari n'est tenu que de la *culpa levis in concreto*. (L. 21, § 5, Dig., *Sol. matr.*, lib. XXIV, tit. III,

droit au partage de l'apport fait par l'autre partie, comme son droit aux bénéfices compense ses soins et son travail, il est tenu, suivant le droit commun, de la *culpa levis in concreto*.

L. De ce que l'associé doit apporter aux affaires communes le même soin qu'aux siennes propres, il faut conclure :

1° Qu'il n'a pas le droit de compenser le préjudice qu'il a causé à la société avec les bénéfices qu'il lui a procurés (L. 23, § 1, l. 25 et 26, eod., tit.); car, en lui procurant ces bénéfices, il n'a fait que remplir son devoir;

2° Qu'en général l'associé qui a seulement touché sa part dans une créance commune n'en doit aucun compte à ses coassociés. Il en serait autrement si le débiteur était insolvable. (Voir ci-dessus, n° XLVI.)

LI. D'ailleurs les associés peuvent augmenter ou diminuer par des conventions spéciales la responsabilité de droit commun; ils peuvent stipuler qu'ils seront tenus de la *culpa levis in abstracto*, ou, en sens contraire, qu'ils ne répondront que du dol et de la faute lourde. Toutefois la responsabilité résultant du dol ne peut être écartée par aucune convention : « *Hoc enim bonæ fidei judicio contrarium est* », dit Ulpien. (L. 23, Dig., *De reg. jur.*, lib. L, tit. XVII).

— LII. Il nous reste maintenant à dire un mot d'une obligation négative des associés. Nous savons que chacun d'eux est propriétaire d'une partie du fonds commun, et que dès lors il a le droit de s'en servir (voir ci-dessus, n° XI.); mais comme son droit ne va pas jusqu'à lui permettre de gêner celui des autres, il ne peut faire d'innovations sur une chose commune si ses coassociés s'y opposent. (L. 28, Dig., *Comm. divid.*, lib. X, tit. III.) En conséquence, si l'un des associés veut changer la destination d'une chose commune, les autres peuvent l'en empêcher, alors même que l'innovation serait utile; car « *in pari causa melior est causa prohibentis* (1) ». Que si l'innovation a été réalisée en fait, l'associé qui avait le droit de l'empêcher, et qui n'a pu le faire en temps utile, parce qu'il était absent, a le droit d'exiger que les choses soient remises dans leur état primitif; mais si cet associé était présent, et s'il a négligé de s'opposer à l'innovation, il ne peut que demander la réparation du dommage au moyen de l'action *communi dividundo*.

La transformation d'un *locus purus* en *locus religiosus* est une innovation considérable, puisqu'elle met hors du commerce le lieu dont il s'agit. Aussi l'un des associés ne peut-il, sans le consentement des autres, enterrer un mort dans un terrain commun. Mais si l'inhumation a eu lieu, que faut-il décider? Les jurisconsultes ne s'accordent pas sur ce point : les uns donnent l'action *communi dividundo*, en se fondant sur ce que le lieu n'est pas devenu religieux; Trebatius et Labéon pensent que bien que le terrain ne soit pas religieux, il faut le traiter comme tel, et ils accordent une action *in factum*; enfin, suivant Pomponius, il y a simplement lieu à l'action *pro socio* (Conf. l. 39, Dig., *Pro soc.*; l. 6, § 6, Dig., *Com. divid.*, lib. X, tit. III.)

---

(1) Si l'une des parties s'oppose à toute innovation utile, l'autre ne peut que provoquer, par sa renonciation, la dissolution de la société.

§ III. — *Des actions qui naissent du contrat de société.*

LIII. Tous les membres de la société jouent le même rôle et sont tenus des mêmes obligations; aussi sont-ils tous soumis à une même action, l'action *pro socio,* qui garantit l'exécution du contrat.

Cette action appartient donc à chacun des associés, et après la mort de l'un d'eux, elle est donnée à son héritier. De même, elle peut être intentée contre chacun des associés ou contre son héritier (L. 63, § 8, Dig., *Pro soc.*); seulement, lorsqu'elle s'exerce contre l'héritier, elle perd le caractère spécial qu'elle doit au lien particulier qui unit les associés; elle cesse d'être infamante, et, d'un autre côté, l'héritier ne peut invoquer, comme son auteur, le bénéfice de compétence. Enfin, quand la société a été contractée par une personne *alieni juris,* par un esclave d'après l'ordre de son maître, ou par un fils de famille d'après l'ordre de son père, l'action est donnée contre le maître ou contre le père. Toutefois ces deux cas doivent être distingués; le fils de famille peut être obligé civilement, tandis que l'esclave ne peut l'être que naturellement. Le premier est donc soumis à l'action *pro socio* en même temps que son père, tandis que l'autre oblige son maître sans s'obliger lui-même. (Voir, ci-dessus, n° VI.) Et cette condition différente du fils de famille et de l'esclave produit une conséquence remarquable qu'Ulpien signale dans la loi 58, § 2 et 3, Dig., *Pro soc.* : Si un fils de famille, membre d'une société, vient à être émancipé, la société n'en subsiste pas moins, car les autres parties ont considéré à la fois la personne du père et celle du fils; au contraire, lorsqu'un esclave change de maître, la société dont il fait partie se trouve dissoute par ce seul fait : « *Potest dici alienatione servi et priorem societatem finitam, et ex integro alteram inchoatam.* »

LIV. Quant au but de l'action *pro socio*, il est d'obtenir l'exécution des diverses obligations dont les associés sont tenus les uns envers les autres; c'est par elle que l'associé sera forcé de rendre compte, de partager les profits qu'il a tirés *ex societate*, de réparer le préjudice causé par son dol ou par sa faute, de rembourser la part des dépenses que son coassocié a faites dans l'intérêt commun. (L. 52, princ., et § 8, 10, 12, 13; l. 71 et 74, Dig., *Pro soc.*) Bien plus, l'action *pro socio* peut être intentée même pour faire prononcer la dissolution de la société et pour en demander la liquidation (1). Mais, dans tous les cas, pour qu'il y ait lieu à cette action, il faut que les prestations personnelles qui en sont l'objet aient leur source dans le contrat. Lorsqu'il s'agit d'obligations postérieures à la dissolution de la société, et résultant de l'indivision qui en est la suite, il faut recourir à l'action *communi dividundo*.

Au reste, l'action *communi dividundo* a plus d'un point commun avec l'action *pro socio*. Toutes deux sont ouvertes pour obtenir les prestations personnelles qui ont trait aux choses indivises entre les associés. Par exemple, on peut recourir à l'une ou à l'autre indifféremment pour forcer les associés à contribuer aux dépenses faites sur ces choses, pour obtenir la réparation du dommage causé à un bien commun ou la répartition

---

(1) Ainsi l'action *pro socio* peut être intentée, soit au cours de la société (L. 65 § 15, Dig., *Pro soc.*), soit après la dissolution, pour obtenir le règlement des droits des associés.

des fruits perçus par un associé, etc. Dans ces divers cas, l'associé créancier a le choix entre les deux actions; et, lorsqu'il a obtenu satisfaction en en exerçant une, il ne peut plus intenter l'autre. (L. 43, in fine; Dig., *Pro socio.*)

LV. — A côté de ces divers points de ressemblance entre les deux actions, nous avons de nombreuses différences à signaler :

1° L'action *pro socio* ne peut aboutir au partage du fonds social; ce partage s'opère au moyen de l'action *communi dividundo*, action mixte dans laquelle le juge a le pouvoir de transférer la propriété.

2° La créance acquise à l'un des associés *nomine societatis* n'étant pas indivise, c'est par l'action *pro socio* seulement que les autres peuvent en obtenir la cession. Cela résulte d'un texte dans lequel Ulpien dit qu'après avoir intenté l'action *communi dividundo*, on peut encore agir *pro socio*, « *quoniam pro socio et nominum rationem habet, et adjudicationem non admittit* ». (L. 43, eod tit.)

3° L'action *communi dividundo* s'applique à tous les cas d'indivision, tandis que l'action *pro socio* suppose nécessairement un contrat de société.

4° L'action *pro socio* est infamante en cas de dol, à cause des rapports de fraternité qui existent entre les associés (Inst. § 2, *De pœn. tem. litig.*, lib. IV, tit. XVI); elle admet, comme nous le verrons bientôt, dans certains cas, le bénéfice de compétence. (Ci-dessous, n° LVIII.) Rien de semblable n'existe en ce qui touche l'action *communi dividundo*.

LVI. — Nous venons de voir que l'action *pro socio*

peut concourir avec l'action *communi dividundo;* elle peut concourir également, ainsi que nous avons eu déjà occasion de le remarquer, avec l'action *ex stipulatu* (ci-dess., n° XVII), avec l'action *venditi* (ci-dessus, n° XXII), ou avec la *condictio ex lege* (ci-dess., n° XLII). Nous avons à nous occuper encore de divers cas dans lesquels l'associé peut exercer soit l'action *pro socio,* soit une autre action.

L'associé qui a volé une chose commune peut être poursuivi soit par l'action *pro socio,* soit par la *condictio furtiva;* mais ces deux actions étant *rei persecutoriæ,* l'exercice de l'une entraîne en général l'extinction de l'autre. Cependant, comme on n'obtient par la *condictio furtiva* que la valeur actuelle de la chose, l'action *pro socio* pourrait encore être intentée si cette valeur obtenue par la *condictio* était inférieure au préjudice résultant du vol. (L. 47, Dig., *Pro soc.*)

Outre l'action *pro socio* et la *condictio furtiva,* qui tendent à la réparation du préjudice causé, l'associé victime du vol a l'action *furti;* cette action et en général toutes les actions pénales bilatérales peuvent être cumulées avec l'action *pro socio.* (L. 48, cod. tit.)

Si l'un des associés a causé un dommage à la société, il peut être tenu à la fois de l'action *pro socio* et de l'action de la loi Aquilia. (L. 47 à 49, cod. tit.) Mais, suivant Paul, les autres associés auront seulement le choix et ne pourront intenter qu'une des deux actions, parce qu'elles tendent toutes les deux *ad rei persecutionem.* (L. 50, cod. tit.) Cela n'est pas toujours vrai ; l'action de la loi Aquilia peut dans certains cas aboutir à une condamnation supérieure au préjudice causé ; alors l'associé qui a d'abord agi *pro socio* pourra obtenir le surplus au moyen de l'action de la loi Aquilia. En généralisant ces principes, nous dirons que les actions mixtes (à la fois pénales et *rei persecutoriæ*) peuvent être exercées concurremment avec l'action *pro socio,* puisqu'elles aboutissent à une condamnation plus forte; et qu'au contraire, en cas de concours de l'action *pro socio* avec une action pénale unilatérale, le demandeur a simplement une option à exercer et ne peut intenter les deux actions successivement.

—LVII. L'action *pro socio* présente, nous l'avons déjà dit, des particularités remarquables. Grâce au lien de fraternité qui existe entre ses membres, la société est un contrat de bonne foi par excellence; les obligations qu'elle engendre doivent être appréciées *ex æquo et bono.* De là le caractère infamant de l'action *pro socio* lorsqu'elle aboutit à la condamnation d'un associé qui s'est rendu coupable de dol. (L. 1, princ., Dig., *De his qui not,* lib. III, tit. II.)

De plus, et par suite de cette idée de fraternité que nous avons signalée plus d'une fois, les rapports des associés doivent être dominés par une certaine bienveillance, « *res inter socios non sunt amare tractandæ* ». C'est pourquoi, tandis que d'ordinaire le débiteur est condamné à payer la totalité de la dette, l'associé jouit du privilége de n'être condamné le plus souvent que *quatenus facere potest.* Ce bénéfice, connu sous le nom de bénéfice de compétence, n'est accordé que dans un très-petit nombre de cas, et il suppose toujours que les rapports du créancier et du débiteur sont tels que le créancier ne peut raisonnablement, en exerçant ses droits dans toute leur étendue, exposer le débiteur à une contrainte personnelle.

LVIII. D'après la loi 63, princ., Dig., *Pro soc.*, le bénéfice de compétence est très-général; en effet, Ulpien, suivant encela l'avis de Sabinus, l'accorde aux associés *unius rei* aussi bien qu'aux associés *universorum bonorum*. Mais, dans un autre passage, le même Ulpien semble restreindre ce bénéfice à la société *omnium bonorum*. « *Sunt qui in id quod facere possunt conveniuntur, id est non deducto ære alieno. Et quidem sunt hi fere qui pro socio conveniuntur, socium autem omnium bonorum accipiendum est.* » (L. 16, Dig., *De re judic.*, lib. XLII, tit. 1.) Comment concilier ces deux textes? Faut-il dire, avec Pothier, que la véritable opinion d'Ulpien se trouve dans la loi 16, *De re jud.*, et que la doctrine exposée dans cette loi est celle à laquelle le jurisconsulte, après avoir partagé l'avis de Sabinus, a cru devoir se rattacher en définitive? Faut-il, au contraire, admettre que la loi 16 donne simplement à titre de renseignement l'interprétation primitive de l'édit du préteur, interprétation qu'Ulpien, à la suite de Sabinus, avait élargie en étendant le bénéfice de compétence à tous les associés? Ces systèmes nous paraissent également arbitraires, et nous préférons celui que propose M. Machelard dans son *Traité des obligations naturelles* (p. 508, note 1) : le bénéfice dont il s'agit n'étant accordé qu'après une *causæ cognitio*, M. Machelard pense que le magistrat examinait le caractère des relations existantes entre les associés, de sorte qu'il accordait toujours le bénéfice de compétence dans la société *omnium bonorum*, à cause du lien évident de fraternité sur lequel elle repose; au contraire, dans les sociétés particulières, les rapports des associés pouvaient être tellement restreints, tellement accidentels, que le bénéfice devait être, dans certains cas, refusé après examen des faits de la cause (1).

LIX. Quoi qu'il en soit, le bénéfice de compétence étant une restriction à la condamnation, doit être demandé au moment de la *litis contestatio*. Le magistrat ne l'accorde que *causa cognita*, c'est-à-dire qu'il le refuse si le défendeur a nié sa qualité d'associé, s'il est obligé en vertu de la *clausula doli* (L. 22, § 1, Dig., *De re judic.*, lib. XLII, tit. I); enfin, dans le système proposé par M. Macheland, si les rapports des parties n'ont pas été assez intimes pour établir ce lien de fraternité qui est la raison d'être du bénéfice de compétence.

LX. Le bénéfice de compétence est personnel; il n'est accordé qu'à l'associé lui-même, non à son fidéjusseur ou à son héritier. Quand la société a été contractée par un fils de famille ou un esclave, le père ou le maître ne peuvent l'invoquer. (L. 63, § 1 et 2, Dig., *Pro soc.*) C'est là encore la conséquence de l'origine de ce bénéfice : il n'appartient pas à ceux qui n'ont pas la qualité d'associé qui lui donne naissance. En d'autres termes, le bénéfice de compétence est une exception inhérente à la personne; or, « *exceptiones quæ personæ cujusque cohærent, non transeunt ad alios, veluti ea quam socius habet exceptionem, quod facere possit.* » (L. 7, princ., Dig., *De except.*, lib. XLIV, tit. I.)

---

(1) On a proposé une autre solution, qui consiste à accorder à l'associé *totorum bonorum* le bénéfice de compétence, quelle que soit l'action intentée contre lui, tandis que l'associé *unius rei* ne l'obtiendrait que s'il était poursuivi par l'action *pro socio*; mais cette distinction est inadmissible en présence du texte très-clair du paragraphe 38. Inst., *De action.* (lib. IV., tit. VI.)

LXI. Maintenant, quelles sont les règles à suivre dans le calcul du bénéfice de compétence ? Le juge ne doit pas, pour apprécier la consistance de l'actif, déduire les dettes de l'associé défendeur; cette déduction serait un nouvel avantage auquel le donateur seul peut prétendre ; elle n'a pas lieu au profit de toutes les autres personnes qui sont condamnées *in id quod facere possunt*. Toutefois, on déduit les dettes nées *ex ipsa societate*, parce que tous les associés doivent y contribuer. (L. 63, § 3, Dig., *Pro soc.*)

Comme la déduction des dettes n'a pas lieu au profit de l'associé, il semble que le juge ne doit pas lui accorder non plus la déduction *ne egeat*. Et c'est, en effet, ce que Paul décide (L. 10, § 1, Dig., *De re jud.*, lib. XLII, tit. I), en réservant ce privilége spécial au donateur. Cependant la loi 173, *De reg. jur.* (Dig., lib. L, tit. XVII), empruntée au même jurisconsulte, généralise ce privilége et l'accorde à tous ceux qui peuvent invoquer le bénéfice de compétence. Évidemment, ce dernier texte a dû être remanié, et il l'a été maladroitement ; la déduction *ne egeat* se comprend pour le donateur, dont l'actif est compté *deducto œre alieno;* elle est, au contraire, inefficace pour l'associé, puisque ce qu'on lui laissera *ne egeat* lui sera enlevé par ses autres créanciers, contre lesquels il ne peut invoquer le bénéfice de compétence.

C'est au moment où il va prononcer la sentence que le juge apprécie les ressources du *socius;* c'est à ce moment qu'il se place pour déterminer le chiffre de la condamnation. (L. 63, § 6, Dig., *Pro soc.*) Et il doit tenir compte des ressources dont l'associé s'est dépouillé par dol, car il ne serait pas juste que le dol pût être une cause d'atténuation de la sentence. (L. 63, § 7, eod. tit.)

LXII. L'associé qui a invoqué le bénéfice de compétence ne peut plus être poursuivi, car *non bis de eadem re agere licet*. Pour sauvegarder le droit du demandeur, le juge exigera du défendeur, avant de le condamner *in id quod facere potest*, qu'il s'engage à payer le surplus de la dette s'il acquiert de nouvelles ressources; il suffit, du reste, que le défendeur s'engage personnellement, et il n'est pas nécessaire que sa promesse soit garantie par un fidéjusseur. (L. 63, § 4, cod. tit.)

SECTION II.

RAPPORTS DES ASSOCIÉS AVEC LES TIERS.

LXIII. La société n'étant pas une personne, ne produit d'effet qu'entre les parties; elle n'a ni dettes ni créances. Seulement on dit souvent que la société est créancière ou débitrice, pour indiquer qu'il s'agit d'une créance ou d'une dette commune à tous ses membres.

Nous allons nous occuper des rapports des associés avec les tiers, au point de vue des dettes et au point de vue des créances.

LXIV. En ce qui touche les dettes des associés envers les tiers, plusieurs hypothèses peuvent se présenter :

1° Quand les associés ont traité tous ensemble et directement avec les tiers, l'action est donnée contre chacun d'eux pour sa part. Ils ne sont donc pas obligés solidairement ; cela résulte de la loi 44, § 1, Dig., *De œdilit. ed.* (lib. XXI, tit. I), d'après laquelle, « *actio pro empto cum singulis est pro portione qua socii erant* ». Et Ulpien applique d'ailleurs ce principe au cas où plusieurs personnes exploitent par elles-mêmes un navire commun : « *Si tamen plures per se navem exerceant, pro portionibus exercitionis conveniuntur.* » (L. 4, princ., Dig., *De exercit. act.*, lib. XIV, tit. I.)

Ces deux textes montrent clairement qu'il n'y a pas de solidarité entre les associés et que chacun d'eux est tenu pour une part proportionnelle à l'intérêt qu'il a dans la société. C'est à tort, suivant nous, qu'on a prétendu qu'en général la dette se partageait *pro parte virili* entre les associés ; et que, pour qu'il en fût autrement, il fallait que le créancier eût connu la part de chacun dans la société. Rien n'autorise une semblable distinction.

Cependant, les associés sont tenus d'une obligation corréale, lorsqu'ils se sont constitués *correi debendi* et lorsqu'ils sont *argentarii*. (L. 25, princ., Dig., *De pact.*, lib. II, tit. XIV.) D'autre part, ils peuvent être tenus solidairement, sans qu'il y ait obligation corréale proprement dite, de telle sorte que la *litis contestatio* avec l'un des débiteurs ne libère pas les autres ; c'est ce qui a lieu lorsqu'ils se sont obligés *in solidum* dans un contrat de bonne foi. (L. 9, Dig., *De duob. reis*, lib. XLV, tit. II (1).

2° Lorsque c'est un esclave commun qui a traité avec les tiers, les associés peuvent être poursuivis au moyen des actions *adjectitiæ qualitatis*, que le droit prétorien permet de diriger contre le maître de l'esclave qui a contracté en vertu d'un ordre exprès ou tacite.

---

(1) Conf. L. 44, § 1, Dig. *De œdilit. edict.*, lib. XXI, tit. I.

En conséquence, lorsque l'esclave commun a agi d'après l'ordre d'un des associés, l'action *quod jussu* est donnée contre celui-là seulement pour le tout; si l'ordre a été donné par tous les *socii*, chacun d'eux peut être poursuivi pour le tout. (L. 5, § 1, Dig., *Quod jus.*, lib. XV, tit. IV.)

De même, les actions exercitoire et institoire peuvent être exercées *in solidum* contre chacun des associés, lorsqu'ils ont proposé un de leurs esclaves à la direction d'un navire ou à l'exploitation d'un commerce terrestre (L. 4, § 2, Dig., *De exercit. act.* lib. XIV, tit. I; L. 13, § 2, *De inst. act.*, lib. XIV, tit. III.)

Enfin, en l'absence de tout ordre même tacite, les associés sont tenus des actions *de peculio* et *de in rem verso* à raison des engagements contractés par l'esclave commun.

3° Lorsqu'un *servus alienus* a été proposé à la direction d'un commerce par les associés, chacun d'eux est tenu *in solidum* de l'action institoire. (L. 14, Dig., *De inst. act.*, lib. XIV, tit. III.)

4° Enfin, si un étranger ou l'un des associés a traité avec des tiers dans l'intérêt de la société, il faut appliquer les principes du mandat et de la gestion d'affaires. Nous assimilons le cas où l'un des associés a contracté à celui où c'est un étranger qui s'est mis en rapport avec les tiers. En effet, le contrat de société contient un mandat implicite qui permet à chacun des associés de faire les actes d'administration; et, si la gestion des choses communes a été confiée à un ou plusieurs des associés, les autres n'ayant pas mandat pour s'engager envers les tiers, doivent être traités comme des gérants d'affaires.

Si celui qui a contracté a agi comme mandataire, les

associés peuvent être poursuivis au moyen d'actions utiles introduites par le droit prétorien. En effet, le préteur s'écartant de la rigueur des principes du droit civil, avait étendu l'action exercitoire au cas où le *magister navis* était un homme libre, et l'action institoire au cas où l'*institor* avait fait des opérations non commerciales. (L. 1, § 4, *De exercit. act.*, Dig., lib. XIV, tit. I; L. 19, pr., *De inst. act.*, lib. XIV, tit. III.)

Si l'étranger ou l'associé a agi comme *negotiorum gestor*, en principe il est seul obligé, et les engagements qu'il a pris ne donnent pas lieu aux actions exercitoire et institoire utiles (1). Mais, si la société s'est enrichie, si, par exemple, l'argent emprunté a été versé dans la caisse sociale, le tiers créancier peut exercer la *condictio* contre les associés; car les jurisconsultes romains avaient fini par admettre ce principe, que toutes les fois qu'une personne avait profité sans cause du bien d'autrui, elle pouvait être forcée au moyen de la *condictio* de restituer ce dont elle avait injustement profité (L 23 et 32, Dig., *De reb. cred.*, lib. XII, tit. I) (2). C'est sans doute à cette *condictio*, qui a sa source non dans un contrat, mais dans le fait d'un enrichissement acquis sans juste cause, que Papinien fait allusion lorsqu'il dit : « *Jure societatis per socium œre alieno socius non obligatur, nisi in communem arcam pecuniæ versæ sunt.* » (L. 82, Dig., *Pro soc.*)

— LXV. Quant aux créances des associés contre les tiers, nous avons à distinguer trois hypothèses :

____

(1) Voir pourtant la loi 31 pr., *De negot. gest.* (Dig., lib. III, tit. V), qui donne ces actions contre le *dominus* dans un cas particulier.

(2) C'est cette *condictio* que les commentateurs appellent *condictio juventiana*.

1° Si tous les associés ont été parties au contrat, chacun a l'action pour sa part et portion; toutefois les *socii argentarii* jouissent, sans stipulation spéciale, de la corréalité active. (L. 9, pr., Dig., *De fact.*, lib. II, tit. XIV.)

2° Lorsque les associés ont traité par l'intermédiaire d'un esclave commun, ils ont l'action chacun pour une part proportionnelle à celle qu'il a dans la propriété de l'esclave, à moins que celui-ci n'ait stipulé nominativement pour l'un d'eux ou par l'ordre d'un seul. De même si la chose stipulée ne peut être acquise à l'un des maîtres, l'action n'appartiendra qu'aux autres associés.

3° Si une personne libre a traité comme mandataire des associés, ceux-ci n'ont pas d'action en principe contre le débiteur, et ne peuvent qu'intenter l'action *mandati* pour obtenir la cession de la créance. Toutefois le préteur permet au mandant, lorsque le mandataire est insolvable, d'agir directement contre les tiers par une action utile. (L. 1 et 2, Dig., *De instit. act.*, lib. XIV, tit. III.)

CHAPITRE IV.

SECTION I.

DES MODES DE DISSOLUTION DE LA SOCIÉTÉ.

LXVI. Ulpien (L. 63, § 10, Dig., *Pro soc.*) indique quatre modes de dissolution que nous allons passer en revue successivement : « *Societas solvitur,* dit-il, *ex personis, ex rebus, ex voluntate, ex actione.* »

LXVII. La société se dissout *ex personis* de plusieurs manières : par la mort, la *capitis deminutio* ou la ruine de l'un des associés.

1° Lorsque l'un des associés vient à mourir, la société ne continue pas entre les autres et son héritier; elle cesse même entre les survivants. On peut cependant stipuler que ceux-ci resteront en société (L. 65, § 9, eod. tit.), tandis qu'il n'est pas permis de convenir à l'avance que l'associé décédé sera remplacé par son héritier. (L. 59, eod. tit.) Cela se comprend : la considération des personnes ayant une grande importance entre associés, il est impossible d'admettre dans la société une personne incertaine; or l'héritier est précisément une personne incertaine, puisqu'on ne peut faire une institution irrévocable.

Il faut, du reste, appliquer ici un tempérament analogue à celui qui est admis en matière de mandat : si deux personnes s'associent pour une opération déterminée, et si l'une d'elles meurt *rebus integris*, l'autre pourra valablement faire supporter à l'héritier du défunt une part de la perte résultant de l'opération, pourvu qu'il l'ait faite dans l'ignorance du décès (L. 65, § 10, eod tit.); et, comme l'héritier est tenu de contribuer à la perte, l'équité exige qu'il puisse réclamer sa part du bénéfice si l'opération dont il s'agit a été lucrative.

Dans tous les cas, la mort d'un des associés n'empêche pas la société d'avoir produit ses effets dans le passé; son héritier succède à ses droits et à ses obligations, il supporte une part dans les pertes et prend une part dans les bénéfices, provenant d'opérations antérieures à la dissolution de la société (L. 65, § 2, eod. tit.); il doit achever les opérations commencées par son auteur (L. 40, cod. tit.) (1), et il répond comme lui de son dol et de sa faute. (L. 35 et 36, eod. tit.) De plus, l'indivision subsistant entre les survivants et l'héritier du prédécédé jusqu'au partage, tout ce qui provient de la chose commune, même après la dissolution, doit être partagé entre cet héritier et les associés de son auteur. (L. 65, §§ 9 et 13, eod. tit.) Ainsi les actions *pro socio* et *communi dividundo* pourront être exercées, soit par l'héritier de l'associé décédé, soit contre lui.

— Les sociétés *vectigalium*, dans lesquelles les personnes ne sont point prises autant en considération

---

(1) L'héritier ne doit pas commencer de nouvelles opérations; il ne doit même continuer celles qui sont commencées que si les associés survivants n'ont pu être avertis en temps utile de la mort de son auteur; dès que les survivants sont avertis et peuvent s'occuper eux-mêmes de la gestion des affaires communes, l'héritier doit s'abstenir de tout acte d'administration.

que dans les sociétés ordinaires, sont soumises à des règles spéciales que nous trouvons dans les lois 59, princ., et 63, § 8, Dig., *Pro soc.* Ces deux textes, assez obscurs d'ailleurs, constatent, suivant nous, une double anomalie : la société *vectigalis* peut subsister si l'associé prédécédé n'était pas indispensable pour administrer les affaires sociales, et si, de plus, à l'origine il a été convenu que sa part passerait à son héritier (*si pars defuncti ad personam hæredis ejus adscripta sit*). Le concours de ces deux conditions est indispensable pour que la société subsiste entre les survivants et l'héritier du prédécédé (1). Celui-ci n'est pas, par cela même, un véritable *socius*, il participe seulement aux gains et aux pertes, même provenant d'opérations postérieures au décès. Mais il ne peut administrer; en effet, l'institution d'héritier étant révocable, on ne peut accepter pour administrateur une personne qu'il est impossible de connaître au moment du contrat. Cet héritier peut pourtant, et c'est là la seconde anomalie que nous avons à signaler, devenir un *socius* dans toute la force du terme, et remplacer son auteur de la façon la plus absolue; il faut pour cela qu'il ait été agréé par les associés survivants. En résumé, la société *vectigalis* a ceci de particulier que l'on peut, dans le contrat même, convenir qu'à la mort d'un des associés sa part passera à son héritier, de sorte que cet héritier participera aux bénéfices et aux pertes; en outre, l'héritier ainsi

---

(1) Sans cela, la société cesserait même entre les survivants, car il peut se faire que la part du prédécédé étant retirée par son héritier, les conditions d'existence de la société soient changées, et que le capital social soit diminué de façon à gêner les opérations ultérieures. Il faudrait donc une nouvelle convention entre les associés pour que les opérations pussent continuer.

adscriptus peut, s'il est plus tard *adscitus*, si les survivants l'agréent en connaissance de cause, acquérir complétement la qualité de *socius*, sans que pour cela il se forme une nouvelle société. Tel est, suivant nous, le sens le plus naturel des deux lois 59, princ., et 63, § 8, *Pro socio*. Dans la première, Pomponius exige positivement, pour que la société subsiste, les deux conditions que nous avons indiquées, et il semble bien résulter de l'ensemble du texte que, si l'une d'elles vient à manquer, la société se dissout conformément au droit commun. Dans la seconde, Ulpien indique que les effets de la société continuée diffèrent, en ce qui touche l'héritier du prédécédé, suivant qu'il a été ou non agréé par les autres.

2° En second lieu, la société se dissout par la *maxima* ou la *media capitis deminutio*. Quand un des associés devient esclave, son maître acquiert ses biens, à la charge de payer ses dettes, et, par suite, il peut être poursuivi par l'action *pro socio* utile, à raison des faits antérieurs à la *capitis deminutio ;* s'il refuse de défendre à cette action, le préteur ordonne l'envoi en possession des biens.

D'après le pur droit civil, la *minima capitis deminutio*, comme la *maxima* ou la *media*, anéantit la personne civile et entraîne l'extinction des obligations qui pesaient sur cette personne. Mais, comme elle n'est pas de nature à détruire la confiance personnelle des associés, elle laisse subsister le contrat de société; le fils de famille émancipé, l'individu *sui juris* qui se donne en adrogation restent donc associés. En pareil cas, le préteur vient au secours des créanciers au moyen de l'*in integrum restitutio ;* il leur accorde une action fictice *pro socio, rescisa capitis deminutione*, contre le fils émancipé ou contre celui qui s'est donné en adrogation. (L. 58, § 2, Dig., *Pro soc.*; Gaius, IV, 38.)

Lorsque l'un des associés est esclave, et qu'il vient à changer de maître, la société est dissoute; en effet, l'esclave n'a point de personnalité, ce n'est pas lui, mais son maître, que l'on considère lorsqu'on traite avec lui; et dès lors, si le maître change, la société ne peut subsister. (L. 58, § 3, eod. tit.)

3° La confiscation générale est encore un mode de dissolution de la société (L. 65, § 12, eod. tit.), d'autant plus qu'elle résulte le plus souvent d'une grande *capitis deminutio*; ce cas est analogue à celui de la mort d'un des associés, car le fisc qui s'empare de tous ses biens est en quelque sorte son héritier. Quant à la confiscation partielle, elle ne produit pas le même effet, du moins si elle ne rend pas celui qui la subit insolvable. Car l'insolvabilité (*egestas*) d'un associé dissout également la société : « *Bonis a creditoribus venditis unius socii, distrahi societatem Labeo ait.* » (L. 65, § 1, eod. tit.)

— LXVIII. La société se dissout *ex rebus* lorsqu'il survient un événement qui rend impossible la réalisation de son but, par exemple lorsque le fonds social se trouve anéanti, ou lorsqu'une loi vient prohiber le genre d'opérations auquel les associés voulaient se livrer. Elle se dissout également lorsque son but est atteint, lorsque l'opération en vue de laquelle elle s'était formée est terminée. (L. 63, § 10, et 65, § 10, eod. tit.)

— LXIX. La volonté des associés peut mettre fin à la société; et, à cet égard, nous devons distinguer trois cas :

1° Si un terme a été fixé lors du contrat, chacun des associés a le droit de se retirer lorsque ce terme est expiré. (L. 65, § 6, *in fin.*, eod., tit.) Il peut même provoquer plus tôt la dissolution de la société (1); mais il faut alors qu'il ait une juste cause à invoquer.

2° Au contraire, dans les sociétés à durée indéterminée, la *renunciatio* d'une des parties peut entraîner la dissolution en l'absence de toute *justa causa*. Seulement cette *renunciatio* doit être faite de bonne foi et non à contre-temps, et portée à la connaissance des associés.

La renonciation n'est pas de bonne foi lorsque l'associé la fait pour s'attribuer exclusivement un bénéfice qui devrait être commun; si donc un associé *totorum bonorum* renonce au moment où il va faire adition d'une hérédité, si un associé ordinaire renonce pour faire seul l'opération en vue de laquelle la société s'était formée, on peut dire que sa renonciation est entachée de dol. (L. 65, § 3 et 4, eod. tit.)

— La renonciation est intempestive lorsqu'elle intervient à une époque où l'intérêt commun s'oppose à la dissolution de la société. Ainsi, peu importe que la dissolution nuise à tel ou tel des associés; elle n'est pas pour cela faite à contre-temps; pour qu'il en soit ainsi, il faut que la continuation des opérations soit utile à la société elle-même, c'est-à-dire aux associés considérés dans leur ensemble. La loi 65, § 5, nous donne un exemple de renonciation intempestive; suivant La-

---

(1) Aussi avons-nous vu que Pomponius considère comme inutile la clause *ne abeatur* (ci-dessus, n° XIX). Remarquons pourtant qu'elle a pour effet de rendre la *renunciatio* intempestive par cela seul qu'elle ne se fonde pas sur une juste cause. (L. 16, § 1, et 65, § 6, Dig., *Pro soc.*)

béon, lorsqu'une société s'est formée pour le commerce
des esclaves, on ne peut y renoncer dans un moment
où la vente des esclaves achetés ne se ferait pas à de
bonnes conditions, et Proculus ajoute qu'il en est ainsi
quand l'intérêt collectif des associés s'oppose à la dissolution. D'ailleurs, on peut convenir, lors de la formation du contrat, que chacune des parties aura la faculté
de renoncer à une époque quelconque (L. 65, § 5,
Dig., *Pro soc.*); mais aucune convention ne pourrait
permettre les renonciations frauduleuses, car une telle
clause serait nulle comme immorale, alors même
qu'elle interviendrait au moment du contrat.

Qu'arrivera-t-il si l'un des associés renonce de mauvaise foi ou à contre-temps ? La sanction est la même
dans les deux cas ; elle consiste en ce que cet associé
reste tenu envers les autres, tandis que ceux-ci cessent
de l'être envers lui. Le renonçant devra donc communiquer à ses coassociés les bénéfices qu'il voulait gar-
der pour lui seul ou ceux qu'il a réalisés depuis sa renonciation, et il supportera sa part des pertes éprouvées par la société ; au contraire, il n'aura le droit de
réclamer aucune part dans les bénéfices réalisés par ses
coassociés postérieurement à la renonciation ; ce qui
revient à dire que les associés du renonçant pourront,
suivant leur intérêt, considérer la renonciation comme
valable ou comme non avenue. (L. 65, § 3 et 4, eod.
tit.). En supposant une renonciation faite par l'une des
parties en vue de recueillir une hérédité, l'associé renonçant supportera seul la perte si l'hérédité est oné-
reuse, et il devra communiquer aux autres le bénéfice
si elle est avantageuse. (L. 65, § 3, eod. tit. (1).

---

(1) Quant aux autres choses que le renonçant a pu acquérir, il

— La renonciation faite de bonne foi, et non à contre-temps, est valable, pourvu qu'elle soit portée à la connaissance des associés. En conséquence, « *si servus societatem coierit, non sufficiet, si jubeatur a domino servus abire a societate; sed socio renuncian-dum est* ». (L. 18, eod. tit.)

On peut renoncer par soi-même ou par un *procurator;* un mandat spécial n'est pas nécessaire à cet effet; le mandat général d'administrer tous les biens est suffisant. (L. 65, § 7, eod. tit.) Et de même que le mandataire a le pouvoir de renoncer, de même la renonciation peut être signifiée au mandataire de l'associé; seulement, dans ce cas, elle n'est valable qu'après la ratification de l'associé lui-même; jusque-là, le renonçant est soumis à l'application de la maxime « *Socius socium a se, non se a socio liberat* ». (L. 65, § 3 et 8, eod. tit.) Enfin Justinien décide, *veterum dubitatione semota*, que le curateur de l'associé *furiosus* a qualité pour signifier la renonciation ou pour l'accepter. (L. 7, Cod., *Pro soc.*)

Lorsque l'un des associés est absent, la renonciation doit être signifiée à son mandataire; mais tant que l'absent lui-même ne l'a pas connue, les choses se passent comme au cas de renonciation frauduleuse : l'associé absent peut, à son gré, considérer la renonciation comme nulle, ou l'invoquer si cela lui est plus avantageux.

3° Dans tous les cas, c'est-à-dire dans les sociétés à terme fixe aussi bien que dans celles dont la durée est

---

n'est pas tenu de les communiquer, si la renonciation n'a pas été faite en vue d'en priver ses coassociés; « *quia nec dolus admissus est in eo* », dit Paul.

indéterminée, la dissolution peut avoir lieu *mutuo dissensu*. Il est naturel que la volonté des parties, qui a formé le contrat de société, puisse également le dissoudre. (L. 65, § 3, Dig., *Pro soc.*) Le *mutuus dissensus* peut se manifester simplement par des faits, ainsi que nous l'apprend Callistrate : « *Cum separatim socii agere cœperint, et unusquisque eorum sibi negotietur, sine dubio jus societatis solvitur.* » (L. 64, eod. tit.)

— LXX. La société se dissout *actione* lorsque les obligations des associés se trouvent transformées par suite d'une stipulation ou d'un *judicium*. (L. 65, princ., eod. tit.)

Les associés peuvent déduire dans une stipulation tout ce qui fait l'objet du contrat primitif (L. 71, eod. tit.); et, s'ils le font *animo novandi*, leurs obligations se trouvent novées; dès lors, l'action *ex stipulatu* remplace l'action *pro socio*.

La dissolution *judicio* résulte de la délivrance de la formule de l'action *pro socio*, lorsque cette action est intentée pour régler définitivement les droits respectifs des associés. (L. 65, princ., eod. tit.) Cela tient, suivant Proculus, à ce que les associés montrent par là leur intention de renoncer. Mais il faut remarquer que la renonciation ordinaire n'éteint pas les obligations antérieures, au lieu que ces obligations se trouvent éteintes par l'effet de la *litis contestatio*, qui crée un rapport nouveau entre les parties; de sorte que le mode de dissolution qui nous occupe ne doit pas être confondu avec la renonciation, que nous avons étudiée plus haut.

SECTION II.

DES SUITES DE LA DISSOLUTION DE LA SOCIÉTÉ.

LXXI. La société étant dissoute, il faut nécessairement régler les droits des associés et déterminer leurs obligations respectives ; en d'autres termes, il faut procéder à la liquidation et au partage de la masse. Le partage ne peut avoir lieu qu'après que chacun des associés a effectué le rapport de ce qu'il doit et prélevé ce dont il est créancier. Nous n'avons pas à nous occuper ici des rapports, car nous avons eu déjà occasion de signaler les cas dans lesquels l'un des associés se trouve débiteur des autres (ci-dessus, n°ˢ XLV et suiv.) ; dans tous ces cas, si sa dette subsiste encore lors de la dissolution, il devra commencer par l'acquitter.

LXXII. On procède ensuite aux prélèvements. L'associé *omnium bonorum* a, dans certains cas, le droit de prélever la dot de sa femme (ci-dessus, n° XXVI) ; nous savons également que tout associé peut prélever le montant des dépenses qu'il a faites dans l'intérêt commun, et des pertes qu'il a éprouvées en gérant les affaires sociales (ci-dessus, n°ˢ XLII et XLIV) ; enfin, de ce que nous avons dit au n° XLIII il résulte que l'associé peut se faire indemniser des dettes contractées par lui pour le compte de la société si elles sont échues, et qu'il peut exiger une caution à raison de celles qui sont à terme ou conditionnelles. (L. 27 et 28, Dig., *Pro soc.*) Nous ne reviendrons pas sur ces divers droits des

7

associés, mais nous avons ici à nous occuper plus spécialement du prélèvement des apports (1).

C'est dans les sociétés particulières seulement qu'il peut être question de prélever les apports; dans la société *omnium bonorum,* tout est commun, et le prélèvement est dès lors impossible; dans la société *universorum quæ ex quæstu veniunt,* la masse ne se composant que de bénéfices, il n'y a pas lieu non plus au prélèvement dont il s'agit. Quant à la société particulière, la règle est celle-ci : les choses dont l'usage ou la jouissance seulement ont été apportés donnent lieu à prélèvement; celles dont la propriété a été mise en commun sont comprises dans le partage. La seule difficulté qui puisse se présenter ici est celle de savoir si l'intention des parties a été d'apporter la propriété ou l'usage. Suivant nous, toutes les fois qu'il y a doute, il faut appliquer le principe posé par Ulpien (L. 34, Dig., *De reg. jur.,* lib. L, tit. XVII) : *Id quod minimum est sequimur,* et dire que l'intention probable des parties a été d'apporter simplement l'usage et de se réserver le droit de prélever leurs apports avant le partage. Cette solution a une grande importance dans certains cas, notamment lorsque l'une des parties apporte son industrie et l'autre une somme d'argent; si l'on présumait que la propriété de cette somme appartient à la société, on arriverait à ce résultat inique de partager également l'actif entre les deux associés; ce résultat serait inique, disons-nous, car l'associé industriel prélèverait en réa-

---

(1) La loi 24, Dig., *Comm. divid.* (lib. X, tit. III), permet à l'associé de prélever les choses acquises par l'esclave commun *ex re ejus;* bien que ces choses appartiennent à tous, celui dont l'argent a servi à l'acquisition peut les prélever, « *quia bonæ fide convenit ut unusquisque præcipuum habeat quod ex re ejus servus acquisierit.* »

lité son apport, puisqu'il reprendrait la libre disposition de son travail et de ses capacités, tandis que l'apport de l'autre associé serait perdu définitivement pour
lui et compris dans la masse à partager. Notre système
a l'avantage de donner une solution plus conforme à
l'équité : de même que l'associé industriel reprend son
apport, car son industrie est en quelque sorte un capital dont il a mis pendant un certain temps la jouissance dans la société, de même nous permettons à
l'autre associé de prélever le capital qui constitue son
apport.

— LXXIII. Après que chaque associé a payé ce qu'il
devait à la société et repris les choses ou les sommes
qu'il avait le droit de prélever, il ne reste plus qu'à
partager l'actif net de la société, c'est-à-dire à déterminer la part de chacun des associés dans cet actif.
Nous avons donc à examiner comment ce partage s'ef-
fectuera. Trois hypothèses peuvent se présenter :

LXXIV. — 1° Le contrat n'a pas fixé la part de
chaque associé dans les bénéfices, et il n'a confié à
personne le soin de faire cette répartition. Ulpien
(L. 29, princ., Dig., *Pro soc.*), Gaius (Comm. III, § 150)
et Justinien (§ 1, Inst., *De societ.*) s'accordent à dire
qu'en l'absence de convention, les bénéfices et les
pertes doivent être partagés par portions égales, *œquis
ex partibus*. Les mots que nous trouvons dans les
textes, *œquœ partes, œquales partes,* semblent bien
avoir le sens que nous leur attribuons, et signifier que
le partage a lieu par parts *viriles.* Cependant cette solution est contestée; certains auteurs pensent que les
parts doivent être *proportionnelles* aux apports : c'est

là, disent-ils, la seule décision vraiment conforme à l'équité; c'est celle qui est donnée par les lois 6 et 80 de notre titre, aux termes desquelles l'arbitre chargé de la répartition doit proportionner les parts aux mises et non les faire égales; ce que doit faire cet arbitre, le juge de l'action *pro socio* a le devoir de le faire également. On ajoute qu'Ulpien, dans la loi 29, admet l'inégalité des parts quand les apports sont eux-mêmes inégaux, et semble par là se rattacher au système de la proportionnalité. Ces arguments ne sont pas concluants : la loi 29 n'a pas le sens qu'on lui donne; supposant d'abord qu'aucune convention n'a été faite, elle décide que les parts seront égales; la suite du texte permet bien de proportionner les parts aux apports, mais le jurisconsulte exige pour cela une convention; ainsi, la loi 29 prévoit deux cas; et quant à celui qui nous occupe, en l'absence de convention, elle admet formellement l'égalité des parts (1). L'argument tiré des lois 6 et 80 n'est pas plus solide : on conçoit que l'arbitre nommé par les parties doive tenir compte de l'inégalité des apports, car sa désignation prouve précisément que les associés n'ont pas voulu que les parts fussent égales; ajoutons que si le droit commun était la proportionnalité des parts aux apports, les jurisconsultes n'auraient pas besoin de se demander si l'arbitre doit établir cette proportionnalité; le juge de l'action *pro socio* n'est pas dans la même situation que l'arbitre, car l'absence de convention peut indiquer que les par-

---

(1) Voici le texte de cette loi 29 , qui nous paraît condamner le système de la proportionnalité : « *Si non fuerint partes societati adjectæ, æquas eas esse constat. Si vero placuerit ut quis duas partes habeat, alius unam, an valeat? Placet valere si modo aliquid plus contulit societati, vel pecuniæ, vel operæ, vel cujuscumque alterius rei.* »

ties ont admis l'égalité des parts, d'autant plus qu'il serait bien difficile, lors de la dissolution, de constater le montant des divers apports (1). Nous croyons donc qu'il faut interpréter les textes dans leur sens le plus naturel, et dire que, faute de convention spéciale, le partage se fera par parts *viriles*.

La règle que nous venons de poser s'applique au partage des pertes comme à celui des bénéfices ; si la société a prospéré, après le prélèvement des apports, le surplus sera partagé *pro parte virili*. Dans le cas contraire, chacun reprendra son apport diminué de la part *virile* qu'il doit supporter dans les pertes.

LXXV. — 2° Lorsque le contrat a réglé la répartition, la convention des parties doit être observée. Remarquons seulement que l'on ne peut exclure l'un des associés de toute participation aux gains (v. ci-dessus n° XV), car alors la société serait léonine, *iniquissimum genus societatis*, dit Ulpien. (L. 29, § 2, Dig., *Pro soc.*) Au contraire, la convention qui exempterait un associé de toute participation aux pertes serait valable (L. 29, § 1, eod. tit.); nous n'entendons parler évidemment que du résultat définitif de la société ; on peut convenir que l'un des *socii* aura sa part des bénéfices si la société réussit, et qu'il ne participera pas aux pertes, s'il y en a plus que de bénéfices ; on ne pourrait pas permettre à un associé de participer au profit résultant des opérations avantageuses, tandis qu'il laisserait à la charge de ses coassociés toutes les opérations malheureuses (2).

---

(1) L'art. 1853 admet la proportionnalité, parce que chez nous il est d'usage de constater les apports par écrit.

(2) Il semble que la convention qui exempte un associé de toute contribution aux pertes ne soit pas plus équitable que celle qui le

Puisque l'on peut convenir qu'un associé ne supportera aucune part dans les pertes, à plus forte raison il faut considérer comme valable la convention qui attribuerait aux associés des parts différentes dans le gain et dans la perte. (L. 30, cod. tit.) Ces conventions, après quelques hésitations, avaient été admises comme valables, conformément à l'opinion de Servius Sulpicius, pourvu toujours que la répartition portât sur le bénéfice net ou sur la perte définitive, et non sur les gains et les pertes provenant de chaque opération prise isolément (1).

Pour que la perte et le gain soient répartis d'une manière différente, il faut toujours une convention ; dans le silence du contrat, la perte se partage par parts *viriles* comme le bénéfice ; et si les parties ont fixé un mode de répartition pour le gain, il faut l'appliquer à la perte, par interprétation de leur volonté. (Gaius, Comm. III, § 150.)

Nous avons dit que chaque associé devait avoir droit à une part des bénéfices. Toutefois, on peut convenir que les parts ne seront pas égales ; Ulpien l'admet formellement, mais il semble subordonner la validité d'une telle clause à la circonstance que l'associé dont la part est plus forte fait un apport, en argent ou en in-

---

prive de toute part dans les bénéfices. Ces deux conventions sont pourtant bien différentes : dans la société léonine, l'une des parties n'a aucune chance de gain, et c'est pour cela qu'un contrat de ce genre est nul ; mais lorsque la perte tout entière est mise à la charge de l'un des associés, cet associé conserve pourtant une chance de gain suffisante pour qu'il y ait société.

(1) Du reste, la convention ayant pour but d'exempter l'une des parties de toute contribution aux pertes ne peut valoir que comme donation, si l'associé en faveur de qui elle est faite ne mérite pas cette faveur par sa capacité personnelle. (L. 38, Dig., *De contrah. empt.*, lib. XVIII, tit. I.)

dustrie, plus considérable que celui des autres. (L. 29, princ., Dig., *Pro soc.*) Justinien, au contraire, n'exige pas cette condition (Inst., § 1, *De societ.*), et nous croyons qu'en effet il ne faut pas l'exiger. Ulpien exprime ce qui arrive le plus souvent; il veut dire qu'en général l'inégalité des parts sera la conséquence de l'inégalité des apports; sans doute aussi sa pensée est que si la convention fixait des parts inégales en présence d'apports absolument égaux, elle constituerait pour partie une libéralité, de sorte qu'elle ne serait plus seulement une société, mais un contrat mixte réunissant les caractères de la donation à ceux de la société. Dans tous les cas, il nous est impossible d'admettre que la loi 29, princ., signifie qu'en l'absence de convention, si les apports sont inégaux, les parts devront leur être proportionnelles : c'est une opinion enseignée par quelques auteurs, mais que nous avons réfutée au numéro précédent.

LXXVI. — 3° Il nous reste à parler de la troisième hypothèse, c'est-à-dire à supposer que les parties ont confié à un arbitre le soin de régler leurs droits respectifs. Cet arbitre peut être soit l'un des associés, soit un étranger. S'il refuse de s'acquitter de sa mission, ou s'il ne peut la remplir, la société est nulle, car elle était subordonnée à la condition que les parts seraient fixées par l'arbitre désigné, et cette condition ne se réalise pas. (L. 75, Dig., *Pro soc.*)

Le règlement de l'arbitre n'est pas obligatoire s'il est manifestement contraire à l'équité (L. 6, 76, 78, 79, eod. tit.); il y a, en effet, dit Proculus, deux sortes d'arbitres : les uns dont la décision doit toujours être respectée, même si elle est injuste, ce qui a lieu dans le compromis ; les autres dont la décision doit être « *ad boni viri arbitrium redacta* ». A cette dernière classe d'arbitres appartient celui qui est chargé de fixer les parts des associés, d'autant plus, ajoute Proculus, que l'action *pro socio* est une action de bonne foi.

Ainsi, si l'arbitre ne fait pas la répartition conformément à l'équité, s'il ne tient pas compte de l'inégalité des apports, son règlement n'est pas obligatoire. Mais que faut-il décider en pareil cas ? la société subsistera-t-elle, et comment seront réglées les parts des associés ? La société sera nulle, comme au cas de décès de l'arbitre (L. 75, eod. tit.), si le règlement inique intervient *rebus integris*. Que si déjà les opérations sociales sont commencées, si les choses ne sont plus entières, il faut bien admettre que la société sera valable ; les parts des associés seront déterminées conformément à l'équité, elles seront telles « *quas virum bonum constituere oportuisset.* » (L. 76, cod. tit.) ; en un mot, elles seront proportionnelles aux apports, car, en désignant un arbitre, les parties ont voulu précisément se soumettre à cette proportionnalité.

DROIT FRANÇAIS.

DE LA SOCIÉTÉ EN COMMANDITE.

CHAPITRE PREMIER.

NOTIONS GÉNÉRALES.

I. Nous avons dit, en exposant l'histoire du contrat de société, que les règles posées par le Code Napoléon (art. 1832 et suiv.) sont applicables aux sociétés commerciales, du moins en tant qu'elles ne sont contraires ni aux lois ni aux usages spéciaux (1). Il faut donc avant tout résumer ces règles; nous parlerons ensuite des caractères particuliers et des avantages de la commandite; en troisième lieu, nous distinguerons l'intérêt de l'action, et nous déterminerons les conséquences de cette distinction.

SECTION I.

RÈGLES GÉNÉRALES DU CONTRAT DE SOCIÉTÉ.

II. La société ne doit pas être confondue avec l'indivision, qui s'établit le plus souvent sans la volonté des

---

(1) « Le contrat de société se règle par le droit civil, par les lois » particulières au commerce, et par les conventions des parties. »(Art. 18 C. comm.)

parties. Le Code la définit : « un contrat par lequel
» deux ou plusieurs personnes conviennent de mettre
» quelque chose en commun, dans la vue de partager le
» bénéfice qui pourra en résulter. » (Art. 1832.) Il faut
conclure de là que pour la formation du contrat les
conditions suivantes sont nécessaires : 1° l'intention de
se mettre en société; 2° un apport fait par chacune des
parties, et qui peut d'ailleurs consister en argent, en
industrie ou en toute autre valeur appréciable en argent; 3° un intérêt commun, de telle sorte qu'il n'y
aurait pas société si chacune des parties devait se servir, pour son propre compte et pendant un certain
temps, des choses mises en commun; 4° l'espoir de réaliser des bénéfices (1) provenant de l'exploitation du
fonds social (2). Il est évident, en outre, que l'objet de
la société ne doit être contraire ni aux lois ni aux
bonnes mœurs; les tribunaux ne peuvent qu'annuler
un contrat qui viole un texte de loi; mais ils ont un
pouvoir souverain pour apprécier si la convention est
contraire à l'ordre public ou à la morale.

---

(1) Le contrat d'assurance mutuelle, qui a seulement pour but de
garantir les parties d'une perte, n'est pas un contrat de société. La
perspective de bénéfices à réaliser est absolument nécessaire. Aussi,
malgré un arrêt de la cour de Caen du 27 décembre 1864, rendu en
sens contraire, nous pensons que la clause d'après laquelle un bailleur de fonds sera étranger aux pertes et aux bénéfices et recevra
seulement l'intérêt des fonds par lui fournis exclut toute idée de société, et que par conséquent ce bailleur de fonds ne peut être considéré comme commanditaire, bien qu'il ait pris cette qualité dans
l'acte social, cette qualification ne pouvant avoir d'autre effet que de
donner aux tiers, qui ont pu être trompés, le droit de demander des
dommages et intérêts. D'ailleurs l'arrêt dont il s'agit est en contradiction formelle avec l'article 1855 C. Nap.

(2) Les tontines ne sont pas des sociétés, car elles ne créent rien ;
les parties n'ont à attendre de bénéfices que d'éventualités sur lesquelles la volonté humaine n'a aucune influence.

— III. Aux termes de l'article 1834 C. Nap., les sociétés doivent être rédigées par écrit, lorsque leur objet est d'une valeur qui excède cent cinquante francs. En matière commerciale, la loi est plus sévère; elle n'admet pas la preuve testimoniale, même au-dessous de cent cinquante francs, et de plus elle exige l'acte non-seulement pour la preuve, mais pour la validité du contrat. (Art. 39 et 40 C. comm.) Il importe donc, à ce point de vue, de distinguer les sociétés civiles des sociétés de commerce; cette distinction a d'ailleurs de nombreux intérêts : ainsi, en matière commerciale, certaines formalités de publicité sont requises, tandis que rien de semblable n'existe en matière civile; la société civile n'a pas le caractère de personne morale qui appartient à la société commerciale; enfin cette dernière est soumise à des règles spéciales, quant à la juridiction, quant à la prescription (art. 64 C. comm.), etc.

Cette distinction, si importante à divers points de vue, est facile à faire en s'attachant au but de la société. Si ce but est l'exploitation d'un chemin de fer, d'un service de paquebots ou de transports terrestres, ou tout autre acte de commerce (art. 632, 633 C. comm.), la société est commerciale. Elle est, au contraire, civile si elle se forme pour l'exploitation d'une mine ou pour toute autre opération qui ne constitue pas un acte de commerce.

Du reste, il est admis aujourd'hui universellement en pratique que les sociétés qui se livrent à des opérations civiles peuvent emprunter les formes établies par le Code de commerce (art. 19); si le législateur ne l'a pas dit expressément, c'est que les sociétés civiles n'avaient pas, lors de la rédaction de nos codes, l'importance qu'elles ont acquise depuis; la jurisprudence a dû suppléer à son silence. Nous croyons que, dans le cas où une société civile, formée par exemple pour l'exploitation d'une mine, emprunte la forme commerciale, elle conserve son caractère civil, car la forme ne peut l'emporter sur le fond, et c'est toujours à la nature des opérations sociales qu'il faut s'attacher pour déterminer le caractère d'une société.

— IV. Il nous reste à parler des dispositions du Code Napoléon qui ont trait aux rapports des associés entre eux ou avec les tiers. Mais auparavant, il importe d'insister sur quelques particularités de la société, et de déterminer les conséquences de la personnalité des sociétés commerciales que nous avons citée comme une différence entre elles et les sociétés civiles.

Parmi les contrats à titre onéreux, la société a ceci de remarquable qu'elle est contractée le plus souvent en considération des personnes qui y entrent, de telle sorte que l'erreur sur la personne est une cause de nullité, que la mort ou l'interdiction d'un des associés entraîne la dissolution, et qu'enfin aucune des parties n'a le droit de substituer un tiers dans ses droits. Des règles semblables seraient un obstacle à peu près insurmontable pour les grandes entreprises; les capitaux ne s'engageraient pas facilement dans une société dont la durée serait incertaine, et dont il serait impossible aux parties de sortir à leur gré. Par exemple, dans les sociétés anonymes et dans les commandites par actions, la considération des personnes s'efface; et, par conséquent, les causes de nullité ou de dissolution que nous venons de signaler disparaissent également.

Un second caractère de la société, c'est d'être universelle; aucun contrat n'a une sphère d'action plus vaste : elle embrasse toutes les opérations, toutes les entreprises, tous les contrats qui lui servent à atteindre son but, la réalisation de bénéfices.

V. Enfin on a soutenu que la société est toujours une personne morale. Mais ce système n'a pas prévalu et ne devait pas prévaloir en pratique : la société civile n'est pas, suivant l'opinion générale, un être juridique distinct des personnes des associés. La personnalité est un caractère spécial des sociétés de commerce; elle entraîne un grand nombre de conséquences. Voici les principales : la société étant une personne morale, les associés ne peuvent être considérés comme copropriétaires par indivis des biens sociaux; ils n'ont pas chacun dans ces biens une part qu'ils puissent aliéner ou hypothéquer au gré de leurs intérêts particuliers. De plus, les créances de la société ne sont point des créances indivises entre les associés, et par suite la compensation ne s'opère pas, même pour partie, entre une créance de ce genre et la dette dont un associé peut être tenu personnellement envers le débiteur de la société. Enfin, l'actif social étant distinct et indépendant de l'actif de chacun des associés, les créanciers sociaux n'ont pas à redouter le concours des créanciers personnels des associés. Ce principe de la personnalité des sociétés commerciales est donc très-utile; il donne un grand crédit à ces sociétés, et il met leur actif à l'abri de diminutions provenant du fait de l'une des parties seulement. Il est regrettable peut-être que les grandes sociétés civiles ne puissent pas profiter de cet avantage; mais le législateur ne leur a pas appliqué le principe de la personnalité, et nous ne pouvons suppléer à son silence; nous ne croyons pas non plus que, ce principe étant écarté, les créanciers d'une société civile puissent être préférés sur les biens sociaux aux créanciers personnels des associés (1).

— VI. Les rapports des associés entre eux sont dominés par cette règle que la société est un contrat de bonne foi dans lequel chacune des parties doit veiller aux intérêts des autres comme aux siens propres.

« Chaque associé est débiteur envers la société de » tout ce qu'il a promis d'y apporter. » (Art. 1845 C. Nap.) Si l'apport consiste dans la propriété ou l'usufruit d'un corps certain, la société devient propriétaire ou usufruitière au moment même du contrat (art. 1138 C. Nap.), et les risques sont à sa charge à partir du même moment. (Art. 1302.) Si l'un des associés a promis d'apporter une quantité ou un genre, il n'est libéré que par la tradition, et la perte de la chose qu'il se proposait de livrer, survenue avant la tradition, laisse subsister son engagement (art. 1302); s'il a promis d'apporter une créance, la société n'est saisie à l'égard des tiers qu'après l'accomplissement des formalités prescrites par l'article 1690 Code Napoléon. Quant à l'apport de la jouissance d'une chose, il se réalise successivement, de telle sorte que la perte de cette chose arrivant à une époque quelconque, entraîne la dissolution de la société. Du reste, alors même que l'associé n'a promis que l'usufruit d'une chose, il peut se faire que la société en devienne propriétaire et qu'elle ait

---

(1) Bravard (§ 32) admet cette préférence; mais M. Demangeat réfute très-justement les arguments qu'il invoque à l'appui de son système.

les risques à sa charge; c'est ce qui arrive dans les quatre cas prévus par l'article 1851. Ajoutons que l'associé qui apporte la jouissance d'un corps certain est avec la société dans les mêmes rapports que le bailleur avec le preneur; au contraire celui qui promet la propriété ou l'usufruit d'un corps certain se trouve dans la position d'un vendeur et est tenu à la garantie. (Art. 1845.)

Enfin, l'apport peut consister encore dans une obligation de faire ou dans l'industrie personnelle de l'un des associés : au premier cas, l'inexécution de l'obligation entraîne des dommages et intérêts (art. 1142); au cas d'apport d'industrie, l'associé devra avoir fourni intégralement sa mise pour avoir droit à sa part entière de bénéfices, et il est évident que, s'il n'a promis qu'une espèce particulière d'industrie, il ne devra rendre compte que des produits de cette industrie spéciale. (Art. 1847.)

Il arrive souvent, surtout dans les sociétés par actions, que l'apport ne se complète pas immédiatement; presque toujours le souscripteur d'actions verse un quart ou un cinquième de sa mise, et s'engage à verser le surplus soit à des époques déterminées d'avance, soit au moment où l'assemblée générale jugera ce versement nécessaire. En pareil cas, l'associé doit payer sa mise au jour fixé. Sinon, et par dérogation au droit commun, il doit de plein droit à la société les intérêts des sommes qu'il n'a pas versées ; les intérêts courent également de plein droit lorsqu'un associé a pris dans la caisse sociale une somme pour son profit particulier. (Art. 1846.) Et, dans ces deux cas, la condamnation peut comprendre en outre des dommages et intérêts. Cette règle exceptionnelle est fort juste, car le but de

la société est de faire des bénéfices, et l'associé qui en-
trave les opérations par son retard doit indemniser les
autres de la perte qu'il leur fait éprouver.

VII. Les associés devant, comme nous l'avons dit,
mettre les intérêts de la société sur la même ligne que
leurs intérêts particuliers, si l'un d'eux est personnellement créancier d'un débiteur de la société, et que les
deux créances soient exigibles, il doit imputer ce qu'il
reçoit du débiteur sur les deux créances proportionnellement à leur chiffre (art. 1848); mais, bien entendu,
le débiteur conserve le droit de faire lui-même une autre imputation qu'il juge plus avantageuse pour lui.

Bien plus, lorsque l'un des associés a reçu sa part
entière d'une créance commune, si le débiteur devient
insolvable, cet associé doit rapporter à la masse ce qu'il
a reçu, encore qu'il ait donné quittance pour sa part
spécialement. (Art. 1849.) Cette disposition n'est pas
applicable en matière commerciale : les sociétés de
commerce étant des personnes, leurs créances n'appartiennent pas à chacune des parties pour une certaine
fraction, et dès lors ce que l'un des associés reçoit ne
peut être reçu qu'au nom de la société.

L'art. 1850 est, au contraire, commun à toutes les
sociétés : « L'associé est tenu envers la société des
» dommages qu'il lui a causés par sa faute, sans pou-
» voir compenser avec ces dommages les profits que
» son industrie lui aurait procurés. » Rien n'est plus
naturel : l'associé qui procure un bénéfice à la société
ne fait que remplir son devoir et ne peut s'en prévaloir
pour échapper aux conséquences de ses fautes. Toutefois, l'associé non administrateur peut avoir une action
de gestion d'affaires contre la société, et une compensa-

tion devient alors possible entre ce qui lui est dû et ce qu'il doit lui-même.

L'associé a action contre la société à raison des sommes qu'il a déboursées pour elle, des risques inséparables de sa gestion et des obligations qu'il a contractées de bonne foi pour les affaires sociales (art. 1852). Cela, du moins, est rigoureusement vrai pour les administrateurs ; quant à l'associé non administrateur, il faut lui appliquer les règles de la gestion d'affaires (art. 1375).

— VIII. Nous ne nous arrêterons pas longtemps sur les articles 1853 et 1854, qui s'occupent de la répartition des bénéfices et des pertes entre les associés. Ces textes seront rarement applicables en matière commerciale, l'usage étant de fixer les droits de chacun dans les statuts. Et, à cet égard, la liberté des parties est très-grande ; la loi leur défend seulement d'attribuer tous les bénéfices à l'une d'elles, ou d'affranchir l'apport de l'un des associés de toute contribution aux pertes (art. 1855) (1).

Il peut arriver que le contrat confie à l'une des parties ou à un tiers le soin de faire la répartition ; le règlement n'est alors attaquable, aux termes de l'article 1854, que s'il est évidemment contraire à l'équité. Cette formule un peu vague pouvant donner lieu à des contestations nombreuses, le législateur a voulu que le droit de contester le règlement de l'arbitre fût prescrit par trois mois ; de plus, celui qui a commencé à exécuter ce règlement, est par là même non recevable à l'attaquer.

___

(1) Nous avons vu qu'une telle convention était valable en droit romain : on pouvait exempter un associé de toute participation aux pertes.

8

Si la convention est muette au sujet du partage des
bénéfices et des pertes, ce partage se fait proportionnellement aux mises. Aucune difficulté n'est possible si
les mises consistent en argent ou si elles ont été estimées dans le contrat; dans le cas contraire, il faut recourir à une expertise. Toutefois la loi estime elle-même
l'apport d'industrie et lui donne une valeur égale à
celle de la mise la moins importante (art. 1853); si
cette estimation est inférieure à la réalité, l'associé industriel devra donc avoir soin de faire insérer au contrat une clause spéciale.

— IX. Le plus souvent, les associés désignent l'un
ou plusieurs d'entre eux pour administrer les affaires
communes; si cette désignation a lieu dans l'acte même
de société, elle est irrévocable, l'administrateur nommé
ne peut être privé de ses pouvoirs sans cause légitime,
et il a le droit de faire sans fraude, nonobstant l'opposition des associés, tous les actes que comporte son administration; il en est autrement de l'administrateur
désigné postérieurement à l'acte constitutif de la société : celui-ci est révocable *ad nutum*, et ne peut rien
faire au mépris de l'opposition de la majorité des associés. Ces principes, du moins en ce qui touche la révo-
cabilité du gérant, doivent être appliqués à la société
en commandite ; on ne saurait prétendre que la révocation du gérant serait de la part des commanditaires
un acte d'immixtion défendu par la loi; la perte de la
qualité de commanditaire n'est encourue, nous le verrons, que par ceux qui ont pris part à la gestion extérieure de la société et qui se sont mis en rapport avec
les tiers. Nous croyons donc que le gérant non statutaire d'une commandite peut être révoqué *ad nutum* par

l'assemblée générale des actionnaires (Rej., ch. des req., 28 avril 1863), à moins, bien entendu, que l'acte par lequel il a été nommé ne l'ait déclaré irrévocable. D'autre part, le gérant statutaire ne peut être révoqué que pour une cause légitime, à moins que les statuts n'aient prévu et autorisé sa révocation par la majorité des associés (1).

A défaut de stipulations spéciales, les associés sont réputés s'être donné mandat d'administrer l'un pour l'autre ; ce que chacun fait est valable à l'égard de tous, sauf le droit qu'ont les autres associés de s'opposer à une opération avant qu'elle soit conclue (art. 1859-1°). Chacun peut se servir des choses sociales et les employer à l'usage auquel elles sont destinées, sans nuire à l'intérêt de la société ni gêner le droit des autres. Chacun peut de même obliger ses coassociés à contribuer avec lui aux dépenses nécessaires pour conserver les choses communes, et, d'autre part, nul ne peut faire d'innovations, sans le consentement de ses associés, sur les immeubles qui dépendent de la société (art. 1859). Ces diverses règles de l'article 1859 s'appliquent à tous les associés ; ceux même qui seraient spécialement chargés de l'administration devraient s'y conformer. Du reste, les associés administrateurs peuvent en principe faire, chacun isolément et sans consulter les autres, tous les actes qui se rattachent à l'administration ; mais on peut convenir valablement que

---

(1) Il a été jugé que la clause qui donne à l'assemblée générale le droit de révoquer le gérant est licite, et que ce droit de révocation n'appartient pas nécessairement aux tribunaux (Rej., ch. des req., 9 mai 1859) ; la cour de cassation admet même que cette clause peut être ajoutée aux statuts primitifs avec l'adhésion du gérant. (Rej., ch. des req., 9 mai 1861.)

8.

l'un des administrateurs ne pourra agir sans le concours des autres, et l'on peut aussi attribuer des fonctions spéciales à chacun des administrateurs (art. 1857-1858). Toutes ces clauses sont licites et doivent être observées. Au surplus, les quelques articles du Code relatifs à l'administration des sociétés civiles n'ont guère d'application possible en matière commerciale ; nous verrons notamment, pour la société en commandite, que les règles à suivre sont bien différentes, puisque les commanditaires ne peuvent en aucun cas prendre part à l'administration.

L'article 1861, qui ne permet pas d'introduire un tiers dans la société sans le consentement de toutes les parties, ne peut évidemment être étendu aux sociétés anonymes ni aux sociétés en commandite par actions.

— X. Pour terminer cette première section, nous n'avons plus que quelques mots à dire des rapports des associés avec les tiers.

Dans les sociétés civiles, les associés ne sont pas tenus solidairement des dettes sociales, et l'une des parties ne peut obliger les autres si ce pouvoir ne lui a pas été expressément conféré (art. 1862). La règle est tout autre dans les sociétés de commerce : dans la commandite notamment, la solidarité existe entre les associés en nom, et le gérant a le pouvoir de les obliger solidairement envers les tiers. L'article 1863, qui décide que les associés sont tenus, chacun pour une part égale, envers les tiers avec qui ils ont contracté, n'est pas non plus applicable à la commandite. Enfin, l'article 1864 porte que les associés ne peuvent se trouver obligés par l'un d'eux que si l'obligation a été contractée pour le compte de la société et si elle a tourné à son profit, à moins que l'associé qui a figuré au contrat n'ait agi dans la limite de ses pouvoirs d'administrateur.

— XI. Les dispositions du Code civil relatives au commencement (art. 1843), à la durée (art. 1844) et à la dissolution (art. 1865 et suiv.) de la société, reçoivent, comme nous le verrons, d'importantes dérogations en matière commerciale, et notamment en ce qui touche la commandite par actions.

SECTION II.

CARACTÈRES ET AVANTAGES DE LA COMMANDITE.

XII. Ce qui distingue la commandite des autres sociétés de commerce, c'est qu'elle repose à la fois sur un élément réel et sur un élément personnel. En effet, d'après l'article 23 du Code de commerce, « elle se » contracte entre un ou plusieurs associés responsables » et solidaires et un ou plusieurs associés simples bail- » leurs de fonds, que l'on nomme commanditaires ou » associés en commandite ». Ainsi, dans la société en commandite, la responsabilité personnelle se trouve unie à la responsabilité limitée et purement matérielle. Nous verrons bientôt que ce mélange des deux éléments réel et personnel présente un grand avantage, et que la différence de responsabilité a pour conséquence une différence notable dans les droits des deux classes d'associés. Dès à présent nous devons remarquer que, bien que la perte des commanditaires soit limitée à leur mise, la société qui nous occupe a néanmoins le caractère de contrat personnel que nous avons déjà signalé. Et, à cet égard, il importe de distinguer : dans les rapports des commanditaires avec les tiers, la considération des personnes disparaît, puisque la mise est la seule garantie de ceux qui traitent avec la société; dans les rapports des associés entre eux, au contraire, la considération des personnes est la cause déterminante du contrat; et, par suite, la mort, la faillite, l'interdiction d'un des associés (même d'un commanditaire), entraîne la dissolution de la société, et aucune des parties ne peut d'ailleurs substituer un tiers dans ses droits sans le consentement des autres. Cette observation ne s'applique toutefois qu'à la commandite simple; dans la commandite par actions, les personnes des commanditaires ne sont prises en considération à aucun point de vue.

— XIII. C'est de la réunion de la responsabilité personnelle à la responsabilité matérielle que découle l'avantage principal de la commandite.

La société en nom collectif présente aux tiers la plus grande garantie qu'ils puissent désirer, car sa base est la responsabilité absolue, indéfinie et solidaire de tous les associés. Mais, par cela même, beaucoup de personnes hésitent à s'y engager; une telle association suppose une confiance réciproque très-grande. De plus, les associés en nom collectif sont commerçants, et il y a des personnes qui ne veulent ou ne peuvent prendre cette qualité. Il en résulte que la société en nom collectif n'est point propre aux grandes entreprises qui ont besoin d'un capital considérable.

La société en commandite n'a pas cet inconvénient; elle est accessible à tous, aux personnes qui ne peuvent être commerçants, à ceux qui ne veulent pas se livrer au commerce et qui pourtant engagent volontiers une partie de leurs capitaux dans une opération commerciale afin d'accroître leur fortune, aux commerçants qui ont des fonds disponibles et qui consentent à les confier à une société qu'ils ne peuvent diriger eux-mêmes. Cet avantage de se prêter à l'agglomération des capitaux, avantage qui, encore une fois, dérive de la distinction entre les associés responsables et les commanditaires, existe surtout dans les sociétés dont le capital est divisé en actions; car la possibilité de se retirer à chaque instant en cédant leurs droits, et souvent aussi l'espérance d'une prime à réaliser sur les actions, sont un attrait de plus pour ceux qui cherchent à placer leurs capitaux.

XIV. Toutefois, il faut le reconnaître, la commandite a des inconvénients qui lui font souvent préférer la société anonyme. Sa durée est subordonnée à l'existence des associés responsables (1); ceux-ci ont un pouvoir d'administration très-large, et la crainte de se voir obligés solidairement peut empêcher les commanditaires de les surveiller d'une façon efficace; d'un autre côté, lorsqu'il s'agit de grandes opérations, on trouve difficilement des associés disposés à accepter une responsabilité indéfinie. C'est pour cela que la forme anonyme est employée de préférence pour les entreprises qui ont besoin de stabilité et qui exigent des capitaux considérables. Il nous semble pourtant que la commandite peut encore rendre d'utiles services, bien

---

(1) On peut cependant convenir que la mort d'un gérant responsable ne dissoudra pas la société; dans les commandites par actions, le droit de remplacer le gérant appartient en général à l'assemblée des actionnaires. (Ci-dessous, n° XVII, *in fin.*)

qu'aujourd'hui les sociétés anonymes puissent se former sans autorisation. En effet, la responsabilité absolue d'un ou de plusieurs associés est une garantie très-précieuse pour les tiers et même pour les commanditaires; lorsqu'une telle responsabilité sera acceptée par des hommes solvables et honorables, ce sera presque toujours la preuve que la société qu'ils veulent fonder a un but sérieux et des chances réelles de prospérité.

SECTION III.

DE L'INTÉRÊT ET DE L'ACTION.

XV. La commandite par actions étant aujourd'hui réglementée d'une façon beaucoup plus étroite que la commandite simple ou par intérêt, il est indispensable de déterminer clairement le caractère de l'action et les points par lesquels elle se distingue de l'intérêt.

Remarquons d'abord que, dans un sens large, le mot intérêt désigne la part de chaque associé, le droit qu'il a de recevoir une partie des bénéfices de la société, de sorte qu'à ce point de vue l'action elle-même est un intérêt. Il faut toujours, nous le savons, que chaque associé ait un intérêt; le droit de prendre part aux bénéfices sociaux est le corrélatif de l'apport, et il est nécessaire comme lui. Mais lorsqu'on veut distinguer l'action de l'intérêt, il faut donner à chacune de ces deux expressions un sens précis et particulier. En quoi donc consiste la différence?

On a soutenu que le droit de l'associé serait une action ou un intérêt, suivant qu'il serait représenté par une somme fixe ou par une fraction, telle qu'un sixième, un vingtième du capital social. (Demante, *Cours analyt.*, t. II, p. 421.) Mais une telle distinction ne repose sur aucune base solide. Quelle différence y a-t-il en réalité entre une société au capital de deux millions qui émet quatre mille parts d'intérêt d'un quatre-millième chacune, et une société qui divise son capital en quatre mille actions de cinq cents francs? Que le droit des associés soit d'une somme fixe ou d'une quotité, le résultat est toujours le même : la valeur de ce droit varie suivant que la société prospère ou est embarrassée dans ses affaires. Du reste, la distinction proposée par Demante présente un danger; elle permet d'éluder les dispositions de la loi du 24 juillet 1867, qui fixe un taux minimum pour les actions. Est-il possible d'admettre que l'on ne puisse créer des actions de moins de cent francs, et qu'on puisse cependant créer des parts d'intérêt dont la valeur réelle serait inférieure à ce chiffre, et qui seraient de véritables actions de quotité? Aussi cette distinction est-elle repoussée aujourd'hui; la loi du 5 juin 1850 sur le timbre met sur la même ligne les actions de somme fixe et les actions de quotité, et ces dernières sont assez nombreuses en pratique, surtout dans les sociétés qui ont pour objet l'exploitation des mines.

Suivant l'opinion générale, ce qui distingue l'action de l'intérêt, c'est la cessibilité (1). L'action est cessible, l'intérêt ne l'est pas. En d'autres termes, dans la commandite par actions, la personne des actionnaires n'est

---

(1) « Partout où la cessibilité se rencontrera, il y aura une action ; » partout où elle n'existera pas, il n'y aura qu'un intérêt. » (Bravard, § 117.) Conf. M. Troplong, I, nos 128, 129. M. Bedarride, I, no 318.

pas prise en considération : rien de ce qui leur arrive n'affecte la société, et par suite ils peuvent se substituer des tiers; dans la commandite par intérêt, le contrat se forme en vue des personnes ; un changement survenu dans l'état civil ou dans la position d'un commanditaire peut dissoudre la société, et les associés ne peuvent mettre un tiers à leur place. C'est là ce qui constitue la supériorité des sociétés par actions, qui ont plus de stabilité, et qui offrent aux capitalistes des facilités plus grandes que les sociétés ordinaires.

XVI. L'action étant cessible de sa nature, nous avons à nous demander dans quelle forme la cession pourra en être faite. A cet égard, il faut distinguer les actions négociables des actions non négociables.

Nous verrons plus tard que les actions des sociétés en commandite ne sont négociables qu'après le versement du quart. Elles n'en sont pas moins pour cela cessibles; seulement, jusqu'au versement du quart, la cession est soumise aux formes du droit commun. (Art. 1690 C. N.) Il est donc inexact de prétendre, comme le font certains auteurs, que le caractère distinctif de l'action est la négociabilité, non la cessibilité. La loi du 24 juillet 1867 appelle actions ces titres non négociables, mais cessibles d'après les modes du droit civil. Nous en concluons que quand même les statuts constitutifs d'une société ne permettraient la cession des droits des associés que d'après les règles du Code civil, cette société devrait être considérée comme une société par actions, soumise à la réglementation de la loi de 1867. Et cela nous paraît d'autant moins douteux que l'article 25 de la loi sur le timbre, antérieure à la loi de 1856 qui a prohibé la négociation des actions avant le versement des deux cinquièmes, s'occupe précisément de ces actions, cessibles seulement dans les formes prescrites par l'article 1690 C. N. Cette loi, qui porte la date du 5 juin 1850, ne pouvait s'appliquer, à l'origine, qu'aux sociétés qui prohibaient la négociation de leurs titres d'après les usages commerciaux, puisqu'à cette époque la négociation n'était soumise à aucune restriction légale. Ainsi, la cessibilité est bien le caractère de l'action; alors même qu'elle ne pourrait être transmise que d'après les règles de l'article 1690, soit à cause des statuts constitutifs de la société, soit en vertu d'une loi spéciale, la part d'un associé est une action dès qu'elle peut être cédée.

XVII. Au reste, l'action négociable est beaucoup plus commode que l'action simplement cessible. La négociabilité, c'est-à-dire la cession simple et rapide suivant l'un des modes usités dans le commerce, fait de l'action une valeur de circulation, et presque une monnaie.

Ces modes spéciaux de la cession commerciale sont au nombre de trois. Les actions sont, en effet, au porteur, nominatives ou à ordre.

L'action au porteur se transmet par la tradition du titre. (Art. 35 Cod. com.) C'est donc celle qui présente le plus de facilité à son propriétaire; elle se transmet rapidement et sans frais, et elle a l'avantage de ne pas faire connaître celui qui la possède. En revanche, l'action au porteur dégage son propriétaire de toute responsabilité, ce qui constitue un grand danger pour les sociétés dont le capital n'est pas entièrement versé;

nous verrons plus tard que la loi de 1867 a remédié en partie à cet inconvénient (1).

L'action nominative, dont la propriété s'établit par une inscription sur les registres de la société, offre plus de sécurité aux capitalistes; si elle est perdue ou volée, il est facile d'en obtenir un duplicata, tandis que celui qui perd une action au porteur se trouve exposé à toutes les conséquences de la maxime : en fait de meubles, possession vaut titre. (Art. 2279, 2280 C. N.) Ajoutons que l'action nominative est soumise à un droit de transmission qui remplace l'impôt dont la loi du 23 juin 1858 a frappé les coupons des actions au porteur. En somme, la forme au porteur convient surtout aux spéculateurs qui cherchent à réaliser un bénéfice sur le prix d'émission ou d'achat de leurs titres; l'action nominative est préférable pour ceux qui veulent faire un placement de longue durée. L'une et l'autre ont, du reste, sur l'intérêt, l'avantage considérable de permettre au propriétaire d'actions de réaliser une prime en les vendant lorsque la société est prospère; celui qui a un intérêt incessible ne peut, au contraire, profiter d'une hausse momentanée, et ne gagne en définitive que si la société reste prospère jusqu'à sa dissolution. La cession des titres nominatifs « s'opère » par une déclaration de transfert inscrite sur les regis- » tres et signée de celui qui fait le transport ou d'un » fondé de pouvoir. » (Art. 36 C. com,)

Le Code de commerce ne parle pas des actions à

---

(1) Le propriétaire d'actions au porteur est bien responsable en droit, mais il échappe facilement en fait à sa responsabilité. C'est pour cela que la loi de 1867 ne permet la création d'actions au porteur que quand la moitié du capital social est versée. (Ci-dessous, n° 83 et suiv.)

ordre, mais aucune loi ne les prohibe; en pratique, les actions de ce genre sont assez rares; elles se transmettent par voie d'endossement.

Les sociétés par actions, même les plus riches, ont besoin souvent d'avoir à leur disposition des sommes considérables, par exemple pour accroître et développer leur exploitation. En pareil cas, au lieu d'émettre de nouvelles actions qui viendraient diminuer la valeur des anciennes, on a quelquefois recours à des emprunts sous forme d'obligations donnant droit à un intérêt fixe. Les titres émis de cette façon sont en général remboursables à un taux supérieur à celui de l'émission; on en amortit chaque année un certain nombre. Ce mode d'emprunt n'est guère employé par les sociétés en commandite, à moins que la convention ne fixe leur durée et ne la rende indépendante de l'existence des associés en nom; autrement les porteurs d'obligation seraient exposés à voir la société se dissoudre avant leur remboursement, et à perdre la prime qui est le plus grand attrait de ces sortes de placements.

— XVIII. Nous n'avons donc pas à nous occuper de ces emprunts, qui sont faits plutôt par des sociétés anonymes. Mais, pour terminer ces notions générales, nous devons signaler trois caractères communs à l'action et à l'intérêt. L'intérêt, et ici nous prenons ce mot dans son sens le plus étendu, l'intérêt dans une société de commerce est toujours mobilier (art. 529 C. N.), au moins tant que dure la société, et bien que cette société possède des immeubles : c'est une conséquence de la personnalité des sociétés de commerce. En second lieu, l'intérêt n'a pas de valeur fixe; il s'accroît ou diminue suivant l'état des affaires sociales (1). Enfin, l'intérêt dure autant que la société; l'action cessible, aussi bien que l'intérêt incessible, donne un droit qui ne s'éteint qu'après la liquidation de la société; la seule différence, c'est que le droit peut passer d'une personne à une autre lorsqu'il est représenté par une action, tandis qu'il reste au titulaire primitif lorsqu'il est représenté par un intérêt; mais, dans les deux cas, le droit qui s'attache à l'intérêt ou à l'action ne cesse qu'à la dissolution de la société.

---

(1) Seulement, comme nous l'avons remarqué, l'intérêt proprement dit étant incessible, on ne peut profiter de cet accroissement ou éviter cette diminution de valeur que dans les sociétés par actions, en transmettant ses droits.

CHAPITRE II.

RÈGLES COMMUNES A LA COMMANDITE PAR INTÉRÊT ET A LA
COMMANDITE PAR ACTIONS.

XIX. Le Code de commerce n'ayant établi aucune
règle spéciale pour le cas où les sociétés en commandite diviseraient leur capital en actions (art. 38), les
deux formes de sociétés que nous avons à étudier ont été
régies longtemps par les mêmes dispositions. Aujour-
d'hui la commandite par actions est assujettie à une
réglementation spéciale ; mais elle reste néanmoins
soumise aux dispositions générales du Code de commerce.

Ces dispositions générales sont relatives à la constitution, au fonctionnement et à la dissolution de la société.

SECTION I.

DE LA CONSTITUTION DES SOCIÉTÉS EN COMMANDITE.

XX. Quatre conditions sont nécessaires pour qu'une
société en commandite puisse se constituer, savoir : la
réunion des deux éléments réel et personnel dont nous
avons déjà parlé, une raison sociale, la rédaction d'un
acte, enfin l'accomplissement des formalités de publicité prescrites par la loi. Nous ne nous occuperons pas
ici de la publicité : elle sera l'objet d'un appendice
placé à la suite de l'explication de la loi du 24 juillet

1867. Mais nous devons dès à présent nous arrêter sur les trois autres conditions.

— XXI. Une société en commandite peut, à la rigueur, se composer de deux personnes seulement, un associé responsable et un commanditaire. Elle peut, au contraire, se composer d'un grand nombre de membres, surtout si son capital est divisé en actions. Du reste, quel que soit le nombre des associés, il faut toujours qu'ils se distinguent en deux classes; en effet, l'article 23 C. com., que nous avons déjà cité, porte que « la société en commandite se contracte entre un » ou plusieurs associés responsables et solidaires, et un » ou plusieurs associés simples bailleurs de fonds.... » Et l'article 24 ajoute : « Lorsqu'il y a plusieurs asso- » ciés solidaires et en nom, soit que tous gèrent ensem- » ble, soit qu'un ou plusieurs gèrent pour tous, la » société est à la fois société en nom collectif à leur » égard et société en commandite à l'égard des sim- » ples bailleurs de fonds. » Ainsi la position des deux classes d'associés est très-différente : les uns sont trai- tés comme des associés en nom collectif, les autres comme des actionnaires d'une société anonyme.

XXII. Les commanditaires, que la loi appelle des bailleurs de fonds, ne sont jamais tenus au delà de leur mise; c'est un avantage que la loi leur accorde et qu'ils ont de plein droit aujourd'hui sans stipulation, tandis que sous l'empire de l'ordonnance de 1673 il fallait une convention spéciale pour limiter ainsi la responsa- bilité des commanditaires.

Mais, il ne faut pas l'oublier, les bailleurs de fonds sont des associés et non pas des prêteurs; leur apport

est le gage des créanciers sociaux ; si la société fait de
mauvaises affaires, ils ne peuvent concourir avec ces
créanciers pour obtenir la restitution d'une partie de
leur mise (1), et ils n'ont aucune action à exercer contre les associés responsables. En un mot, la qualité de
commanditaire entraîne bien la limitation de la perte au
montant de l'apport (art. 26 Cod. comm.) ; mais elle
n'est pas exempte de risques ; du reste, ces risques,
inhérents au titre d'associé, sont compensés par le droit
d'obtenir des bénéfices considérables, bien supérieurs à
l'intérêt légal, sans violation de la loi de 1807.

En ce qui touche les commanditaires, il nous reste à
voir quel est le droit des tiers à leur égard. Il est bien
certain qu'aucune action n'est ouverte contre eux, sauf
le cas d'immixtion que nous examinerons bientôt, s'ils
ont complétement versé leur mise. Il est certain également que s'ils doivent encore une partie de leur mise,
les tiers, les créanciers sociaux peuvent en exiger le
versement. Certains auteurs ont prétendu qu'ils n'a-
vaient alors d'autre action que celle de l'article 1166
C. Nap., qu'ils devaient agir du chef du gérant, et que
par conséquent ils étaient soumis à toutes les exceptions que le commanditaire pourrait opposer au gérant
lui-même. Malgré l'autorité historique (2) qui s'attache
à cette opinion, elle n'a pas prévalu et ne devait pas
prévaloir dans notre droit ; elle se justifiait par l'ab-

---

(1) La cour de Paris a jugé, par arrêt du 30 juillet 1859, que les
actionnaires d'une société en commandite déclarée en faillite ne peuvent, même lorsque le gérant fondateur a été condamné comme les
ayant trompés, demander la nullité de la société et réclamer la restitution des sommes qu'ils ont versées ; ces sommes, comme aussi
celles qu'ils se sont engagés à fournir, sont le gage des créanciers
sociaux, qui n'ont aucune imprudence à se reprocher.

(2) Voir Pothier, *Sociétés*, nos 63 et 102.

sence de raison sociale, et aussi par le défaut de publicité des commandites dans lesquelles entraient des non-commerçants dans l'ancien droit. Aujourd'hui la commandite a une raison sociale, et la publicité qui fait connaître aux tiers les sommes fournies ou à fournir par les commanditaires leur donne le droit de compter sur ces sommes ; ils considèrent les mises à verser lorsqu'ils traitent avec la société ; et dès lors il convient de leur accorder une action directe pour en obtenir le versement. Toutefois, nous n'accorderions cette action aux tiers qu'en cas de faillite ou de liquidation de la société ; tant que celle-ci est debout, ils peuvent s'adresser au gérant, et c'est au gérant qu'il appartient de contraindre les commanditaires à exécuter leurs engagements (1).

Ainsi, l'obligation des commanditaires consiste dans le versement de leur mise ; ils ne sont jamais tenus au delà ; mais, dans la limite de leur apport, ils sont obligés directement envers les tiers en cas de faillite. La cour de Lyon a même jugé, avec raison, suivant nous, que l'insolvabilité d'un commanditaire retombe sur ceux qui sont solvables, en ce sens qu'ils peuvent être obligés de payer les dettes sociales au delà de leur part, bien entendu sans que pour cela ils puissent être poursuivis sur leurs biens personnels. (Arrêt du 21 juillet 1859.)

---

(1) C'est ce système qui prévaut en jurisprudence. (Rej., ch. civ., 28 fév. 1844 ; Rej., 8 avr. 1845 ; Lyon, 2 fév. 1864 ; Poitiers, 30 janv. 1867.) La chambre des requêtes l'a appliqué en décidant (arrêt du 24 juin 1861) que les créanciers d'une société déclarée nulle pour contravention à la loi de 1856 peuvent agir contre les commanditaires, et que ceux-ci ne peuvent se prétendre libérés par suite de la nullité prononcée à l'égard du gérant ; si les créanciers n'avaient eu qu'une action oblique, ils eussent été soumis, comme le gérant lui-même, à l'exception tirée de cette nullité.

On s'est demandé encore si l'engagement contracté par le commanditaire constitue une obligation commerciale. La plupart des auteurs et la jurisprudence ont admis l'affirmative. Cependant il nous semble préférable de ne voir dans cet engagement qu'une obligation civile, lorsqu'il est contracté par un non-commerçant; ce qui nous décide, c'est le but même de la commandite, qui est d'attirer les capitaux de ceux qui ne veulent ou ne peuvent être commerçants; les rédacteurs du Code n'ont pas dû songer à soumettre les associés à la contrainte par corps pour le payement de leurs mises. Du reste, depuis la suppression de la contrainte par corps, la question qui nous occupe n'a plus guère d'intérêt qu'au point de vue de la juridiction; nous pensons que c'est aux tribunaux civils qu'il appartient de connaître des demandes en payement d'actions souscrites dans une société en commandite par un non-commerçant. (Dijon, 4 août 1857.)

XXIII. A l'égard des associés en nom, il ne peut s'élever aucun doute sur la nature de leur obligation : ils sont indéfiniment, personnellement, commercialement responsables des engagements pris au nom de la société, alors même qu'ils n'ont pas l'administration. (art. 24 C. comm.); s'il y en a plusieurs, ils sont solidaires.

Ce caractère strict de l'obligation des associés commandités a fait douter qu'ils pussent céder leurs actions. Mais cette cession est évidemment possible lorsque les statuts ne la prohibent pas, car elle ne change pas la position des associés en nom; ils n'en restent pas moins chargés de l'administration et responsables *in infinitum;* tant que dure la société, ils ne peuvent enlever ni aux tiers ni aux associés qui ont eu confiance en eux la garantie sur laquelle ils ont pu légitimement compter.

Les associés en nom peuvent se trouver créanciers de la société, soit par suite de dépenses qu'ils ont faites dans son intérêt, soit par suite de prêts qu'ils lui ont consentis. En pareil cas, ces associés peuvent concourir avec les autres créanciers sociaux, et obtenir ainsi un dividende sur leurs créances; mais les créanciers de la société, lésés par ce concours, peuvent poursuivre les associés en nom et saisir même le dividende qui leur a été attribué; seulement, les créanciers personnels des associés auront le droit de concourir avec eux sur ce dividende qui ne fait plus partie de l'actif de la société, mais qui constitue un bien personnel qui doit être partagé au marc le franc entre tous les ayants droit.

—XXIV. La seconde condition que la loi exige pour la constitution des commandites, c'est la raison sociale. Toute société en commandite doit avoir une raison sociale; c'est une conséquence de la nécessité de l'élément personnel, qui doit se manifester par un signe extérieur et visible. Ce signe apparent, ce symbole de la responsabilité personnelle, c'est la raison sociale : elle se compose du nom d'un ou de plusieurs des associés responsables *in infinitum* (art. 23 C. comm.); elle peut ne pas comprendre les noms de tous ces associés, dont une partie peut être comprise dans la désignation et Cie; mais le nom d'un simple commanditaire ne saurait y figurer sans exposer ce commanditaire à la même responsabilité que les associés en nom. La loi ne le dit pas expressément, mais cela résulte de l'usage et des principes généraux, et c'est d'ailleurs un point sur lequel tous les auteurs anciens et modernes s'accordent (1). On admet aussi généralement que quand il n'y a qu'un commanditaire et un commandité, la désignation et C*° ne fait pas rentrer implicitement le nom du commanditaire dans la raison sociale, et n'a pas pour conséquence l'obligation indéfinie de ce commanditaire : il faut bien que la société ait un nom distinct de celui de l'associé responsable.

Nous avons observé dans notre introduction que l'ordonnance de 1673 ne prescrivait pas la raison sociale; c'est le code qui a réalisé cette importante amélioration.

— XXV. La dernière condition qui doive nous occuper en ce moment est une condition de forme. Considérant la complication des rapports des associés entre eux, le législateur a voulu que la société en commandite fût constatée par un acte. Nous verrons plus tard que la loi de 1867 exige quelques formalités de plus lorsque le capital est divisé en actions. D'autre part, cette même loi, tranchant une ancienne controverse, décide formellement que si l'acte est sous seing privé, il suffira qu'il en soit fait deux originaux. Mais, comme elle ordonne certaines précautions pour la conservation de ces originaux, nous pensons que cette disposition n'est applicable qu'à la commandite par actions (2).

---

(1) « La raison sociale résume la solvabilité collective ; elle est » l'image abrégée, mais complète, des garanties promises aux créan-» ciers sociaux. » (Delangle, tome I, n° 338.)

(2) Dans la commandite simple, les associés sont moins nombreux ; chacun d'eux peut recevoir et conserver un original de l'acte pour s'en servir en cas de besoin.

Pour la commandite simple, il faut autant d'originaux qu'il y a d'associés; il n'est pas exact de dire qu'il n'y a que deux intérêts en jeu dans le contrat, celui des associés en nom et celui des commanditaires, car il peut s'élever des contestations nombreuses entre des associés de la même classe. (Bordeaux, 13 mars 1829.)

L'interprétation des clauses de l'acte de société appartient aux tribunaux; ce sont eux qui ont à décider, d'après l'ensemble de ces clauses, si tel associé est responsable indéfiniment ou simplement commanditaire. Remarquons d'ailleurs que la qualité de commanditaire entraîne de graves dérogations au droit commun, et que par conséquent celui qui l'invoque doit prouver que sa prétention est bien fondée. Les décisions des tribunaux et des cours sur cette matière sont sujettes à cassation; les cours impériales sont souveraines en ce qui touche la constatation des faits de la cause, mais elles sont soumises à la censure de la Cour suprême quant aux conséquences qu'elles en tirent, et leur pouvoir ne peut aller jusqu'à refuser aux conventions des parties les effets que la loi leur attribue.

SECTION II.

DU FONCTIONNEMENT DES SOCIÉTÉS EN COMMANDITE.

XXVI. La règle fondamentale en cette matière se résume dans cette double formule : l'administration de la société appartient aux associés en nom; les commanditaires ne peuvent y prendre part sans s'exposer à perdre le bénéfice de leur qualité. Le législateur a très-sagement voulu que l'action fût là où se trouve la responsabilité personnelle. Il a voulu protéger les tiers, pour lesquels la publicité ne serait pas une garantie suffisante, et qui croient toujours pouvoir compter sur la responsabilité de celui avec qui ils traitent. D'un autre côté, il a entendu rendre ses prescriptions efficaces en ne permettant pas aux commanditaires, dont la responsabilité est restreinte, de gérer, même en vertu d'une procuration donnée par le gérant responsable (art. 27 C. comm.) : s'il en était autrement, on verrait souvent des hommes sans consistance et sans solvabilité accepter le titre d'associés responsables, tandis que des commanditaires solvables s'empareraient de l'administration et se lanceraient dans des entreprises aventureuses sans courir de grands risques. L'article 27 édicte donc une disposition fort sage ; la responsabilité indéfinie des gérants les empêchera de tenter des opérations hasardeuses qui compromettraient le crédit et la prospérité de la société.

Ceci posé, nous avons à étudier la nature et l'étendue des droits des gérants, et le rôle que la loi réserve aux commanditaires.

— XXVII. Les associés responsables sont tous gérants, à défaut de disposition spéciale des statuts ou de convention contraire survenue après la constitution de la société ; s'il n'y a qu'un seul associé responsable, il est même nécessairement investi de l'administration. Lorsqu'il y en a plusieurs, il arrive souvent qu'un seul ou quelques-uns d'entre eux sont désignés pour administrer la société, soit par les statuts, soit par un acte postérieur. Et, à cet égard, il convient de rappeler ce que nous avons déjà dit : le gérant statutaire est irrévocable, ou du moins ne peut être révoqué que par une décision judiciaire *et pour cause légitime;* le gérant non statutaire est révocable *à volonté.* (Rej., ch. des req., 28 avril 1863.)

Toutefois, les parties peuvent déroger à ces règles. Elles peuvent convenir que le gérant nommé après la constitution de la société ne sera révocable que pour cause légitime. Et, d'autre part, la convention qui donnerait à l'assemblée générale le droit de révoquer le gérant statutaire serait parfaitement licite et devrait être respectée. (Rej., ch. des req., 9 mai 1859 et 9 mai 1860.) On ne saurait en effet voir dans une révocation prononcée par l'assemblée générale conformément aux statuts un acte d'immixtion contraire à l'essence de la commandite; il y a là une simple mesure d'administration intérieure qui laisse subsister dans toute sa force le principe que la société est représentée à l'égard des tiers par le gérant désigné, tant que ses fonctions ne lui ont pas été retirées. Du reste, dans cette hypothèse de la révocation prononcée en vertu d'une clause expresse des statuts, la société continuera en général d'exister; seulement, elle sera administrée à l'avenir par un nouveau gérant nommé par l'assemblée générale.

Au contraire, dans le cas où un gérant statutaire est révoqué judiciairement pour cause légitime, certains auteurs pensent que la société est par là même dissoute; d'autres admettent qu'elle subsistera, mais à la condition que tous les associés, sans exception, seront d'accord sur le choix d'un nouveau gérant. (M. Troplong, n° 677.) Cette dernière opinion nous paraît inattaquable : dès que tous les associés, y compris le gérant révoqué, sont d'accord, il n'y a aucune raison sérieuse de déclarer la société dissoute. (Paris, 28 févr. 1850; Req., 9 mai 1860.)

XXVIII. De ce qui précède il résulte que les pouvoirs du gérant peuvent prendre fin soit par la volonté des commanditaires, soit en vertu d'une décision judiciaire. Quelle sera alors la position respective du gérant révoqué et de son successeur? Le nouveau gérant serait certainement responsable des actes antérieurs à son entrée en fonctions s'il était pris parmi les associés en nom collectif. Il encourrait encore la même responsabilité s'il était pris en dehors de la société et s'il n'avait pas eu soin de faire inventaire; mais dans le cas contraire, où un inventaire exact et complet aurait été dressé par ses soins, le gérant ainsi choisi hors de la société ne devrait pas, suivant nous, être déclaré responsable des engagements contractés par son prédécesseur (1). Quant à l'ancien gérant, il demeure responsable *in infinitum* des actes postérieurs à sa retraite, à moins toutefois qu'il ne cesse de faire partie de la société, et que les tiers ne soient avertis par les publications légales qu'il n'est plus associé en nom. (Cass., 12 janv. 1852.)

XXIX. Occupons-nous maintenant des pouvoirs du gérant en fonctions. Ces pouvoirs sont très-larges, et comprennent tout ce qui rentre dans l'administration de la société. Mais ils ne vont pas au delà. En conséquence, le gérant ne peut ni dégager l'un des commanditaires de l'association, ni prendre sur lui de rembourser au souscripteur d'actions une partie des

---

(1) Contra, Paris, 22 août 1819.

versements qu'il a faits dans la caisse sociale. (Req., 12 avril 1842.) A plus forte raison ne peut-il pas modifier les statuts; ce droit ne peut appartenir qu'à l'assemblée générale, et seulement en vertu d'une convention expresse. Le gérant ne peut pas non plus, suivant nous, aliéner ou hypothéquer les immeubles de la société, à moins que la destination de ces immeubles ne soit d'être vendus; mais les statuts peuvent autoriser cette aliénation ou cette constitution d'hypothèque; et, à défaut des statuts, l'assemblée générale aurait le même pouvoir.

Du reste, il ne faut pas s'y tromper, le gérant a des droits plus étendus que ceux d'un mandataire ordinaire. Sauf les restrictions que nous avons établies, son pouvoir est absolu; il s'étend à toutes les opérations qui intéressent la société. Le gérant peut donc contracter des emprunts (Paris, 26 juin 1844); il peut transiger ou compromettre sur les intérêts relatifs au commerce de la société; il a le droit de choisir et de remplacer à son gré les employés qui l'aident dans sa gestion (1). Les statuts sociaux peuvent d'ailleurs étendre ou restreindre les pouvoirs du gérant, et c'est ce qui a lieu presque toujours. Les règles que nous avons posées ne sont applicables que dans le cas où les statuts ne s'occupent pas de l'administration. Alors, comme nous l'avons vu, il y a des actes du gérant qui n'engagent point la société; ajoutons que l'actif social ne répond point des dettes du gérant antérieures à la formation de la société, ni des actes qu'il a faits en son

____

(1) Lyon, 20 août 1857. Ce pouvoir est le corrélatif de la responsabilité absolue du gérant; celui-ci répond même des vols et détournements commis par un employé, s'ils sont le résultat de sa faute. (Lyon, 3 déc. 1857.)

nom personnel ou en dehors de la limite de ses pouvoirs, à moins, bien entendu, que de tels actes n'aient tourné au profit de la société.

XXX. Telles sont les fonctions du gérant et ses droits; si plusieurs associés sont chargés de la gestion, ils doivent en outre contrôler mutuellement leurs opérations, sous peine d'être solidairement responsables, vis-à-vis des commanditaires, des détournements commis par l'un d'eux. (Paris, 21 janvier 1852.) Si donc les gérants ont des droits très-étendus, ils sont aussi soumis à des obligations rigoureuses; ils peuvent même subir des condamnations sévères; car, après avoir hésité pendant longtemps, la jurisprudence a fini par admettre que l'article 408 du Code pénal leur est applicable, et que, comme mandataires, ils peuvent se rendre coupables de véritables abus de confiance et encourir les peines portées par la loi. (Rej., ch. crim., 10 déc. 1858. Cassat., ch. crim., 14 mars 1862.)

— XXXI. Les commanditaires, dont la responsabilité est purement matérielle, sont à cause de cela exclus de la gestion. Ils ne peuvent vendre, acheter, contracter un emprunt, constituer une hypothèque au nom de la société. Nous savons que le motif de cette prohibition est la nécessité de protéger les tiers d'une manière efficace. Au premier abord, il semble que, pour arriver à ce but de protéger les tiers, il suffirait de défendre aux commanditaires de gérer *en leur nom* les affaires de la société. Cependant l'article 27 du Code de commerce va plus loin; il leur défend avec raison de faire aucun acte de gestion, *même en vertu de procuration.* Sans cette prohibition, la précaution de la loi serait sans effet; on verrait des hommes insolvables accepter la gérance d'une société, tandis qu'un prétendu bailleur de fonds, affranchi de toute responsabilité personnelle, ferait en réalité tous les actes importants relatifs à l'administration, et cela en vertu d'une procuration facilement obtenue. L'exclusion des commanditaires de la gestion devait donc être absolue pour remplir le but que le législateur voulait atteindre.

XXXII. Mais, quelque rigoureux que soit ce principe, il ne faut pas l'étendre trop loin. Ce qui est interdit au commanditaire, c'est la gestion; il ne peut pas se mettre en rapport avec les tiers, traiter avec eux, les tromper en se faisant passer pour administrateur ou pour gérant. Au contraire, il peut se mêler dans une certaine mesure de l'administration *intérieure* de la société, pourvu qu'il s'abstienne de tout acte de gestion *extérieure*, et qu'il évite avec soin tout ce qui pourrait le faire passer aux yeux des tiers pour un gérant responsable. La loi du 6 mai 1863 a modifié les articles 27 et 28 Code de commerce de façon à faire disparaître certains doutes qui s'étaient élevés au sujet des droits des commanditaires. C'est ainsi que l'article 28 nouveau déclare expressément que les avis et conseils, les actes de contrôle et de surveillance ne sont point des actes de gestion et n'engagent pas le commanditaire au delà de sa mise. C'est ainsi encore que la loi de 1863 a supprimé de l'article 27 quelques mots desquels résultait, pour le commanditaire, la défense d'être employé pour les affaires de la société, et qui avaient fait croire à certaines personnes qu'aucun employé d'une société en commandite ne pouvait avoir un intérêt, si minime qu'il fût, dans les opérations sociales. Cette interprétation rigoureuse de l'article 27 ancien dépassait évidemment le but des rédacteurs du Code; elle n'est plus possible aujourd'hui. Le commanditaire peut, sans aucun doute, en vertu de la loi de 1863, surveiller le gérant et avoir un emploi dans les bureaux de la société. Il peut aussi très-certainement traiter en son propre nom avec le gérant; il est alors un véritable tiers; ce sont ses affaires, et non celles de la société, qu'il gère en agissant ainsi, par exemple, s'il ouvre un compte courant à la société, s'il fait avec elle des opérations de banque (1), etc. (Avis du conseil d'État du 17 mai 1809.)

XXXIII. A côté de ces actes que le commanditaire peut faire sans engager sa responsabilité personnelle, et à l'égard desquels le doute n'est pas possible, il en est d'autres sur le caractère desquels les auteurs et la jurisprudence ne sont pas entièrement d'accord. Nous avons déjà dit que, suivant nous, une clause des statuts pouvait permettre aux commanditaires de révoquer le gérant *ad nutum*. Pour des motifs analogues, nous admettrions comme valables les clauses qui auraient pour but d'interdire au gérant de faire certains actes sans l'assentiment de l'assemblée générale des associés. En un mot, nous croyons que l'article 27 du Code de commerce n'a entendu prohiber que les actes de gestion *extérieure*, ceux que le commanditaire ne peut faire

---

(1) Le commanditaire peut donc être créancier de la société; en pareil cas, et alors même qu'il aurait été déclaré solidairement responsable, il pourrait concourir avec les créanciers sociaux, sauf à ceux-ci à saisir ensuite le dividende qui lui aurait été attribué. (Rej., ch. civ., 25 juin 1862.) La compensation ici est impossible : le commanditaire est débiteur des créanciers sociaux, et il est créancier de la société.

qu'en traitant avec les tiers. Quant aux actes d'administration *intérieure*, ils n'ont pas le même inconvénient. Supposons, par exemple, que les statuts d'une
commandite défendent au gérant d'emprunter au delà
de cent mille francs sans le consentement de l'assemblée générale; si ce consentement intervient, le tiers
prêteur ne pourra pas être trompé; c'est avec le gérant
qu'il traitera, et il ne pourra pas raisonnablement
compter sur la responsabilité personnelle des commanditaires. Mais on fait à ce système une objection : Comment admettre, dit-on, que celui qui agit avec la procuration du gérant devienne responsable indéfiniment,
tandis que les commanditaires ne s'exposent pas à cette
responsabilité en intervenant d'une façon occulte dans
les opérations les plus importantes de la société? Si
telle est la théorie de la loi, ne manque-t-elle pas de
logique? Cette objection n'est pas concluante; les clauses
qui nous occupent pourront sans doute paralyser le
fonctionnement de la société, entraver les opérations
du gérant, mais qu'importe? elles ne vont pas contre
le but du législateur. Si le commanditaire ne peut agir,
même en vertu d'une procuration, c'est afin qu'il ne
puisse pas tenter des entreprises aventureuses sous le
couvert d'un homme de paille, d'un homme sans sur-
face et sans solvabilité; si nous lui permettons de pous-
ser le contrôle jusqu'à entraver certains actes d'administration, nous ne violons pas l'article 27, car nous
laissons en réalité la gestion à celui qui en est chargé,
et qui peut toujours s'abstenir de faire les actes qui ne
lui paraissent pas avantageux. En résumé, dans notre
système, c'est le gérant qui traite avec les tiers, c'est
lui seul qui se manifeste au public comme représentant
la société; les commanditaires ne peuvent le forcer à

agir, mais ils peuvent, en vertu d'une convention expresse, l'empêcher de faire certains actes qui seraient de nature à compromettre l'actif social. Quoi qu'il en soit, la toute-puissance de l'usage a fait admettre par la jurisprudence ce système, qui a du reste l'avantage de donner plus de sécurité aux capitaux qui s'engagent dans les commandites et qui, par suite, contribue à augmenter la puissance de ces sociétés en leur permettant de réunir des sommes plus considérables (1). Cette jurisprudence s'est affirmée par un grand nombre d'arrêts. Nous en citerons quelques-uns, afin de bien faire ressortir ce point important que les actes permis au commanditaire, et qui ne l'engagent pas solidairement, sont tous des actes d'administration *intérieure*. Ainsi il a été jugé : 1° que la clause d'un acte de société en commandite qui exige l'avis d'un conseil d'administration pour que le gérant puisse faire certains actes est parfaitement licite, et que l'approbation des membres de ce conseil ne constitue pas un acte d'immixtion prohibé par l'article 27 (Rej., ch. des req., 20 juin 1858); 2° que les commanditaires peuvent, sans s'exposer aux rigueurs de l'article 28, exiger que le gérant leur rende compte de son administration (Rej., ch. des req., 5 janv. 1859); 3° que les statuts peuvent valablement interdire au gérant de contracter des em-

---

(1) Nous avons supposé, en discutant cette question, que les statuts exigeaient pour certains actes le consentement de l'assemblée générale : la décision de cette assemblée est alors obligatoire pour le gérant, du moins si elle refuse l'autorisation demandée, et elle n'entraîne jamais la responsabilité de ses membres vis-à-vis des tiers. A défaut d'une telle clause, le gérant peut, suivant nous, consulter les commanditaires; mais leur avis ne le lie pas s'il s'agit d'un acte d'administration rentrant dans ses pouvoirs; et d'un autre côté, cet avis n'est pas un acte d'immixtion de la part de ceux qui l'ont donné.

prunts excédant une certaine somme sans l'autorisation préalable de l'assemblée générale, et que, dans cette hypothèse, l'assemblée peut déléguer quelques-uns de ses membres pour se renseigner sur l'utilité de cet emprunt, sans que cette mission fasse perdre à ceux qui l'acceptent leur qualité de commanditaires (Cass., ch. civ., 24 mai 1859); 4° que l'associé qui verse dans la caisse sociale des sommes excédant son apport ne devient pas par là même responsable *in infinitum* (Riom, 14 janv. 1862); 5° que l'assemblée générale, en suspendant le gérant de ses fonctions, peut charger l'un des associés de l'administration provisoire sans que ses membres encourent la responsabilité de l'article 28 du Code de commerce (Rej., ch. des Req., 30 av. 1862); 6° que le fait par l'un des commanditaires de se charger d'étendre les relations de la société (s'il est notaire, par exemple) n'est pas un acte d'immixtion. (Rej., ch. des req., 9 fév. 1864.)

XXXIV. On le voit, tous ces arrêts ne s'occupent que d'actes d'administration *intérieure*. Lorsque le commanditaire prend part à la gestion *extérieure* des opérations de la société, lorsqu'il trompe les tiers en se faisant passer pour cogérant, par exemple en faisant des démarches pour obtenir l'escompte des valeurs que la société a en portefeuille, la jurisprudence n'hésite pas à lui appliquer l'article 28 et la responsabilité que nous allons bientôt définir. (Caen, 16 août 1864.)

L'article 27 n'a donc pas toute la portée qu'on pourrait lui attribuer au premier abord; grâce à l'interprétation large que la jurisprudence lui donne, les commanditaires peuvent exercer une surveillance sérieuse sur la conduite du gérant. Mais ce n'est pas tout : par la force même des choses, l'article 27 est facilement éludé sous un autre rapport. Nous avons dit plus haut qu'il défendait au commanditaire de faire aucun acte de gestion, même en vertu de procuration; cette disposition s'applique sans difficulté à la commandite simple et à la commandite par actions nominatives; elle est au contraire sans effet dans les sociétés dont le capital est divisé en actions au porteur, car alors les commanditaires ne sont pas connus et peuvent ainsi recevoir impunément la procuration du gérant. Toutefois une telle fraude pourrait être découverte, si celui qui s'en rend coupable déposait ses actions au siége de la société pour avoir le droit de faire partie d'une assemblée générale; on appliquerait alors l'article 28.

XXXV. Le moment est venu d'expliquer cet article 28 qui contient la sanction de la défense faite au commanditaire de prendre part à la gestion extérieure de la société. Cette sanction était autrefois fort rigoureuse; le commanditaire qui avait violé l'article 27 était obligé solidairement avec les associés en nom collectif pour toutes les dettes et engagements de la société même antérieurs à son immixtion. Une telle perspective empêchait les associés de surveiller le gérant; ils avaient toujours à craindre d'excéder la limite de leurs droits, et les termes impératifs de l'article 28 ne permettaient pas aux tribunaux d'adoucir ni de restreindre la responsabilité qu'il édictait.

La loi du 3 mai 1863 a fait droit aux justes réclamations qui s'étaient produites. Aujourd'hui, en cas de contravention à l'article 27, l'associé commanditaire est obligé, solidairement avec les associés en nom collectif, pour les dettes et engagements *qui dérivent des actes de gestion qu'il a faits.* Cette responsabilité est de rigueur; les juges ne peuvent pas l'écarter; ils peuvent seulement, et c'est là l'innovation heureuse de la loi de 1863, la restreindre aux actes auxquels le commanditaire a pris part. Quant aux autres actes, le juge a plein pouvoir pour décider si l'associé qui a géré en sera responsable, et si cette responsabilité s'étendra à tous ou à quelques-uns seulement de ces actes auxquels il est resté étranger. En un mot, suivant les cas, le commanditaire pourra être déclaré responsable solidairement des actes qu'il a faits seulement, ou de tous les actes antérieurs à sa gestion, comme aussi de tous ceux qui auront été faits depuis sans son concours. Cela s'explique : un acte fait en contravention de l'article 28 peut compromettre l'actif social et le gage des créanciers les plus anciens, et dès lors il est juste que ceux-ci aient une action contre l'auteur d'un tel acte. Le pouvoir discrétionnaire attribué par la fin de l'article 28 nouveau aux tribunaux est une véritable amélioration; il permet aux commanditaires de bonne foi d'exercer un contrôle minutieux, sans s'exposer à une responsabilité excessive.

Il importe de remarquer d'ailleurs que c'est aux tiers seuls qu'il appartient de réclamer l'application de l'article 28, et de faire déclarer la responsabilité solidaire dont nous venons de parler. (Lyon, 27 mai 1859; Bordeaux, 4 décembre 1860.) La déchéance dont il s'agit ne peut être invoquée ni par les associés en nom collectif (Paris, 6 juillet 1865) ni par les commanditaires qui n'ont pas géré. (Caen, 16 août 1864.) Il est bien entendu que nous ne voulons parler ici que du cas où le commanditaire a agi avec l'assentiment des gérants; dans le cas contraire, la société n'est pas obligée (sauf l'application des principes de la gestion d'affaires), et par conséquent les associés ne peuvent subir aucune perte par suite de l'acte indûment accompli. Quand le commanditaire a géré en vertu d'une procuration du gérant, il est obligé solidairement vis-à-vis des tiers; mais il a un recours contre les associés en nom pour se faire rembourser ce qu'il a payé, et les autres associés ne peuvent exiger de lui la restitution de leurs mises; l'article 28, en effet, n'a en vue que l'intérêt des tiers, et il est étranger aux rapports des associés entre eux.

SECTION III.

DE LA DISSOLUTION DE LA SOCIÉTÉ EN COMMANDITE.

XXXVI. C'est dans les articles 1865 et suivants du Code civil que se trouvent énumérées les causes de dissolution des sociétés. Nous allons examiner ces diverses causes et déterminer celles qui s'appliquent à la commandite; puis nous dirons comment s'opère la liquidation de la société dissoute, et comment se partage l'actif social.

§ I. — *Des causes de dissolution de la société en commandite.*

XXXVII. Quand la société a été contractée pour un temps déterminé, elle se dissout par l'expiration de ce temps (art. 1865-1° C. N.), sauf le droit qu'ont les parties de la proroger d'un commun accord; l'acte de prorogation doit alors être revêtu des mêmes formes (1) que le contrat de société (art. 1866), et nous verrons plus tard qu'il doit en outre être publié. (Ci-dessous, n° CLXVIII.)

Aux termes de l'article 1871, la dissolution peut être prononcée en justice, même avant le terme fixé, pour des causes « dont la légitimité et la gravité sont laissées » à l'arbitrage des juges. » Cette disposition est certainement applicable à la commandite; il a été jugé notamment que la faute du gérant, jointe au désordre des affaires de la société, pouvait motiver une demande en dissolution. (Paris, 5 août 1858.)

XXXVIII. En second lieu, la société finit « par l'ex- » tinction de la chose ou la consommation de la né- » gociation. » (Art. 1865-2°.)

La dissolution d'une commandite résulterait certainement de la perte du fonds social ou de la réalisation des opérations en vue desquelles elle s'était formée. Mais serait-elle également la conséquence de la perte de l'apport de l'un des associés? Il faut à cet égard faire des distinctions; si l'apport consiste en une chose indéterminée, la cause de dissolution qui nous occupe ne peut pas être appliquée; elle ne peut pas l'être non plus si l'apport consiste dans la propriété ou l'usufruit d'un corps certain appartenant à l'associé qui l'a promis, car les droits réels se transmettent aujourd'hui par le seul effet des conventions (art. 1138 C. N.); c'est seulement lorsqu'un associé a promis la jouissance d'un corps

---

(1) Si l'acte primitif est authentique, l'acte de prorogation peut être sous seing privé ou réciproquement. L'article 1866 veut seulement qu'on emploie pour la prorogation l'une des formes qu'on peut employer pour la constitution d'une société.

certain ou la propriété d'une chose qui ne lui appartient pas encore que la perte de la chose peut entraîner la dissolution de la société. (Art. 1867.)

XXXIX. La mort naturelle d'un des associés, même d'un commanditaire, dissout en principe la société; mais nous savons que l'*intuitus personæ* n'existe pas dans les commandites par actions, au moins en ce qui touche les associés qui peuvent se retirer à leur gré : aussi la mort d'un de ces associés laisserait-elle subsister la société. Dans tous les cas, la mort d'un associé responsable serait une cause de dissolution, à défaut de clause spéciale. En pratique, on convient souvent que la société continuera d'exister entre les survivants seuls, ou entre les survivants et l'héritier de l'associé décédé; cette convention est licite, ainsi que celle qui donne à l'assemblée générale le droit de remplacer le gérant qui meurt au cours des opérations sociales; on conçoit que, s'il en était autrement, l'existence des sociétés serait très-précaire, et que les capitaux s'engageraient à regret dans une société qui pourrait cesser d'exister au moment où elle serait en pleine voie de prospérité.

XL. L'interdiction, la déconfiture, et à plus forte raison la faillite d'un associé en nom, dissolvent la société. On ne peut, au contraire, attribuer cet effet à l'interdiction ou à la déconfiture d'un simple commanditaire, lorsque sa mise a été versée dans la caisse sociale (1).

---

(1) La faillite de la société n'entraîne pas de plein droit sa dissolution; le gérant peut être, par un traité entre lui et les créanciers dûment homologué, replacé à la tête de l'administration des biens de la société, et alors il a qualité pour poursuivre les débiteurs sociaux. (Lyon, 3 juill. 1862.) Contra, Pardessus, n° 1060.

XLI. La dernière cause de dissolution mentionnée par l'article 1865 est la volonté d'un ou de plusieurs associés de faire cesser l'association. Aux termes de l'article 1869, elle ne s'applique qu'aux sociétés dont la durée est illimitée; nous avons dit déjà que, si la durée est limitée, il faut invoquer une cause juste pour obtenir la dissolution. Il nous semble que l'article 1869 doit être entendu strictement : la renonciation *ad nutum* ne sera pas possible si le contrat fixe un terme, même fort long, pour la durée de la société; la faculté de renoncer n'est pas d'ordre public, et la loi ne l'accorde que pour se conformer à l'intention présumée des parties. Aussi, même dans les sociétés dont la durée est illimitée, nous croyons que cette faculté de renoncer peut être écartée par une convention expresse, surtout si les associés ont le droit de céder leur intérêt dans la société; elle n'existe jamais dans les sociétés par actions, puisque l'actionnaire qui veut se retirer n'a qu'à céder ses droits à un tiers. Du reste, lorsque cette renonciation est possible, elle n'a d'effet que si elle est notifiée à tous les associés et si elle est faite de bonne foi et non à contre temps. (Art. 1869-1870.)

— **XLII.** En dehors des causes que nous venons d'indiquer, la dissolution ne peut s'opérer que par l'accord unanime de tous les associés. Nous avons admis, en effet, que la destitution du gérant ne met pas fin à la société; la fusion de deux sociétés ne doit pas non plus être considérée comme une cause de dissolution ; en un mot, il faut s'en tenir aux causes que nous venons d'énumérer et que nous avons trouvées dans l'article 1865 du Code civil.

§ II. — *De la liquidation et du partage.*

— XLIII. La société étant dissoute, il est nécessaire de la liquider. Cette opération comprend trois choses. Il faut, en effet, compléter l'actif social en recouvrant les sommes dues par des tiers, en revendiquant contre ceux qui les possèdent les immeubles appartenant à la société. En second lieu, il faut payer les dettes de la société, restituer à leurs propriétaires les biens qu'elle possède. Enfin, les liquidateurs doivent terminer les opérations commencées; ils pourraient même en commencer de nouvelles, si cela était avantageux, et, par exemple, si cela était nécessaire pour conserver la clientèle de la société qu'on se propose de vendre plus tard. Avant d'étudier spécialement les pouvoirs des liquidateurs, nous devons nous demander à qui il appartient de les nommer.

Il peut se faire que l'acte constitutif de la société désigne d'avance un ou plusieurs liquidateurs; une telle clause est fort sage, car elle prévient les dissentiments qui peuvent s'élever lors de la dissolution, et elle permet aux liquidateurs ainsi nommés d'entrer en fonctions au moment même où cesse l'administration des gérants. Que si cette clause n'existe pas, certains auteurs croient que la nomination des liquidateurs ne pourra être faite que par l'unanimité des associés (Trop., t. II, n° 1025; Bédarride, t. II, n° 485); et qu'à défaut de cet accord unanime, il faudra recourir à la justice. Nous pensons au contraire, avec Bravard (p. 287), que la majorité des associés aura le pouvoir de nommer les liquidateurs. Cette nomination a un caractère de nécessité absolue, et, par suite, ce n'est pas le cas d'exiger la volonté unanime des parties, qui est indispensable pour la formation d'un contrat; ce qui le prouve, c'est que le système que nous combattons viole lui-même ce principe fondamental des contrats en permettant de recourir à la justice.

XLIV. Le liquidateur, nommé par la majorité des associés ou par la justice, doit, avant tout, faire inventaire; s'il néglige cette formalité, il s'expose à des condamnations personnelles que pourraient obtenir contre lui les créanciers sociaux ou les associés, faute par lui de pouvoir prouver la consistance réelle de l'actif. Il fera bien aussi de dresser des états de situation qu'il soumettra aux associés afin de leur faire connaître l'état des opérations dont il s'est chargé. C'est à lui qu'il appartient de faire tous les actes conservatoires, tels que les actes interruptifs de prescription, les renouvellements d'inscriptions hypothécaires. C'est lui encore qui devra régler la situation des associés vis-à-vis de la société, recevoir les comptes du gérant, poursuivre les commanditaires qui n'ont pas encore versé leur mise (Lyon, 2 fév. 1864), restituer aux associés les choses qu'ils peuvent reprendre en nature et leur payer tout ce qui leur est dû. Les pouvoirs du liquidateur peuvent être limités par l'acte qui le nomme; mais, dans le silence de cet acte, quels seront-ils? Il faut remarquer tout d'abord que le liquidateur peut obliger la société en tant que cela est nécessaire, puisqu'il la représente; et, comme le dit très-bien M. Bédarride (t. II, n° 486), « il peut et doit prendre toutes les mesures indispensa- » bles pour amener à bonne fin la liquidation dont il est » chargé ». En obligeant ainsi la société, il ne s'oblige pas personnellement (Dijon, 17 mars 1862); ses engagements peuvent être exécutés sur le fonds social, et même sur les biens personnels des associés responsables, pourvu qu'il les ait contractés dans la limite de son mandat et dans l'intérêt de la société. Le liquidateur ne peut, sans un pouvoir spécial, ni transiger, ni compromettre au nom de la société; il ne peut vendre ni hypothéquer les immeubles qui font partie du fonds social; ces actes ne rentrent pas dans les attributions d'un simple mandataire (art. 1988-1989 C. N.), et dès lors le liquidateur ne peut les faire qu'en vertu d'une autorisation expresse qui peut, du reste, lui être donnée lors de sa nomination.

Lorsque la société a été déclarée en faillite, les actions qu'elle a contre des tiers sont exercées par les syndics. Hors de ce cas, ce sont les liquidateurs qui doivent exercer ces actions. Et réciproquement, c'est contre eux que doivent être exercées les actions des créanciers de la société. Ceux-ci ne peuvent même agir contre les associés en nom qu'après avoir fait déclarer contradictoirement avec les liquidateurs que les engagements qu'ils invoquent sont bien des engagements sociaux. « Il faut reconnaître », dit l'arrêt de la cour d'Alger du 8 avril 1856, « que toutes les fois que des » gérants ou des liquidateurs existent, les associés ne » peuvent être poursuivis individuellement par suite » d'engagements, même solidaires, contractés par la » société, qu'après que l'être moral qui constitue la so- » ciété a été condamné dans la personne de ses repré- » sentants légaux à exécuter l'obligation. » Tout cela est la conséquence du principe que les liquidateurs représentent la société; mais, comme ils n'ont pas qualité pour représenter les associés, les créanciers qui ont action à la fois contre la société et contre les associés en nom doivent, pour conserver leurs droits et interrompre la prescription, agir contre les liquidateurs et contre chacun des associés responsables.

XLV. Il semble que la société, une fois dissoute, ne devrait plus être considérée comme une personne morale. Il en est ainsi, en effet, à certains points de vue; la société dissoute perd son caractère de personne pour l'avenir; elle le conserve pour les actes antérieurs à la dissolution. C'est une règle traditionnelle que la jurisprudence applique pour ne pas léser les droits acquis. Ainsi, bien que la dissolution rende les associés copropriétaires des immeubles compris dans l'actif social (art. 529 C. N.), cependant leurs créanciers personnels ne peuvent concourir sur ces immeubles avec ceux de la société. Ainsi encore, alors même que l'un des associés serait mari ou tuteur, les immeubles sociaux dont il devient copropriétaire lors de la dissolution ne sont pas frappés d'hypothèque légale, et les tiers acquéreurs de ces immeubles peuvent se dispenser de recourir à la purge légale. En un mot, la personnalité de la société subsiste pour tout ce qui se rattache à son passé (1) : *Societas durat, donec pertinentia ad eam sint exacta.*

— XLVI. Nous savons que les créanciers de la société ont une action directe contre les commanditaires pour les contraindre au versement de leur mise, et que de plus ils peuvent poursuivre solidairement les asso-

---

(1) Par suite, les payements faits à l'associé non liquidateur sont nuls, même pour la part de cet associé. (Rej., ch. des req., 27 juill. 1863.)

ciés résponsables à raison de leurs créances. Le législateur a pensé que ces actions devaient être soumises à
une prescription plus courte que la prescription ordinaire, afin de ne pas effrayer par une responsabilité
trop longue ceux qui s'engagent dans les sociétés de
commerce. C'est dans ce but qu'il a décidé que « toutes
» actions contre les associés *non liquidateurs* et leurs veu-
» ves, héritiers ou ayants cause, sont prescrites cinq ans
» après la fin ou la dissolution de la société ..... »
(Art. 64 Cod. comm.) Cette disposition donne lieu à de
graves difficultés que nous essayerons de résoudre très-
brièvement. Et d'abord, la généralité des termes de
l'article 64 nous force à admettre que la prescription
quinquennale sera applicable non-seulement aux associés en nom collectif, mais même aux commanditaires
(Rej., ch. des req., 21 juill. 1835), bien qu'elle se
justifie moins facilement à leur égard, puisque leur
obligation n'est ni solidaire ni indéfinie.

La prescription dont il s'agit a, aux termes de l'article 64, pour point de départ la dissolution de la société; et, d'autre part, elle est subordonnée à l'accomplissement des formalités de publicité prescrites par la
loi. Nous en concluons que, si ces formalités n'ont pas
été accomplies dans le délai légal, la prescription ne
courra que du jour où la dissolution aura été régulièrement publiée : c'est un point qui ne peut donner lieu
à aucune controverse. Il est certain également que, si
la société se dissout à l'expiration du terme fixé par
l'acte de société, les tiers étant avertis par la publication de cet acte, la prescription commencera au jour
même de l'expiration du terme. Si, au contraire, la
dissolution a lieu avant le terme convenu, le point de
départ de la prescription sera la publication de l'acte de

dissolution, alors même qu'elle serait faite dans les délais légaux (1).

Ainsi, l'article 64 ne peut être invoqué que si la dissolution de la société a été portée à la connaissance des tiers par les publications légales. Ajoutons que cette prescription peut être *interrompue* par des poursuites judiciaires (le texte le dit formellement) et par les autres modes d'interruption de droit commun; en conséquence, l'associé non liquidateur ne pourra plus s'en prévaloir s'il a payé des à-compte, ou s'il a reconnu sa dette d'une manière quelconque. (Cass., ch. civ., 19 janv. 1859.) Au contraire, la prescription quinquennale de l'article 64 ne serait point *suspendue* au profit d'un mineur ou d'un interdit. (Art. 2278, Arg. d'anal.)

XLVII. La question la plus délicate qui se présente sur l'article 64, et que nous devons aborder maintenant, est celle de savoir par quelles personnes et contre qui cet article peut être invoqué. Assurément, la prescription quinquennale ne s'applique pas dans les rapports des associés entre eux ou avec le liquidateur; il n'y a aucune raison de déroger ici au droit commun; d'ailleurs la publicité exigée pour cette prescription exceptionnelle prouve suffisamment qu'elle ne peut nuire qu'aux tiers. Il n'est pas douteux non plus que le liquidateur est responsable de sa gestion pendant trente ans envers les associés, et que pendant trente ans les créanciers sociaux peuvent lui demander

---

(1) C'est ce que la cour de cassation a décidé, par arrêt du 24 novembre 1845, en se fondant sur le principe « *contra non valentem agere non currit præscriptio.* »

compte de l'emploi qu'il a fait de l'actif de la société. « Les valeurs sociales qu'il a entre les mains, dit » M. Troplong (n° 1049), sont un gage qui appartient » aux créanciers et qu'il ne faut pas trop brusquement » leur enlever (1). ».Enfin il est certain que les créanciers qui ont négligé pendant cinq ans d'exercer des poursuites contre les associés personnellement, n'ont plus le droit de les poursuivre sur leurs biens personnels. Ainsi il faut bien distinguer les deux prescriptions : dans les rapports entre les associés et les créanciers sociaux, la prescription s'accomplit au bout de cinq ans; au contraire, elle ne s'accomplit qu'au bout de trente ans dans les rapports des associés entre eux ou avec le liquidateur, et dans ceux des créanciers avec le liquidateur. Ces principes nous paraissent applicables non-seulement lorsque le liquidateur est un étranger, mais encore lorsqu'il est pris parmi les associés. Toutefois, nous devons le dire, la majorité des auteurs est d'un avis contraire dans le second cas, dans celui où le liquidateur est un associé : alors, suivant l'opinion générale, il faut s'en tenir à la lettre de l'article 64, qui ne parle que des associés non liquidateurs, et décider que l'associé liquidateur reste obligé personnellement pendant trente ans, conformément au droit commun. Ce système nous paraît avoir un vice radical;

---

(1) Si, après le payement des créanciers qui se sont présentés, l'actif net avait été réparti entre les associés, les créanciers qui se feraient connaître plus tard pourraient agir contre chacun des associés comme détenteur d'une portion de l'actif. (Cass., ch. civ., 9 fév. 1864.) Mais leur action se prescrirait alors par cinq ans, suivant nous; car, comme nous l'avons dit déjà, les commanditaires eux-mêmes peuvent se prévaloir de la prescription de l'art. 64. Toutefois les créanciers conserveraient le droit d'agir, même après cinq ans, en vertu de l'article 1166 et en exerçant l'action des liquidateurs, qui dure trente ans.

il aboutit à enlever tout effet à l'article 64, lorsque c'est un associé qui est chargé de la liquidation; car, si cet associé peut être poursuivi pendant trente ans, il aura évidemment pendant le même temps un recours contre les autres associés, et par suite, le but de l'article 64 ne sera pas atteint. Une telle doctrine aurait pour conséquence d'engager les associés à charger un tiers de liquider les opérations sociales, afin de pouvoir profiter de la prescription de cinq ans; et cependant il est en général plus avantageux de confier la liquidation au gérant, qui connaît mieux que personne la situation de la société. Aussi croyons-nous que le système que nous repoussons est contraire à l'esprit du législateur. Pour nous, l'article 64 a la même portée dans tous les cas, que le liquidateur soit un associé ou un étranger; il signifie que, pendant trente ans, le liquidateur est responsable de sa gestion, et notamment de l'emploi qu'il a fait de l'actif social; mais il n'empêche pas que l'associé liquidateur soit, comme les autres associés, affranchi de toute obligation personnelle lorsque cinq ans se sont écoulés depuis la dissolution régulièrement publiée (1). Ce qui nous confirme dans notre opinion, c'est que le système contraire retire tout effet à l'article 64, même à l'égard des associés non liquidateurs, lorsque le liquidateur est un associé; cela n'est pas admissible, car cet article 64 ne distingue pas et admet dans tous les cas la prescription de cinq ans à l'égard de toutes actions contre les associés non liquidateurs.

---

(1) Cette distinction entre les actions qui peuvent être exercées contre les liquidateurs à cause de leur qualité d'associés et celles dont ils sont passibles à raison de leur gestion est admise par Bravard et par M. Demangeat. (Page 304 et suiv.)

XLVIII. Il peut arriver qu'un liquidateur soit remplacé, parce qu'il vient à mourir au cours des opérations, ou parce que ses mandants le révoquent, ou parce que lui-même donne sa démission. Si ce liquidateur est un associé, nous admettons que la prescription quinquennale court à son profit, non pas du jour de la cessation de ses fonctions, mais du jour même de la dissolution de la société; c'est la conséquence de la doctrine que nous venons d'exposer. Bien entendu, le liquidateur révoqué ou démissionnaire reste responsable de son administration pendant trente ans; il ne peut invoquer la prescription de l'article 64 que relativement aux obligations dont il est tenu comme associé.

— XLIX. Il ne nous reste plus, parmi les règles communes aux deux espèces de commandites, qu'à expliquer celles qui sont relatives au partage, c'est-à-dire à la répartition de l'actif net entre les associés, proportionnellement à leur intérêt. A cet égard le principe est très-simple : « Les règles concernant le partage » des successions, la forme de ce partage et les obliga- » tions qui en résultent entre les cohéritiers, s'appli- » quent aux partages entre associés. » (Art. 1872 C. N.) En présence de ce texte, on applique sans hésitation au partage des sociétés les dispositions du Code civil relatives à l'effet déclaratif du partage, à sa rescision pour cause de lésion, à la garantie des lots, au droit qu'ont les créanciers d'intervenir au partage pour éviter les fraudes possibles, au privilége des copartageants, etc. D'un autre côté, on s'accorde généralement à ne pas admettre, en matière de société, le retrait dont parle l'article 841 du Code civil, comme n'ayant aucune raison d'être entre associés; et l'on écarte également l'application de l'article 792, qui punit le recel ou le divertissement dont se rend coupable l'un des copartageants; cet article n'est pas dans le chapitre du partage, et d'ailleurs il est de principe que les pénalités ne doivent pas être étendues par analogie.

Le seul point qui fasse vraiment difficulté est celui-ci : un associé peut-il exiger sa part en nature des biens sociaux qui sont susceptibles d'être partagés? Nous n'hésitons pas à répondre affirmativement; l'article 826 du Code civil, qui consacre ce droit pour l'héritier, est, en effet, dans la section qui traite de l'action en partage; si l'un des associés a intérêt au partage en nature, il peut l'exiger conformément au droit commun (Lyon, 23 juillet 1856), et sa demande doit être admise, à moins que les objets dont le partage en nature est demandé ne soient nécessaires pour continuer l'exploitation du fonds social (1).

L. Nous avons terminé l'examen des règles qui régissent la commandite simple ou par intérêt. Le moment est venu d'aborder celles qui sont spéciales à la commandite par actions, et qui se trouvent, nous le savons déjà, dans la loi du 24 juillet 1867.

---

(1) Il peut, en effet, se faire que l'intérêt commun exige que l'exploitation soit continuée, pour être cédée plus tard à des conditions avantageuses pour la société. Dans cette hypothèse, on donne aux liquidateurs le pouvoir de continuer cette exploitation, et le partage en nature du matériel ne peut plus être exigé.

CHAPITRE III.

LI. Nous avons dit qu'après avoir été pendant long-temps soumise aux seules règles du Code de commerce, la commandite par actions avait été une première fois réglementée d'une façon plus étroite par la loi de 1856, et que cette loi ayant rempli et peut-être même dépassé son but en comprimant ce genre d'association, le gouvernement avait cru, dès 1865, opportun de présenter un projet nouveau qui est devenu la loi du 24 juillet 1867. Cette loi, qui traite en même temps des sociétés anonymes, des sociétés à capital variable et des tontines, consacre son titre Ier aux sociétés en commandite par actions. En ce qui touche ces sociétés, la loi de 1867 accorde quelques facilités nouvelles, supprime quelques-unes des restrictions jugées excessives de la loi de 1856; mais elle laisse subsister un grand nombre de ces restrictions; aussi est-il à craindre que la commandite, bien qu'elle puisse jouer encore un rôle utile dans le mouvement industriel et commercial, ne soit rarement employée désormais, surtout à cause de la liberté accordée aux sociétés anonymes. Il est intéressant cependant d'étudier les règles diverses auxquelles le législateur de 1867 a cru devoir soumettre la constitution et le fonctionnement des commandites par actions.

Nous examinerons ces règles dans cinq sections, en

ayant soin de signaler les points sur lesquels la loi nouvelle s'est écartée du système de la loi de 1856.

SECTION I.

CONSTITUTION DE LA SOCIÉTÉ; NÉGOCIABILITÉ ET FORME DES ACTIONS;
RESPONSABILITÉ DES SOUSCRIPTEURS.

LII. Parmi les nombreux abus de la commandite, il
en est trois qui ont, en 1867 comme en 1838 et en 1856,
frappé plus particulièrement l'esprit du législateur, et
auxquels on a voulu surtout porter remède.

Sous le régime de la liberté il se formait un grand
nombre de sociétés qui n'avaient aucune chance de
succès ni de durée; on commençait avec des capitaux
insuffisants des entreprises qui nécessitaient des ressources considérables; bientôt les fondateurs, après
s'être attribué des avantages plus ou moins importants,
déclaraient que les opérations ne pouvaient continuer
faute d'argent, et les souscripteurs primitifs, victimes
de leur confiance, perdaient leur mise avant d'avoir
touché le moindre dividende.

D'un autre côté, les fondateurs, profitant de l'absence de contrôle des actionnaires, donnaient une valeur exagérée à leurs apports, vendaient à la société,
moyennant la partie la plus liquide de son actif, des
inventions sans utilité ou des immeubles dépréciés. Ils
ne se préoccupaient même pas du fonctionnement et
des chances de succès de la société; leur seul but était
d'attirer les capitaux et de se défaire avantageusement
de la propriété d'une découverte ou d'une mine dont
l'exploitation ne pouvait produire aucun bénéfice.

Enfin, l'absence de réglementation laissait le champ

libre à l'agiotage, c'est-à-dire au trafic des actions. On
émettait des actions à un taux très-minime, accessibles
à l'épargne la plus modeste; on leur donnait la forme
au porteur, afin d'en faciliter la circulation; puis, par
des manœuvres déloyales, par de fausses nouvelles habilement répandues, par l'appât de dividendes énormes
pris sur le capital, on opérait la hausse des actions.
Cette hausse factice durait juste assez de temps pour
permettre aux administrateurs et à quelques spéculateurs adroits de se défaire de leurs titres et de réaliser
des primes considérables. Il arrivait un moment où la
vérité se faisait jour, où l'on s'apercevait que l'actif
social avait entièrement disparu, et les détenteurs sérieux, qui avaient acheté les actions à des prix très-
élevés, sur la foi des prospectus et grâce à l'appât de
dividendes fictifs, se trouvaient ruinés sans aucune
chance de récupérer leur capital.

LIII. Tels sont les abus que les lois restrictives ont
voulu éviter. Mais malheureusement les actionnaires,
se croyant protégés suffisamment par ces lois, négligent
de veiller eux-mêmes à leurs intérêts, et l'agiotage,
que chacun flétrit sans qu'aucune prohibition puisse
l'arrêter, se produit chaque jour dans des proportions
plus vastes. La pratique démontre de plus en plus l'im-
puissance de la loi à réprimer les abus que nous venons
de signaler, sans enrayer en même temps le progrès si
utile de l'esprit d'association. Et en présence des faits,
on peut se demander si le meilleur remède à ces abus
ne serait pas la liberté, aussi complète que possible,
qui aurait du moins l'avantage d'habituer les actionnaires à ne compter que sur eux-mêmes et à ne s'engager dans une entreprise qu'après l'avoir mûrement

étudiée et après s'être assurés qu'elle est administrée d'une manière prudente et honnête. Sans doute la liberté des conventions peut être limitée lorsque l'intérêt général l'exige, et c'est ce dont tout le monde convient; mais puisque les lois répressives sont presque toujours impuissantes, pourquoi n'essayerait-on pas de revenir, dans la limite du possible, au système de la liberté, qui, avec une publicité efficace, n'aurait plus aujourd'hui les mêmes inconvénients qu'autrefois, grâce à l'enseignement qui résulte des désastres de ces dernières années (1)? Quoi qu'il en soit, le législateur de 1867 n'a pas cru le moment venu de faire cette expérience; il l'a renvoyée à une autre époque, et nous allons voir par combien de règles et de prohibitions il a limité la liberté des conventions en matière de société en commandite.

§ I. — *De la constitution de la société.*

LV. Trois conditions sont nécessaires pour la constitution d'une société en commandite par actions : 1° la souscription de la totalité du capital social; 2° le versement du quart du montant des actions souscrites; 3° la vérification des apports qui ne consistent pas en numéraire, et de la cause des avantages particuliers qui ont pu être stipulés.

---

(1) M. Batbie, dans un remarquable article publié par la *Revue des Deux-Mondes* (numéro du 15 février 1868, page 1030), se déclare partisan de la liberté absolue. « La véritable solution du problème, » dit-il, consiste à déclarer que les conventions sont libres en matière » de société. Il suffirait de déterminer tout au plus un certain nombre » de régimes pour donner aux parties la faculté d'exprimer par une » expression claire et brève le système d'après lequel elles entendent » s'associer. »

LV. Outre ces conditions spéciales aux sociétés par actions, il faut évidemment qu'un acte soit rédigé. L'acte constitutif de la société peut être authentique ou sous seing privé. Dans ce dernier cas, l'article 1er de la loi de 1867, tranchant une difficulté qui s'était élevée, décide qu'il suffira qu'il soit fait en double original, quel que soit le nombre des associés; l'un des originaux reste déposé au siége social, tandis que l'autre est annexé à la déclaration notariée du gérant dont nous parlerons plus loin, afin d'éviter les fraudes qui pourraient se produire si les deux originaux restaient entre les mains du gérant. Celui-ci ne pourra plus, grâce à cette précaution, changer à son gré les statuts au préjudice des actionnaires et des tiers.

La loi n'exige pas que l'acte soit signé par un ou plusieurs des commanditaires; il pourra donc être signé par le gérant seul. En vain dirait-on qu'un tel acte ne saurait avoir force obligatoire, puisqu'un contrat exige toujours le consentement de toutes les parties : l'acte signé par le gérant n'a sans doute aucune force par lui-même; mais c'est une offre que les souscripteurs acceptent par le fait même de leur souscription. Bien que le consentement des deux parties ne se produise pas en même temps, le contrat se forme dès que l'offre du gérant est acceptée, c'est-à-dire dès que le capital est souscrit.

— LVI. La loi de 1867, reproduisant textuellement celle de 1856, fait de la souscription du capital social tout entier une condition essentielle de la constitution de la société. Le but de cette disposition est d'empêcher que les opérations sociales ne puissent commencer avec un capital insuffisant et en même temps d'assurer une garantie sérieuse aux tiers qui traitent avec la société. Dès lors il faut admettre que les actions doivent être souscrites purement et simplement ; les souscriptions conditionnelles ne rempliraient pas le but que le législateur s'est proposé d'atteindre. A plus forte raison l'obligation des souscripteurs ne doit pas être considérée comme subordonnée à la condition que la société leur procurera les avantages annoncés par les statuts ; elle subsiste alors même que ces avantages n'existent pas. (Paris, 16 janv. 1862.)

Ainsi l'engagement des souscripteurs doit être pur et simple, mais il ne devient définitif et irrévocable que quand le gérant l'a accepté et quand le souscripteur a été prévenu de cette acceptation. Il faut donc que le bulletin de souscription soit rédigé en double, de façon que le gérant et le souscripteur en aient chacun un original (Paris, 22 janvier 1853) ; ou du moins, s'il est rédigé en la forme unilatérale, il faut que le gérant avertisse le souscripteur de son acceptation ; en un mot, il faut toujours que le concours des volontés d'où résulte le contrat soit régulièrement constaté. (Paris, 11 janv. 1854) (1).

LVII. Avant la loi de 1856, les statuts autorisaient souvent l'émission du capital social par séries succes-

---

(1) Il a été jugé que la souscription faite au mandataire du gérant est valable alors même que la procuration n'a pas été représentée ; car le mandat peut être verbal, surtout en matière commerciale. L'acceptation ou plutôt la ratification du gérant n'a pas besoin d'être notifiée au souscripteur, car elle rétroagit au jour du contrat. (Rej., ch. des req., 14 mars 1860.) Si nous exigeons la notification au souscripteur de l'acceptation par le gérant de la souscription qui lui est *directement* adressée, c'est parce que la souscription non acceptée n'est qu'une simple pollicitation n'ayant encore aucune force obligatoire.

sives, dont la souscription pouvait avoir lieu au fur et à mesure des besoins de la société. Depuis que la souscription intégrale du capital doit précéder la constitution de la commandite, une telle clause ne serait certainement pas valable. Il est vrai que le rapport de la commission du Corps législatif chargée d'examiner le projet de 1856 semble permettre ces émissions successives. La commission ayant proposé de les réglementer pour éviter certains abus, le conseil d'État rejeta son amendement. Le rapporteur, M. Langlois, de la Sarthe, regrette cette dissidence entre la commission et le conseil d'État; et les termes de son rapport indiquent que dans sa pensée l'émission par séries est possible. Mais il y a là une inadvertance évidente; l'article 1er de la loi ne permet pas de douter : toutes les actions doivent être émises en une seule fois et souscrites avant la constitution de la société. Il est regrettable que les prescriptions de l'article 1er rendent impossible une combinaison qui aurait ses avantages en fournissant le moyen de maintenir constamment le capital social en rapport avec le développement des opérations de la société. Nous devons néanmoins interpréter strictement le texte de la loi. On a voulu que les sociétés sérieuses pussent seules se constituer; or l'émission par séries permettrait d'éluder l'article 1er et de commencer les opérations avec un capital insignifiant. Il faut même aller plus loin, et dire que les statuts ne pourraient autoriser à l'avance l'augmentation du capital en vertu d'une délibération de l'assemblée générale des actionnaires. Cette clause est admise cependant par la plupart des auteurs; les uns veulent que les actions nouvelles soient souscrites entièrement et libérées jusqu'à concurrence du quart; d'autres n'exigent rien de semblable. La contradiction entre les divers partisans de ce système montre combien sa base est peu solide. Il viole en effet l'article 1er; il ouvre la porte à la fraude en permettant d'arriver indirectement à cette émission par séries, qui est incompatible, nous venons de le montrer, avec les exigences de la loi. La cour de Paris a donc très-sagement, suivant nous, annulé une commandite constituée au capital de deux cent cinquante mille francs, avec faculté d'émettre des actions jusqu'à concurrence d'un million (1). L'inconvénient qui résulte de cette décision n'est pas d'ailleurs aussi grave qu'il paraît l'être au premier abord. Dans l'espèce soumise à la cour de Paris, par exemple, on aurait pu constituer immédiatement la société au capital d'un million, sauf à n'exiger d'abord que le versement du quart du montant de chaque action.

LVIII. La souscription des actions est irrévocable. Nous savons déjà qu'elle ne peut être conditionnelle. C'est par application de cette idée que la cour de Paris (arrêt du 10 janv. 1861) a condamné à payer le montant des actions par lui souscrites un employé dont la souscription avait été déterminée par les fonctions qui lui avaient été confiées dans les bureaux de la société, bien que ces fonctions ne lui eussent pas été conservées. Dans cet arrêt, la cour a été déterminée par cette circonstance que le gérant n'avait pas le pouvoir de garantir l'inamovibilité aux employés. Mais quand

---

(1) Arrêt du 4 août 1863. La cour se fonde sur ce que l'augmentation du capital n'a pas eu lieu loyalement; elle admettrait donc probablement une augmentation de ce genre, si elle était nécessitée par l'insuffisance constatée du capital primitif. Nous voudrions pouvoir faire cette distinction; mais ne serait-ce pas laisser une large place à l'arbitraire? D'ailleurs l'article 1er est formel.

même le gérant aurait ce pouvoir, la décision devrait être la même, sauf à l'employé injustement renvoyé à intenter une action en indemnité : les tiers ne peuvent être privés, en vertu de conditions qu'ils ne connaissent pas, d'une partie de la garantie sur laquelle ils ont pu légitimement compter.

LIX. De ce que l'engagement des souscripteurs est irrévocable, il faut conclure encore qu'ils ne peuvent se prévaloir de conventions passées entre eux et le gérant, et dont l'effet serait de leur faire obtenir la restitution des sommes versées ou de les exonérer des versements restant à effectuer. Il en est ainsi alors même que ces conventions se présentent sous la forme d'une cession des actions souscrites au gérant. (Cass., 6 nov. 1865.) Bien entendu, nous supposons que la cession a été faite au gérant agissant comme tel, que le prix payé pour cette cession a été pris dans la caisse sociale. Rien n'empêcherait le gérant d'acheter pour son propre compte les actions libérées ou non d'un commanditaire. (Ci-dessous, n° LX.)

Le rachat des actions par la société est nul non-seulement lorsqu'il a pour but d'anéantir une partie du capital, mais encore lorsque les actions rachetées sont destinées à prendre place dans le portefeuille social; non-seulement lorsque la société est dans une situation mauvaise, mais même si elle est prospère (1). Cependant, dit-on, si la société a des excédants de ressources,

____

(1) Lors de la discussion de l'article 15 au Corps législatif, dans la séance du 3 juin, plusieurs membres ont considéré comme licite l'achat des actions fait avec les ressources disponibles de la société. Ces opinions individuelles doivent être rejetées comme contraires à l'article 1er.

elle peut les employer en placements mobiliers : pourquoi ses actions ne pourraient-elles pas faire de préférence l'objet de ces placements? La raison en est bien simple. Si la société achète ses actions, elle diminue par là même son capital; en vain dit-on qu'elle les achète pour les revendre; une telle spéculation est certainement contraire à l'esprit du législateur; et, quoi qu'on dise, la société, être moral, ne peut être associée avec elle-même. En conséquence, les achats et reventes d'actions par la société sont des opérations nulles : l'associé vendeur peut être contraint de rembourser le prix qu'il a reçu; d'autre part, les tiers acquéreurs d'actions ne deviennent pas membres de la société, et peuvent agir en remboursement de leur prix d'achat contre le gérant.

Toutefois, si les actions étaient rachetées, non plus avec une partie du capital, mais avec le fonds de réserve, les tiers ne seraient pas recevables à critiquer l'opération : dès que le capital reste intact, leur garantie est suffisante, et ils n'ont pas à se plaindre d'une diminution du fonds de réserve. En ce qui touche les actionnaires, l'opération constitue une modification aux bases du contrat primitif (1); elle ne peut donc avoir lieu sans leur consentement, et même il faut que ce consentement soit donné à l'unanimité.

LX. Telles sont les conséquences qu'il faut tirer, suivant nous, de la partie de l'article 1er que nous étudions en ce moment.

____

(1) Le droit des associés se trouve, en effet, gravement modifié; le fonds de réserve se trouve amoindri, et d'autre part ils ont un intérêt plus considérable dans la société. De là la nécessité de leur autorisation.

Certains auteurs soutiennent que cet article restreint encore la liberté des conventions à un autre point de vue, et qu'il défend implicitement au gérant de souscrire des actions. S'il en était autrement, disent-ils, les tiers n'auraient pas la double garantie que la loi veut leur assurer, garantie résultant de la fortune personnelle du gérant et du capital souscrit, puisque ces deux gages des créanciers se confondraient dans une certaine mesure. Ce système ne prévaut pas, et avec raison (1) : il ne faut pas aggraver inutilement les conséquences d'une loi déjà si sévère ; les tiers sont avertis par la liste annexée à la déclaration notariée, dont nous parlerons bientôt, que le gérant est souscripteur ; de plus, tout le monde accorde que le gérant peut disposer de sa fortune à son gré, et en employer une partie à acheter des actions de la société lorsqu'elle est constituée : pourquoi dès lors lui refuser le droit de souscrire pour son propre compte?

LXI. Le gérant peut donc, soit acheter des actions, soit en souscrire au moment de l'émission. Mais sa souscription serait nulle, et entraînerait la nullité de la société, s'il ne s'engageait pas lui-même, s'il portait sur la liste des souscripteurs un article *pour divers*, sans indication de personnes, avec l'intention de faire plus tard accepter par un tiers les actions ainsi souscrites. Celui qui accepterait dans ces circonstances ne serait pas considéré comme un souscripteur ; il pourrait n'accepter que conditionnellement, et se refuser à faire les versements si la condition venait à défaillir. (Cass., ch. civ., 19 août 1803.)

---

(1) V. MM. Delangle (n° 505) et Dalloz (v° *Sociét.*, n° 1127).

La société serait nulle également si, au lieu de porter sur la liste des souscripteurs un article *divers*, le gérant y inscrivait des prête-noms complaisants, qu'il se proposerait de remplacer plus tard par des actionnaires véritables. La volonté du législateur est claire : il faut que le capital entier soit souscrit, qu'il le soit avant la constitution de la société; le but de la loi serait manqué si les souscripteurs n'étaient pas sérieux. (Aix, 16 mai 1860.)

LXII. Une dernière question nous reste à examiner : si le capital entier n'est pas souscrit, les associés peuvent-ils, afin de constituer la société sur des bases régulières, réduire le capital au chiffre réellement souscrit? Ils le peuvent certainement, s'ils sont tous d'accord sur ce point, et à la condition de porter leur décision à la connaissance des tiers, par exemple en annexant à la déclaration notariée du gérant le procès-verbal de l'assemblée où elle a été prise. Au contraire, la majorité des actionnaires ne pourrait pas imposer cette réduction du capital à la minorité (Paris, 24 mars 1850) (1) : le souscripteur adhère au contrat qu'on lui présente; il n'entend pas se lier en dehors des conditions de ce contrat, et par conséquent on ne peut le modifier sans son consentement.

— LXIII. La seconde condition exigée par l'article 1er

---

(1) La jurisprudence n'a pas eu à se prononcer sur la question de savoir si une clause des statuts pourrait valablement conférer à la majorité le droit de réduire le capital s'il n'était pas entièrement souscrit. Si cette clause se présentait, nous croyons qu'elle devrait être validée; la loi veut seulement que la souscription du capital précède la constitution de la société; elle est donc satisfaite si le capital est, avant cette constitution, réduit de telle façon qu'il se trouve intégralement souscrit.

est le versement par chaque actionnaire du quart au moins du montant des actions par lui souscrites. Peu importe que ce versement soit fait en même temps que la souscription ou plus tard; la loi n'exige rien à cet égard. En pratique, le versement est fait en souscrivant; le gérant agit prudemment en exigeant qu'il en soit ainsi, car c'est le seul moyen d'éviter des contestations qui retarderaient la constitution de la société (1), puisque le défaut de versement par un seul des souscripteurs suffit pour empêcher que la société puisse se constituer.

LXIV. Ce que veut la loi, il importe de le remarquer, ce n'est pas uniquement que le quart du capital soit versé; c'est encore que *chaque souscripteur* ait versé le quart du montant de ses actions. De cette façon, le gérant aura à sa disposition des ressources disponibles suffisantes pour commencer les opérations ; et, en même temps, la nécessité d'un versement immédiat écartera les spéculateurs sans consistance; on n'aura que des associés sérieux qui, ayant dès le début des capitaux engagés dans la société, s'intéresseront à sa prospérité et à sa bonne administration. Le but de cette prescription légale suffit pour en faire comprendre la portée. Le versement doit être fait, soit en argent comptant, soit en valeurs équivalentes à de l'argent comptant, telles que des coupons de rente, d'actions ou d'obligations industrielles, *payables au porteur*. On ne pourrait donc considérer comme valable un versement effectué en valeurs de portefeuille d'un recouvre-

---

(1) Il faudrait agir contre le souscripteur, soit pour obtenir le versement qu'il refuse de faire, soit pour faire résoudre sa souscription. (Art. 1184.)

ment plus ou moins incertain (Cass., 11 mai 1863), car il ne procurerait pas à la société le fonds de roulement que le législateur regarde comme indispensable (1).

Si l'un des actionnaires avait, en souscrivant, stipulé qu'il payerait ses actions en valeurs mobilières ou en fournitures et travaux de diverses natures, cette stipulation ne serait nullement valable, car les apports en nature doivent être approuvés d'une manière spéciale, et tout versement qui ne consiste pas en numéraire équivaut à un apport en nature. Les tiers, et même les autres actionnaires, pourraient, en pareil cas, exiger un versement en espèces, malgré la réserve insérée dans le bulletin de souscription; ils ne doivent pas, en effet, être victimes de la fraude commise par le gérant et par le souscripteur, et ils ont droit à la réparation du dommage qui résulte pour eux de la souscription irrégulière, ce qui revient à dire qu'ils peuvent exiger le versement en numéraire des sommes souscrites (2).

LXV. Les statuts pourraient cependant accorder à certains actionnaires la faculté de se libérer en fournitures ou en travaux déterminés; seulement, la clause qui autoriserait ainsi de véritables apports en valeurs autres que de l'argent comptant serait soumise à l'approbation de l'assemblée générale, conformément à

---

(1) La cour d'Alger avait admis la validité d'un versement consistant en valeurs, par arrêt du 6 décembre 1860. La cour de cassation a annulé cette décision pour violation de la loi de 1856.

(2) Le versement du quart intervenant avant la constitution de la société, et le plus souvent à une époque où l'on ne sait pas si tout le capital sera souscrit, le gérant ne le reçoit qu'en qualité de dépositaire provisoirement, et, si la société ne se constitue pas, il doit le restituer intégralement.

l'article 4, et devrait être publiée aux termes de l'article 55 de la loi du 24 juillet 1867. (Aix, 13 août 1860.)

LXVI. Lorsque les deux conditions de souscription du capital entier et de versement du quart sont remplies, le gérant doit en faire la déclaration *dans un acte notarié*. Il doit présenter, pour être annexés à sa déclaration, la liste des souscripteurs, l'état des versements effectués, l'un des doubles de l'acte de société, s'il est sous seing privé, et une expédition s'il est notarié et s'il a été passé devant un notaire autre que celui qui a reçu la déclaration.

Le notaire n'a pas à s'enquérir de la sincérité des déclarations du gérant ; il les reçoit et les constate. Mais ces déclarations n'en assurent pas moins, autant que possible, l'accomplissement des formalités légales ; le gérant hésitera avant de faire une fausse déclaration dans un acte authentique, et de s'exposer à la responsabilité qu'il encourrait en portant sur sa liste des souscripteurs imaginaires ou en énonçant comme effectués des versements qu'il n'a pas encore reçus.

— LXVII. Les deux conditions que nous venons d'examiner sont imposées à toute société en commandite par actions qui se fonde. Il en est autrement de la troisième condition (art. 4, loi de 1867) ; celle-ci suppose qu'un ou plusieurs associés font des apports en nature ou stipulent à leur profit des avantages particuliers. C'est, du reste, ce qui arrive le plus souvent : tantôt le fondateur de la société apporte une invention à exploiter ou un immeuble, et il demande en échange de cet apport soit une somme d'argent, soit des actions, soit une quote-part des bénéfices ; tantôt les gérants stipulent, comme rémunération de leur travail et comme compensation de la responsabilité qu'ils acceptent, certains avantages qui consistent presque toujours en une somme fixe à prélever chaque année sur les bénéfices avant partage.

LXVIII. Ainsi, presque toujours il y aura des apports en nature à vérifier ou des avantages particuliers à approuver. La loi a craint que les souscripteurs, trop confiants dans les prospectus ou les annonces, n'apportassent leurs capitaux aux fondateurs sans se rendre un compte exact de la cause des avantages stipulés ou de la valeur réelle des apports. Elle a pensé que les actionnaires, réunis en assemblée générale, défendraient mieux leurs intérêts et pourraient débattre plus utilement les conditions du contrat. Et comme souvent on se laisse entraîner sans réflexion lors d'une première réunion, alors que tout semble parfait et que la confiance est sans bornes, le législateur a pensé qu'il serait bon d'exiger deux assemblées successives. De là l'article 4.

La première assemblée ne peut prendre aucune décision ; elle sert seulement à mettre les actionnaires en rapport les uns avec les autres ; ils peuvent ainsi discuter leurs intérêts, et ils doivent faire apprécier les apports en nature et la cause des avantages stipulés. Quant au choix du mode de vérification le plus convenable, ils ont toute liberté ; ils nomment une commission composée comme ils l'entendent. Cette commission, après s'être acquittée de ses fonctions, doit rédiger un rapport qui est imprimé et tenu à la disposition des actionnaires. C'est alors, et seulement cinq jours après l'impression du rapport, que peut se réunir la seconde assemblée générale. Cette assemblée est toujours nécessaire, alors même que, dès leur première réunion, les souscripteurs auraient eu entre les mains tous les éléments d'appréciation nécessaires ; le législateur les protége malgré eux contre leur entraînement, et il veut qu'ils aient le temps et les moyens de bien réfléchir avant de prendre une décision définitive. Voilà pourquoi, entre les deux assemblées, un rapport doit être imprimé, et pourquoi un délai de cinq jours doit être laissé aux actionnaires pour en prendre connaissance.

LXIX. La seconde assemblée décide en connaissance de cause si les avantages particuliers, si les apports en nature sont bien justifiés ; ses membres ont eu le temps d'étudier le rapport de leurs délégués et d'apprécier les prétentions des fondateurs et des gérants. Aussi cette assemblée a-t-elle le pouvoir, soit d'accepter, soit de rejeter purement et simplement les propositions sur lesquelles elle est appelée à statuer.

Elle pourrait certainement, si elle était composée de tous les actionnaires, et si le vote était *unanime*, réduire, d'accord avec les gérants et les fondateurs, l'évaluation de leurs apports ou le chiffre des avantages qu'ils réclament. Mais en serait-il de même si les souscripteurs n'étaient pas tous présents, ou si quelques-uns refusaient leur assentiment à une nouvelle combinaison ? A cet égard, il s'est engagé au Corps législatif une discussion fort peu claire, dans laquelle chacun interprétait l'article à un point de vue particulier. On ne peut donc argumenter de cette discussion, sur laquelle le Corps législatif n'a pas eu à formuler un vote explicite. Cependant nous trouvons dans les paroles du rapporteur et de l'orateur du gouvernement des raisons qui nous semblent établir le droit, pour l'assemblée, d'approuver et d'accepter, à la majorité qu'exige l'article 4, les réductions proposées pour atténuer l'exagération des évaluations primitives. En vain dirait-on que pour modifier un contrat il faut l'assentiment de toutes les parties contractantes : en souscrivant, les actionnaires acceptent les statuts et approuvent implicitement l'estimation des apports et la cause des avantages ; ils seraient irrévocablement engagés si la loi ne venait à leur aide, si elle ne prescrivait pas une délibération collective ; c'est à l'assemblée, et à elle seule, que le législateur confère le droit de contrôle qui nous occupe ; de quelque façon qu'elle l'exerce, si les conditions légales ont été remplies, sa décision lie et la minorité de ses membres et les actionnaires absents. Il serait, en vérité, bien étrange qu'une assemblée qui peut approuver purement et simplement les propositions qui lui sont soumises n'eût pas le pouvoir d'accepter des propositions plus modérées ! Il peut très-bien se faire que les gérants demandent de bonne foi des avantages qui paraissent trop considérables à l'assemblée : pourquoi alors ne pas permettre une transaction équitable qui concilie les deux intérêts en présence ? L'article 4 porte sans doute qu'à défaut d'approbation la société est sans effet à l'égard de toutes les parties. Mais cette disposition ne s'applique pas au cas où une transaction est acceptée ; elle suppose le rejet pur et simple des avantages ou des apports, et elle déclare que ce rejet entraîne la nullité *erga omnes*, afin d'éviter un doute qui s'était produit. Certaines personnes pensaient que la minorité resterait engagée par suite de son vote favorable ; cette opinion était évidemment erronée, même sous l'empire de la loi de 1856, et c'est pour la détruire définitivement qu'un nouveau paragraphe a été ajouté à l'article 4.

LXX. La loi ne prescrit rien de particulier en ce qui touche la forme de la convocation de l'assemblée ; elle exige seulement que chacune des deux réunions soit l'objet d'une convocation spéciale. Le gérant doit convoquer les actionnaires quelques jours à l'avance, pour qu'ils puissent assister à l'assemblée ; l'usage admet comme suffisante la convocation faite par la voie des journaux ; au surplus, c'est la bonne foi qui doit présider à la conduite du gérant, et les tribunaux apprécieront souverainement si la convocation a pu parvenir à la connaissance des actionnaires, et si elle a été faite en temps utile.

LXXI. Au contraire, l'article 4 règle expressément la composition de la majorité dans les deux assemblées qui précèdent la constitution de la société.

« Les délibérations sont prises par la majorité des » actionnaires présents. » Par là, le législateur n'entend pas exclure le vote par mandataire. Ce qu'il veut, c'est que le vote ait lieu *par tête*, et qu'un petit nombre d'actionnaires ne puissent pas, en réunissant chacun plusieurs voix, l'emporter sur une majorité composée de petits souscripteurs. Pour éviter, d'autre part, l'influence d'une majorité composée uniquement d'associés dont l'intérêt dans la société serait relativement minime, la majorité « doit comprendre le quart » des actionnaires et représenter le quart du capital » social *en numéraire* ». Ces derniers mots indiquent

12.

assez que ceux dont l'apport en nature ou les avantages particuliers doivent être appréciés n'ont pas voix délibérative, bien qu'ils puissent assister à l'assemblée. Toutefois, afin d'éviter toute équivoque, l'article ajoute : « Les associés qui ont fait l'apport ou stipulé des avan» tages soumis à l'appréciation de l'assemblée n'ont » pas voix *délibérative*. »

Toutes ces dispositions sont en quelque sorte d'ordre public ; la volonté des parties ne pourrait les changer, car elles reposent sur une idée de protection forcée à laquelle il n'est pas permis de renoncer (1). Mais il faut les restreindre aux deux assemblées dont il est question ici ; quant aux assemblées postérieures, dans le silence de la loi, les statuts devront être observés. La loi eût pu établir quelques règles qui auraient formé, à défaut des statuts, le droit commun ; il est même bizarre de rencontrer cette lacune regrettable dans une loi si riche en réglementations ; quoi qu'il en soit, la lacune existe ; et, si les statuts sont muets, il faudra recourir à notre article 4, s'attacher au vote *par tête*, à la majorité des membres présents, et donner le droit de vote même au porteur d'une seule action. Il y a, du reste, certains principes communs à toutes les délibérations. Tel est celui que la cour de Lyon a consacré, par arrêt du 26 novembre 1863, en déclarant nulle et inexistante une délibération dont le procès-verbal n'était revêtu d'aucune signature. La négligence des membres de l'assemblée les rend non recevables à prouver le résultat de la délibération par

---

(1) L'article 27 nous paraît être spécial aux sociétés anonymes et ne pouvoir être appliqué ici. Lors de la discussion de la loi, M. le président Schneider a été jusqu'à dire que le projet se composait de trois lois distinctes, formant chacune un tout séparé.

témoins ou par présomptions; autrement, il dépendrait d'eux d'invoquer ou de supprimer une décision de l'assemblée générale.

LXXII. Qu'arriverait-il si l'assemblée ne pouvait se constituer faute de réunir un nombre de membres égal au quart des actionnaires, ou pour tout autre motif? On tenterait certainement une nouvelle convocation; et si cette fois encore les conditions de l'article 4 ne se trouvaient pas remplies, la société serait nulle, le gérant et les souscripteurs seraient déliés de leurs engagements réciproques.

LXXIII. Les deux derniers alinéas de l'article 4 ont été introduits pour la première fois dans la loi nouvelle.

L'approbation de l'assemblée générale n'empêche pas l'exercice ultérieur d'une action fondée sur le dol ou la fraude. C'est là une disposition surabondante, qui ne fait qu'appliquer les principes généraux. Le dol vicie le contrat dans son essence; il sera très-difficile à établir dans notre espèce : si toutes les conditions de l'article 4 ont été remplies, il faudra des manœuvres bien caractérisées de la part des fondateurs pour faire triompher une action de dol. Bien que notre article ne parle que de la fraude, l'annulation du contrat pour cause d'erreur sur la substance de la chose devrait être admise en vertu du droit commun. (Art. 1110.) Mais une demande en rescision de la délibération pour cause de lésion ne serait pas recevable, car la lésion n'est une cause de nullité que dans quelques cas exceptionnels; pour en tenir compte ici, il faudrait un texte spécial qui fait défaut.

Enfin, les dispositions de l'article 4 ne sont pas applicables au cas où la société se forme entre les copropriétaires par indivis des choses qui font l'objet de l'apport en nature. Une société en commandite par actions se forme entre les copropriétaires d'une mine, par exemple, et il est entendu qu'on ne fera pas appel au public, que les actions seront souscrites par les copropriétaires eux-mêmes. Dans ce cas, le contrôle de l'assemblée générale est impossible; tous ont le même intérêt. L'article 4 a voulu supprimer encore toute cause de doute, en disant que, dans ces circonstances, la société pourrait se constituer sans qu'il ait été procédé à la vérification de l'apport commun. Cette disposition de l'article 4 ne s'applique pas en cas de fraude; il est certain que si une société de ce genre se formait pour éviter la vérification de l'apport, et si ses membres avaient l'intention manifeste de se défaire immédiatement de leurs actions, en un mot, si l'on voulait tourner et violer la loi, la société serait déclarée nulle par les tribunaux.

— LXXIV. Les trois conditions que nous venons d'indiquer s'appliquent à toutes les sociétés en commandite par actions formées depuis la loi de 1856, alors même qu'elles résulteraient de la fusion de plusieurs sociétés antérieures à cette loi (1). Il a été jugé notamment que, dans cette hypothèse, le nouveau capital doit être souscrit en entier sous peine de nullité, que cette nullité est d'ordre public et n'est point couverte par une décision de l'assemblée générale qui ré-

____

(1) Voir ci-dessous n° CLXI. Nous supposons ici que la fusion a pour effet de constituer une société nouvelle; dans le cas contraire, la loi spéciale ne serait pas applicable.

duit le capital à la quotité souscrite. (Paris, 24 mars 1859.) Tant que la société nouvelle n'est pas constituée, et elle ne l'est qu'après la souscription intégrale de ses actions, il ne saurait y avoir d'assemblée générale régulière, et, par suite, les décisions prises par la majorité ne peuvent obliger la minorité ; si donc le capital nouveau n'est pas entièrement souscrit, les sociétés primitives subsistent, et le projet de fusion reste sans effet (1).

§ II. — *Du taux et de la négociabilité des actions.*

LXXV. Les dispositions relatives au taux et à la négociabilité des actions ont pour but d'empêcher l'agiotage. Sous le régime de la liberté, les sociétés pouvaient émettre des actions de vingt, de dix, de deux francs ; il paraît même, ainsi qu'il a été dit dans la discussion du Corps législatif, qu'on avait été jusqu'à créer des actions de cinquante centimes. On attirait ainsi les petits capitaux, qui se laissaient séduire par des chances de hausse ; on créait de véritables loteries. D'un autre côté, les actions même émises à un taux raisonnable se négociaient après un versement insignifiant ; on pouvait ainsi, grâce aux hausses factices qui se produisaient, doubler, quadrupler rapidement le capital engagé, sans profit pour la société et au détriment des actionnaires sérieux. Il y avait là, sans doute, un abus ; car, si la spéculation honnête favorise le développement des sociétés, l'agiotage lui est au contraire funeste. On a tou-

______

(1) Du reste, l'assemblée générale ne peut réduire le capital que si les statuts l'y autorisent. (Voir ci-dessus n° LXII et la note.)

jours soigneusement distingué, dans la discussion, l'agiotage de la spéculation ; on voulait, disait-on, empêcher autant que possible les hausses et les baisses artificielles qui se produisent sans motif ; mais on était d'accord de ne pas repousser les capitalistes qui souscrivent des actions dans un but de spéculation raisonnée, c'est-à-dire avec l'espoir, fondé sur l'étude consciencieuse de l'avenir de la société, de voir leurs actions augmenter de valeur et produire des dividendes rémunérateurs.

LXXVI. Le Corps législatif espéra atteindre ce but, de favoriser la *spéculation légitime* et d'empêcher l'*agiotage,* au moyen d'une double restriction à la liberté des conventions.

D'une part, le capital social ne peut être divisé en actions de moins de cent francs lorsqu'il n'excède pas deux cent mille francs, et de moins de cinq cents francs lorsqu'il est supérieur (art. 1).

D'autre part, les actions ne sont négociables qu'après le versement du quart (art. 2).

LXXVII. La limitation du taux des actions a été vivement critiquée comme gênant les véritables intérêts du commerce. Pourquoi, disaient MM. Jules Favre et Ernest Picard, écarter les petits capitaux des grandes entreprises? La limitation a-t-elle produit l'effet qu'on en attendait ? Non. Depuis 1856, les désastres financiers ont été aussi nombreux et aussi considérables qu'auparavant. D'ailleurs, on pourrait tout au moins distinguer entre les actions au porteur et les actions nominatives qui ne se prêtent pas à l'agiotage.

Ces raisons ne prévalurent pas, et la limitation de la

loi de 1856 passa dans la loi nouvelle ; on remarqua que le développement des sociétés coopératives offrirait aux petits capitaux des placements avantageux.

LXXVIII. Le minimum de cent et de cinq cents francs s'applique aux coupures d'actions comme aux actions, aux actions de fondation comme à celles qui sont libérées en argent. On ne pourrait y échapper en déguisant les actions sous le nom de *parts d'intérêt*, c'est-à-dire en créant des *actions de quotité* sans indication de capital nominal : la fraude serait aisément déjouée ; il suffirait de comparer le capital avec le nombre des parts émises pour voir si les prescriptions de la loi ont été observées (ci-dessus n° XV).

Le minimum ne s'applique nullement au taux des obligations ; cela résulte du texte même et des observations échangées entre M. Garnier Pagès et M. le ministre du commerce (1). Il ne s'applique pas non plus aux actions de *jouissance*, qui ne donnent droit qu'à une part proportionnelle des bénéfices ; la valeur de ces actions dépend de la situation de la société, des bénéfices qu'elle réalise ; aussi échappent-elles certainement à la limitation qui nous occupe (2).

LXXIX. En présence du texte formel de l'article 1er, il nous semble impossible d'admettre que l'assemblée générale ait, au cours de la société, le pouvoir de déclarer les actions libérées, alors qu'il n'a pas été versé sur chacune d'elles cent ou cinq cents francs, suivant les

---

(1) Voir le *Moniteur* du 29 mai 1867.

(2) Les actions de jouissance ne sont pas comprises dans le capital qui forme la garantie des tiers.

cas. Si les actions avaient été émises à un taux supérieur à celui qu'exige l'article 1er, rien n'empêcherait de
considérer comme valable une délibération, *prise à l'u-
nanimité et publiée régulièrement*, qui déclarerait les actions libérées après le versement de cent ou de cinq
cents francs. Mais lorsqu'une société a été formée, par
exemple, au capital de un million divisé en actions de
cinq cents francs, ces actions ne peuvent être libérées
au-dessous du chiffre de leur valeur nominale. Cela est
regrettable, car une telle décision ne serait jamais opposable aux créanciers antérieurs à sa publication ; elle
ne nuirait à personne. Pourtant la loi est formelle ; son
but, d'ailleurs, n'est pas de protéger les tiers ; elle veut
restreindre l'agiotage, et dès lors elle ne peut permettre d'abaisser, au cours de la société, le minimum des
actions au-dessous du taux qu'elle a elle-même
fixé.

— LXXX. Aux termes de l'article 2, « les actions sont
» négociables après le versement du quart ». Cela doit
s'entendre du quart de leur prix d'émission, alors
même qu'il est supérieur au taux légal.

Il est facile de conclure, *a contrario*, de l'article 2,
que les actions ne sont pas négociables tant que le versement du quart n'a pas été fait. Cependant des explications ont été demandées à ce sujet, et toute cause de
doute est ainsi écartée : M. Mathieu, rapporteur de la
commission, a formellement déclaré que la négociabilité ne résulterait même pas du versement du quart du
capital ; il faudra encore, a-t-il dit, que les autres conditions préalables à la constitution aient été remplies.

LXXXI. Jusque-là la négociation ne peut avoir lieu ;

les actions ne peuvent être transférées par tradition, ni par endossement, ni par une mention sur les registres sociaux. C'est ainsi que la jurisprudence interprète raisonnablement le mot *négociation;* ce qui est prohibé, c'est la cession par les modes spéciaux au commerce ; la transmission peut toujours avoir lieu suivant les règles du droit civil (1).

Lorsque le quart a été versé, les actions ne sont pas encore transmissibles *de la main à la main,* car elles ne peuvent être au porteur qu'après l'accomplissement de nouvelles formalités. (Art. 3.) Mais elles peuvent être transmises soit par voie d'endossement, soit au moyen d'un transfert opéré sur les registres.

LXXXII. Sous l'empire de la loi de 1856, qui exigeait le versement des deux cinquièmes pour la négociation, on pouvait se demander s'il fallait que le versement fût fait par tous les actionnaires ou s'il suffisait qu'il eût été effectué par celui qui voulait négocier ses actions. Le doute n'est plus possible aujourd'hui : la loi se contente du versement du quart; elle l'exige pour la constitution de la société comme pour la négociation des actions; celle-ci ne peut avoir lieu tant que la société n'est pas constituée, c'est-à-dire tant que chaque actionnaire n'a pas versé le quart du montant de sa souscription.

LXXXIII. La négociation de l'action fait naître cette question : quelle est la responsabilité du cédant vis-à-

---

(1) L'article 2 est emprunté à la loi du 15 juillet 1845 sur les chemins de fer; c'est en appliquant cette loi que la jurisprudence s'est prononcée sur le sens du mot *négociation.* (Orléans, 19 fév. 1848 ; Paris, 31 juill. 1852.)

vis du cessionnaire? Est-elle régie par l'article 1693 du Code Napoléon? Comprend-elle la garantie de l'existence du droit au moment de la cession? Non : la négociation d'une action n'est pas une cession de créance, mais la vente d'une part dans la société ; le cédant doit prouver seulement qu'il a fait les versements exigibles ; le cessionnaire ne pourrait invoquer contre lui l'inexistence de la société, car il n'avait qu'à se renseigner lui-même sur l'entreprise à laquelle il voulait s'associer (1).

Bien plus : entre le cédant et le cessionnaire, la cession serait valable, alors même qu'elle aurait été faite au mépris de l'article 2. Seulement alors elle ne serait opposable à la société qu'après la notification prescr par l'article 1690 du Code civil.

§ III. *De la forme des actions et de la responsabilité des souscripteurs primitifs.*

LXXXIV. L'article 3 a modifié, à un point de vue fort grave, la loi de 1856, qui exigeait que les actions restassent nominatives jusqu'à leur entière libération, et qui déclarait les souscripteurs responsables du montant total de leurs actions, *nonobstant toute stipulation contraire.* Il admet, comme nous allons le voir, la transformation des titres primitifs en actions au porteur après le versement de la moitié et sous certaines conditions ; en outre, il modifie dans une certaine me-

---

(1) Arrêt de la cour de Lyon du 2 mai 1856. Le cessionnaire achète un droit *aléatoire, éventuel, qu'il doit vérifier.* En cas d'inexistence de la société ou plutôt de nullité, il ne peut agir contre le cédant que si celui-ci a été de mauvaise foi.

sure la responsabilité des souscripteurs. Cet article est un de ceux qui ont subi le plus de péripéties et qui ont donné lieu aux plus vives critiques. Nous allons rappeler brièvement les changements divers qu'il a subis, afin d'en bien faire saisir la portée.

LXXXV. L'article 1er du projet du gouvernement était ainsi conçu : « Les souscripteurs d'actions, dans les so-» ciétés en commandite par actions, sont responsables » du montant total des actions par eux souscrites. Il ne » peut être dérogé à cette prescription que par les sta-» tuts constitutifs de la société, et jusqu'à concurrence » de moitié de chaque action. » D'après cet article, les statuts pouvaient, par une clause formelle, affranchir le souscripteur qui aurait payé la moitié du montant de ses actions de toute responsabilité pour le surplus ; les actions restaient nominatives jusqu'à leur entière libération.

L'exposé des motifs considérait cette innovation comme éminemment propre à attirer les capitaux vers la commandite. Il ajoutait qu'elle pouvait être adoptée « sans inconvénient pour la sûreté des transactions » et sans porter atteinte aux principes généraux du » droit ». Les parties peuvent, disait-il, étendre ou restreindre à leur gré les effets de leurs engagements; elles peuvent stipuler expressément qu'elles se réservent de réduire le montant de leur obligation à une quotité déterminée. Les tiers n'ont pas à se plaindre d'une convention de ce genre lorsqu'elle a été régulièrement publiée, et il en est de même des associés, qui doivent consulter les statuts avant de verser leurs capitaux dans une société. Pour donner plus de force à ces arguments, l'exposé invoquait l'autorité des jurisconsultes, et notamment de M. Troplong (n° 179); il s'appuyait sur la loi de 1845 relative aux chemins de fer, laquelle restreint formellement la responsabilité des souscripteurs aux cinq dixièmes du montant de leurs actions.

LXXXVI. La commission admet sans difficulté le principe posé par l'article 1ᵉʳ du projet; le rapport de M. Mathieu s'attache à justifier cette disposition et à réfuter les diverses objections qui lui sont faites. Toutefois la commission trouve l'article du projet obscur; elle pense que si les statuts ont limité la responsabilité du souscripteur à la moitié du montant de ses actions, l'obligation personnelle de l'actionnaire s'arrête là; l'action doit dès lors pouvoir prendre la forme au porteur; c'est elle qui désormais répondra des versements restant à faire; le porteur ne pourra rien réclamer à la société tant qu'il n'aura pas satisfait aux appels de fonds. De plus, la commission veut que la clause des statuts qui limite l'obligation du souscripteur reçoive la plus large publicité. En conséquence, elle propose au conseil d'État les deux amendements suivants :

« Art. 2. Les souscripteurs d'actions sont respon- » sables du montant total des actions par eux souscrites. » Il peut être dérogé à cette prescription, mais seule- » ment par les statuts constitutifs de la société et jusqu'à » concurrence de moitié de chaque action.....

» Art. 3. Les actions ou coupons d'actions des so- » ciétés en commandite sont nominatifs jusqu'à l'entier » acquittement de l'obligation contractée par le souscrip- » teur primitif..... »

LXXXVII. Le conseil d'État repoussa ces amendements et proposa d'y substituer deux articles ainsi conçus :

« Art. 2. Les souscripteurs d'actions sont tenus au paye-
» ment du montant total des actions par eux souscrites;
» toutefois il peut être stipulé, mais seulement par les
» statuts constitutifs de la société, que ceux des sou-
» scripteurs qui auront aliéné leurs actions ne seront res-
» ponsables des sommes dues par les cessionnaires que
» jusqu'à concurrence de la moitié du montant de
» chaque action.

» Art. 3. Les actions ou coupons d'actions sont no-
» minatifs jusqu'à leur entière libération. »

Le Conseil et la commission étaient, on le voit, d'accord pour permettre de limiter par les statuts la responsabilité du souscripteur à la moitié du montant de chaque action. Mais le conseil d'État voulait que la responsabilité du souscripteur durât *tant qu'il n'avait pas cédé ses actions,* et que les actions fussent nomina-tives jusqu'à l'entière libération, afin que la société eût toujours quelqu'un contre qui elle pût agir; tandis que la commission permettait de transformer l'action primitive en titre au porteur aussitôt après le verse-ment de la moitié, de sorte que le souscripteur primitif pouvait, *sans céder ses actions,* s'affranchir de toute responsabilité au delà de cette moitié.

LXXXVIII. La commission ayant maintenu son sys-tème, la discussion s'engagea au Corps législatif sur ses propositions et sur celles du conseil d'État.

La Chambre rejeta d'abord un amendement qui éta-blissait la responsabilité des souscripteurs jusqu'à l'en-tière libération de leurs actions; elle repoussa égale-ment les propositions de la commission. Le succès des articles amendés par le conseil d'État semblait ainsi assuré; cependant l'article 2 fut rejeté et l'article 3 renvoyé à la commission sur la demande du Gouvernement. Le sens de ce renvoi, d'après la discussion qui l'avait précédé, était clair : la commission devait, pour satisfaire la majorité de la Chambre, proposer un nouvel article qui établirait en principe la responsabilité intégrale des souscripteurs même après la cession de leurs actions, mais qui limiterait cette responsabilité à un temps assez court; elle devait aussi prendre de nouvelles précautions contre les cessions frauduleuses, qui ne laisseraient que des hommes de paille en face de la société dans un moment critique. Elle apporta dans ce but une nouvelle disposition qui fut votée sans modifications et qui forme l'article 3 de la loi. Voici cet article, que nous allons maintenant pouvoir expliquer :

« Il peut être stipulé, mais seulement par les statuts » constitutifs de la société, que les actions ou coupons » d'actions pourront, après avoir été libérés de moitié, » être convertis en actions au porteur par délibération » de l'assemblée générale.

» Soit que les actions restent nominatives après cette » délibération, soit qu'elles aient été converties en ac- » tions au porteur, les souscripteurs primitifs qui ont » aliéné leurs actions et ceux auxquels ils les ont cé- » dées avant le versement de moitié restent tenus au » payement du montant de leurs actions pendant un » délai de deux ans, à partir de la délibération de l'as- » semblée générale. »

— LXXXIX. En ce qui touche la forme des actions, l'article 3 tranche deux questions. Il reconnaît implicitement que l'action au porteur n'a rien d'incompatible

avec la commandite, bien qu'elle puisse offrir un moyen
de violer l'article 27 du Code de commerce, qui défend
aux commanditaires de s'immiscer dans la gestion. Ce
point, du reste, ne faisait plus de doute depuis 1856.

Seulement, la loi de 1856 (art. 2) ne permettait de
donner aux actions la forme au porteur qu'après leur
libération complète. La loi nouvelle dispose que cette
forme pourra désormais s'appliquer aux actions libérées de moitié, à deux conditions : il faut en effet que
les statuts *constitutifs* de la société aient prévu cette
transformation (1); il faut de plus qu'après le versement de la moitié, une délibération de l'assemblée générale intervienne pour l'obtenir. Grâce à cette double
précaution, les tiers seront prévenus dès l'origine de la
possibilité de la conversion, et celle-ci ne pourra avoir
lieu qu'après que l'assemblée générale en aura reconnu
l'opportunité. Il dépend donc de la majorité d'empêcher la conversion, si elle juge préférable de conserver
la forme nominative pour donner aux tiers une garantie moins fugitive et plus efficace. Cette majorité n'est
pas soumise aux conditions de l'article 4 ; elle pourra,
la loi n'ayant rien prescrit, ne pas comprendre le quart
des actionnaires et ne pas représenter le quart du
capital.

XC. En supposant une société dont les statuts
sont conformes aux prescriptions légales, si des actions
au porteur ont été délivrées avant l'accomplissement
des conditions de l'article 3, quelle en sera la conséquence? Ce ne sera pas la nullité de la société, car

______

(1) La clause dont il s'agit doit se trouver dans les statuts *constitu-*
tifs. Il est difficile de comprendre pourquoi on ne permet pas de
l'insérer dans un acte modificatif de ces statuts.

l'article 7 ne la prononce qu'en cas d'irrégularité *dans la constitution*. La seule sanction, en pareil cas, serait l'amende, dont l'article 14 punit la négociation d'actions dont la forme est contraire aux dispositions de la loi. Si les actions au porteur, délivrées illégalement et en dehors des prescriptions statutaires, n'étaient pas négociées, le fait de leur création ne serait pas punissable. Au surplus, l'absence de sanction se comprend ici; car tant que l'action au porteur n'est pas négociée, la responsabilité du souscripteur reste entière. On pourrait toujours lui poser ce dilemme : Ou vous avez négocié vos actions, et vous êtes passible des peines portées par l'article 14; ou vous les avez encore entre les mains, et alors vous devez satisfaire aux appels de fonds exigibles.

— XCI. Nous arrivons maintenant à la seconde partie de l'article 3, à celle qui subit tant de vicissitudes et souleva tant de critiques, à celle qui modifie dans une certaine mesure ce principe général que tout débiteur est tenu, sur ses biens présents et futurs, des engagements par lui contractés. (Art. 2092 C. civ.) Le texte est fort obscur; il est loin de résoudre toutes les questions auxquelles donne naissance la responsabilité des souscripteurs et des cessionnaires.

XCII. Voyons d'abord à quelle hypothèse l'article 3 s'applique directement. Il suppose que le souscripteur primitif a aliéné ses actions avant d'avoir versé la moitié de leur montant (1), qu'une délibération de l'assemblée générale, *conformément à une clause des statuts*, a permis la conversion des actions en titres au porteur; et il

____

(1) Il a pu les négocier après le versement du quart (art. 2).

décide que dans ces circonstances le souscripteur et
son cessionnaire sont tenus, pendant un délai de deux
ans à partir de la délibération de l'assemblée générale,
au payement intégral des actions cédées, sans qu'il y
ait à distinguer si l'on a ou non usé de la faculté de les
transformer en actions au porteur.

Ainsi, une clause des statuts a formellement permis
à l'assemblée générale d'autoriser la conversion des
actions en actions au porteur dès que la moitié aurait
été versée; l'assemblée générale a en effet donné cette
autorisation. Mais, avant qu'elle l'ait donnée, un souscripteur avait déjà cédé ses actions, à une époque où
elles n'étaient pas libérées de moitié : l'article 3 décide
qu'il sera tenu, ainsi que son cessionnaire, du montant
total de ces actions pendant deux ans, à compter non
pas de la cession, mais de la délibération de l'assemblée
générale. Voilà tout ce que décide le texte.

XCIII. Est-ce à dire que si la cession était intervenue
après le versement de la moitié, le cédant serait immédiatement dégagé? Évidemment non. C'était là sans
doute l'idée de la commission, mais nous avons vu
qu'elle avait été rejetée. A quelque époque qu'elle soit
faite, la cession laisse subsister l'engagement du souscripteur pendant deux ans. Malheureusement le texte
n'indique pas à partir de quelle époque sera compté ce
délai. On ne peut plus ici prendre pour point de départ
la délibération de l'assemblée générale; autrement, si
la cession avait lieu deux ans après la délibération, le
souscripteur serait libéré immédiatement et pourrait
se substituer un homme de paille au moment le plus
critique, et c'est ce que le législateur n'a pas voulu.
Lors donc que la cession sera postérieure au versement

13.

de moitié et à la délibération de l'assemblée, le délai
do deux ans courra à compter de la cession même. Si
la loi le fait courir du jour de la délibération lorsque la
cession lui est antérieure, c'est pour éviter que le cédant ne puisse être libéré avant même que l'assemblée
générale ait autorisé la conversion; elle veut *toujours*
que l'obligation subsiste *pendant deux ans*, soit à partir
de la délibération, soit à partir de la cession.

XCIV. Quoi qu'il en soit, le souscripteur primitif
n'est certainement libéré au bout de deux ans que si
ces quatre conditions concourent : 1° clause des statuts
qui prévoit la conversion; 2° délibération de l'assemblée
qui autorise cette conversion; 3° cession de l'action
avant ou après la délibération; 4° versement de moitié
au moins du montant de l'action. L'une de ces conditions vient-elle à manquer, le souscripteur reste tenu
indéfiniment, *conformément au droit commun.*

Si donc les statuts ne permettent pas la conversion,
ou si, les statuts l'ayant prévue, l'assemblée générale
ne l'a pas jugée opportune, ou même si, l'assemblée
l'ayant autorisée, le souscripteur primitif n'a pas aliéné
ses actions, il reste tenu de leur payement intégral
pendant trente ans, suivant le droit commun. Tel est
le sens que nous donnons à l'article 3, bien moins à
cause de son texte, qui manque absolument de clarté,
qu'à cause des diverses circonstances qui ont précédé
son vote (1).

---

(1) Les statuts pourraient-ils diminuer la responsabilité du souscripteur qui n'a pas cédé ses actions? Non : le conseil d'État n'admettait la limitation de la responsabilité qu'au cas de cession; et si le
texte proposé par lui n'a pas été adopté, son idée a néanmoins prévalu
sur le système de la Commission, et l'article 3 définitif semble bien
la consacrer.

Remarquons d'ailleurs que si l'article 3 suppose que la conversion a été autorisée, il n'exige pas qu'elle ait été réalisée. Le souscripteur sera exonéré au bout de deux ans, conformément à cet article, s'il a cédé ses actions, alors même qu'il les aurait laissées sous la forme nominative. D'un autre côté, s'il ne les a pas cédées, il reste tenu, bien qu'il ait converti ses actions en titres au porteur en vertu du vote de l'assemblée générale.

XCV. Nous nous sommes attaché jusqu'ici à la situation du souscripteur : quelle sera celle des tiers acquéreurs de ses actions? Et si l'action a été transmise plusieurs fois lors d'un appel de fonds, quelle sera l'obligation du porteur actuel et des cessionnaires intermédiaires?

Si l'on s'en tenait rigoureusement au texte de l'article 3, on arriverait à une étrange anomalie. On déciderait que dans le cas où le souscripteur primitif aurait aliéné ses actions avant le versement de moitié, le porteur de ces actions serait, aussi bien que le souscripteur lui-même et que les cessionnaires intermédiaires, complétement libéré deux ans après la délibération de l'assemblée dont parle l'article 3, de telle sorte que la société n'aurait plus personne à qui réclamer les versements ultérieurs. On concevrait un pareil système s'il était établi d'une façon générale; mais pourquoi favoriser celui qui acquiert des actions avant le versement de moitié? Il n'y en a aucune bonne raison : la commission voulait, nous l'avons dit, substituer en quelque sorte la responsabilité de l'action elle-même à celle du souscripteur, après le versement de la moitié; ce système était acceptable, et en tout cas il était logique,

car il traitait toujours de la même manière le porteur
de l'action. Mais l'amendement de la commission ne
fut pas adopté, et nous ne pouvons croire que le Corps
législatif ait voulu introduire dans la loi cette bizarre
distinction entre celui qui achète des actions avant le
versement de moitié et celui qui en acquiert après ce
versement! On ne déclare le souscripteur libéré par la
prescription biennale que s'il a cédé ses actions : pourquoi? Évidemment parce que la société aura à sa place
un autre débiteur, le porteur de l'action. La pensée
du législateur paraît donc être celle-ci : le porteur actuel sera toujours tenu des versements, des appels de
fonds régulièrement votés; il le sera, sans distinction
entre celui qui s'est rendu cessionnaire avant le versement de moitié et celui qui l'est devenu plus tard. C'est
là bien certainement ce que voulait le conseil d'État
lorsqu'il insistait sur la nécessité de la cession, et à cet
égard sa pensée a prévalu devant le Corps législatif.

XCVI. Ainsi la prescription de deux ans ne s'applique
pas, suivant nous, au porteur actuel de l'action. Les
cessionnaires dont parle l'article 3, ce sont ceux que
nous appelons intermédiaires, qui ont eu l'action entre
les mains pendant un certain temps et qui l'ont ensuite
aliénée à leur tour. Ceux-là sont responsables des versements restant à faire : on ne peut plus en douter depuis la loi nouvelle, car l'article 3 semble bien admettre
que plusieurs cessionnaires peuvent être responsables.
Mais pendant combien de temps le sont-ils? C'est ici
que nous appliquerons la distinction entre ceux qui
ont acquis des actions avant le versement de moitié et
ceux qui n'en ont acquis que plus tard : les premiers
seront tenus pendant deux ans *à compter de la délibé-*

ration qui a autorisé la conversion, les seconds pendant
de x ans *à compter de la cession* de leurs actions à
un tiers. Ici, comme lorsqu'il s'agit de la responsabilité du souscripteur (ci-dessus, n° XCIII), nous croyons
que la loi ne distingue entre la cession qui précède et
celle qui suit le versement de moitié qu'au point de
vue de la prescription : elle la fait courir tantôt de la
délibération de l'assemblée générale, tantôt du jour de
la cession elle-même.

L'article 3 est sans contredit l'un des plus obscurs
de la loi de 1867, et la discussion de la Chambre ne
paraît pas l'avoir rendu beaucoup plus clair. Nous
pensons cependant que le système que nous venons
d'exposer est conforme à la pensée dominante du Corps
législatif : cette pensée était de maintenir, malgré la
cession des actions, la responsabilité du souscripteur
pendant un certain temps, et en outre d'assimiler à
peu près les divers cessionnaires au souscripteur primitif. Ce qu'on voulait surtout éviter, c'étaient ces cessions frauduleuses qui eussent permis de substituer, au
moment même d'une crise de la société, un homme de
paille à un souscripteur primitif solvable ou à un cessionnaire sérieux. Notre système est donc conforme à
l'esprit de la loi, puisqu'il donne toujours à la société
au moins un débiteur, le porteur actuel; il lui en donne
même plusieurs dans le cas où l'action a été cédée plus
d'une fois dans l'espace de deux ans. Or, ce qui a été
dit constamment au Corps législatif, c'est que la cession ne devait libérer le souscripteur ou le propriétaire
de l'action qu'après un certain délai, par exemple
après le délai de deux ans, parce que d'ordinaire on
ne prévoit pas aussi longtemps d'avance la ruine d'une

société, et parce que ce délai est ainsi une garantie de la sincérité de la cession (1).

XCVII. La société peut, nous venons de le voir, se trouver en présence de trois classes de débiteurs (2). Les souscripteurs primitifs, dont les noms sont sur ses registres, ne pourront pas lui échapper. Quant aux cessionnaires et aux propriétaires actuels des actions, elle les trouvera sans peine si les actions sont nominatives. Que si elles sont au porteur, la preuve par tous moyens sera admise, mais elle n'en sera pas moins souvent fort difficile; toutefois, en se reportant aux dépôts d'actions faits en vue d'assister à une assemblée générale, on connaîtra les noms des actionnaires qui ont assisté à cette assemblée; il n'y aura guère d'autre moyen de connaître les propriétaires d'actions au porteur, s'ils ne se présentent pas eux-mêmes pour acquitter les versements exigibles.

XCVIII. En pratique, comment s'exerce l'action en responsabilité contre les cessionnaires ou souscripteurs d'actions? Le gérant peut obtenir contre eux un jugement et l'exécuter sur leurs biens. Mais ce moyen pourra être insuffisant, et il entraînera des délais. Aussi, presque toujours, les statuts stipulent que les actions, en cas de retard prolongé dans les versements à faire, seront vendues à la Bourse sur duplicata, et que

---

(1) La commission du Corps législatif, dans son deuxième rapport supplémentaire, en présentant l'article 3 actuel, le fait précéder de considérations sur la discussion qui a motivé le renvoi des articles 2 et 3; elle apprécie cette discussion comme nous le faisons nous-même, et son rapport peut ainsi être invoqué en faveur de notre système.

(2) Le souscripteur est débiteur principal; il ne peut exiger que le gérant poursuive d'abord le porteur actuel des actions par lui souscrites. (Paris, 16 janv. 1862.)

la société se remboursera sur le prix de cette vente, sauf à réclamer le surplus au souscripteur : le duplicata remplace l'action primitive, qui est annulée. Si les statuts n'autorisaient pas cette exécution, elle ne pourrait avoir lieu qu'après la mise en demeure du souscripteur, suivie d'une déchéance judiciaire prononcée contre lui. Si l'exécution est, au contraire, autorisée par les statuts, elle peut avoir lieu après l'expiration du délai accordé pour le versement; et bien entendu la société a toujours le droit de poursuivre l'exécution de l'obligation du souscripteur, sans tenir compte de la clause pénale; celle-ci ne peut être invoquée par l'actionnaire, car elle ne résout pas son obligation, elle en assure simplement l'exécution. De même, si les statuts portent que le souscripteur en retard perdra tous ses droits dans la société, cette clause ne peut dispenser l'actionnaire d'acquitter le montant de son obligation; autrement, il faudrait dire que la souscription conditionnelle est valable, ce qui n'est plus possible aujourd'hui. (Ci-dessus, n° LVI.)

XCIX. En principe, les versements doivent avoir lieu aux époques fixées par les statuts. Quand la société tombe en faillite, tous les versements restant à faire deviennent de suite exigibles (Paris, 23 juin 1859); mais les intérêts ne courent que de la demande formée en justice, et non du jour de la faillite. (Même arrêt.)

— Nous avons terminé l'explication des quatre premiers articles de la loi du 24 juillet; nous pourrions indiquer immédiatement quelle est leur sanction. Mais nous préférons nous occuper d'abord du conseil de surveillance, et nous renvoyons à la section III le commentaire des dispositions relatives aux sanctions de la loi.

SECTION II.

DU CONSEIL DE SURVEILLANCE.

C. Nous avons vu (ci-dessus, n° XXXII) que les commanditaires peuvent, sans tomber sous le coup de la responsabilité prononcée par l'article 28 du Code de commerce, surveiller l'administration du gérant. La loi a pensé que cette surveillance serait le plus souvent illusoire dans les sociétés par actions, si elle était bornée à l'initiative individuelle. Pour remédier à cet inconvénient, elle a prescrit certaines règles relatives à la composition, aux attributions et à la responsabilité d'un conseil de surveillance, chargé spécialement de contrôler les actes du gérant. Ces règles sont d'ordre public, car elles tendent à protéger les actionnaires contre le pouvoir excessif des administrateurs. Les conventions particulières ne peuvent y déroger. (Trib. de comm. de la Seine, 18 oct. 1858.)

En étudiant les fonctions du conseil de surveillance, nous nous occuperons des dividendes; car l'une des fonctions principales de ce conseil est de veiller à ce qu'il ne soit distribué que des dividendes réellement acquis.

§ I. — *De la composition du conseil de surveillance.*

CI. L'article 5 exige que dans toute société en commandite par actions il soit établi un conseil de surveillance, composé de trois actionnaires au moins.

« Ce conseil est nommé par l'assemblée générale des

» actionnaires, immédiatement après la constitution
» définitive de la société, et avant toute opération so-
» ciale. » Ainsi le gérant ne pourra plus, comme cela
avait lieu autrefois, nommer lui-même les membres du
conseil chargé de le surveiller. La nomination sera
faite par l'assemblée générale, soit par celle qui vérifie
les apports (art. 4), soit par une assemblée postérieure.
La loi n'exige ici rien de particulier : la majorité se
comptera d'après les règles établies dans les statuts;
et, à défaut des statuts, d'après l'équité et le droit
commun.

Mais le conseil de surveillance ne peut être nommé
qu'après la constitution de la société, afin qu'on ne puisse
pas se servir du nom et de la qualité de ses membres
pour attirer les souscriptions. Et il doit l'être avant toute
opération sociale, car il faut que le contrôle soit établi
et puisse fonctionner dès qu'il y a des actes à surveiller.

CII. Le conseil doit se composer de trois actionnaires
au moins. S'il se composait d'étrangers, ses membres,
à défaut d'intérêt dans la société, exerceraient mal
leurs fonctions. Par conséquent, si l'un des membres
du conseil vient à aliéner ses actions, sa capacité cesse
par là même, et il doit être remplacé. D'ailleurs, pour
faire partie du conseil de surveillance, il n'est pas nécessaire d'avoir *souscrit* des actions; il suffit d'en posséder, et, par exemple, d'en avoir acheté ou d'en avoir
reçu en échange d'un apport en nature (1). (Paris, 26 juillet 1861.)

Souvent les statuts exigent que les membres du

____

(1) La loi n'exige que la qualité d'actionnaire; le possesseur d'une
seule action peut donc être membre du conseil de surveillance.

conseil de surveillance aient un certain nombre d'actions libérées, et que ces actions restent déposées dans la caisse sociale pendant la durée de leurs fonctions. En pareil cas, l'acceptation du titre de membre du conseil emporte de plein droit la souscription du nombre d'actions exigé, et rend celui qui a exercé les fonctions dont il s'agit non recevable à prétendre qu'il n'a en réalité souscrit aucune action. (Paris, 16 avril 1861.)

CIII. La loi de 1856 exigeait que le conseil de surveillance fût composé d'au moins cinq membres; ce nombre est aujourd'hui réduit à trois; mais ce n'est qu'un *minimum*, et les parties ont évidemment la faculté de le dépasser. Elles feront bien, dans tous les cas, de nommer un ou plusieurs membres suppléants, destinés à remplacer ceux qui viendraient à mourir ou qui donneraient leur démission, afin d'éviter la réunion de l'assemblée générale. Toutefois, si l'on n'avait pas pris cette précaution, la société ne serait pas nulle, et le gérant ne serait pas tenu de suspendre les opérations dans le cas où le nombre des membres du conseil deviendrait inférieur à trois; le gérant, et à son défaut les membres restants du conseil de surveillance en exercice, devraient provoquer la réunion de l'assemblée pour remplacer les membres morts, démissionnaires ou empêchés.

Il est certain également, que s'il y a moins de trois actionnaires, la société peut exister sans conseil de surveillance; ou plutôt, chaque actionnaire surveillera en ce cas les opérations du gérant; et si plus tard, par suite de cessions, le nombre des actionnaires augmente, on devra nommer un conseil de surveillance, pour se conformer à l'article 5. (Aix, 18 nov. 1857.)

CIV. Le premier conseil est nommé pour une année; il ne peut l'être pour un temps plus long; car en général on l'accepte sans défiance, d'après les indications des fondateurs, et il faut qu'on puisse le destituer sans scandale s'il n'a pas rempli consciencieusement son mandat (1).

Quant aux conseils nommés plus tard, la loi de 1867 maintient le principe de la réélection : elle désire que leurs membres ne soient pas inamovibles (2); elle aban-donne cependant aux statuts le soin de déterminer les époques et les conditions de la réélection. En fait, on réélit les membres du conseil de surveillance chaque année, par fractions d'un tiers ou d'un cinquième, pour ne pas mettre à la fois un trop grand nombre d'hommes nouveaux en face du gérant. Presque toujours aussi les statuts permettent la réélection des membres sortants : c'est une pratique excellente et qui n'a pas d'inconvé-nients.

§ II. — *Des attributions du conseil de surveillance.*

CV. Le premier conseil de surveillance doit, aussi-tôt après sa nomination, vérifier si les diverses règles des articles 1 à 5 ont été observées. (Art. 6.) Cette prescription n'est pas nouvelle; elle était contenue im-plicitement dans la loi de 1856, qui déclarait le conseil de surveillance responsable de l'annulation de la so-

______

(1) C'est du moins la raison donnée dans le rapport de M. Mathieu au Corps législatif.

(2) Cependant les statuts pourraient décider que le conseil, nommé à l'expiration de la première année, restera en fonction jusqu'à la dis-solution de la société. Même dans ce cas, le conseil pourrait être renouvelé s'il manquait à ses devoirs.

ciété pour défaut d'accomplissement des formalités légales.

Dès que les membres du conseil de surveillance ont
connu et accepté leur nomination, ils doivent procéder
à la vérification prescrite par l'article 6, sous peine
d'encourir, comme nous le verrons, une grave responsabilité.

CVI. Au cours de la société, le conseil de surveillance
a plusieurs devoirs à remplir (art. 10 et 11). Nous allons les examiner successivement, et nous parlerons en
même temps des dividendes et de l'inventaire. Pour
plus de clarté, nous diviserons nos explications en six
paragraphes, savoir :

1° De la vérification de la situation de la société ;

2° De la présentation d'un rapport annuel à l'assemblée générale ;

3° De l'inventaire ;

4° Des dividendes ;

5° De la convocation de l'assemblée générale ;

6° De l'action en dissolution de la société.

Avant d'aborder ces divers points, remarquons que,
dans le silence de la loi, les délibérations du conseil de
surveillance sont prises à la majorité absolue. C'est au
nom de la majorité que le rapport annuel est présenté ;
c'est la majorité qui a le droit de convoquer l'assemblée générale, etc. Mais, bien entendu, si la décision de
la majorité est de nature à entraîner une responsabilité
quelconque, les membres de la minorité ont le droit
de se faire donner acte de leur opposition, par exemple, de faire consigner leur opinion dans le rapport
présenté à l'assemblée générale, afin d'échapper à toute
responsabilité.

1° De la vérification de la situation de la société.

CVII. « Les membres du conseil de surveillance véri-
» fient les livres, la caisse, le portefeuille et les valeurs
» de la société. » (Art. 10.)

Ils vérifient les livres, ceux-là même qu'on n'est pas
légalement obligé de tenir : tout ce qui fait partie de la
comptabilité tombe sous leur contrôle.

Ils vérifient la caisse et le portefeuille, ce qui leur
permet d'examiner à chaque instant la situation de la
société, de connaître les ressources disponibles, d'empêcher les détournements d'un gérant infidèle.

Ils vérifient les valeurs sociales, c'est-à-dire tout ce
qui, en dehors de l'encaisse et du portefeuille, constitue l'actif. Les marchandises, le matériel, les immeubles, les brevets d'invention, sont des valeurs sociales
qu'il importe de constater et qu'il faut évaluer avec réserve ; c'est en cette matière surtout que le contrôle
doit s'exercer rigoureusement, car ce sont ces valeurs
qui prêtent le plus aux fraudes du gérant, et c'est à
leur égard surtout qu'il est nécessaire d'éviter les esti-
mations exagérées.

CVIII. Le droit de vérification appartient à chacun
individuellement et peut être exercé à chaque instant.
Le conseil peut d'ailleurs, pour faciliter sa tâche, décider que ses membres exerceront la surveillance à tour
de rôle.

Mais, il ne faut pas l'oublier, les membres du conseil de surveillance ne sont, après tout, que des commanditaires; dès lors, ils doivent s'abstenir de tout
acte de gestion *extérieure,* et se renfermer dans le rôle

passif que la loi leur attribue ; l'action appartient au gérant et au gérant seul.

2° *De la présentation d'un rapport annuel à l'assemblée générale.*

CIX. Grâce aux vérifications que la loi leur impose, les membres du conseil de surveillance ont les éléments nécessaires pour apprécier la situation de la société, pour se rendre compte de l'exactitude ou de la fausseté de l'inventaire dressé par le gérant, et, par suite, pour juger s'il y a lieu de distribuer un dividende aux actionnaires. Aussi la loi leur prescrit-elle de présenter chaque année à l'assemblée générale « un rapport dans lequel ils doivent signaler les irrégularités et inexactitudes qu'ils ont reconnues dans les inventaires, et constater, s'il y a lieu, les motifs qui s'opposent aux distributions des dividendes proposées par le gérant. »

Ce rapport est donc un véritable exposé de la situation ; il approuve ou critique la conduite et les propositions du gérant ; si les membres du conseil ne sont pas d'accord, il indique leurs opinions diverses, entre lesquelles l'assemblée générale aura à se prononcer. Mais il n'appartient pas au conseil de surveillance de refaire les inventaires ; il doit se borner à émettre son avis et éviter soigneusement tout acte d'immixtion.

Il sera prudent d'insérer le rapport dans le procès-verbal de la délibération de l'assemblée ; on constatera ainsi l'avis de chaque membre du conseil, de façon à engager ou à dégager sa responsabilité, et on acquerra une preuve facile à opposer aux actionnaires qui

voudraient se refuser à la restitution de dividendes indûment distribués en alléguant leur bonne foi.

CX. Le rapport doit exercer une influence capitale
sur la décision que l'assemblée générale aura à prendre
relativement à l'approbation des comptes et à la fixation du dividende. Pour éviter toute surprise, l'article 12 ordonne que, quinze jours au moins avant la
réunion de l'assemblée, le bilan, l'inventaire et le rapport soient tenus à la disposition des actionnaires ou de
leurs fondés de pouvoir. La communication de ces diverses pièces a lieu au siége social; elle eût été plus
efficace sans doute si l'on avait pu en remettre un exemplaire imprimé à chaque actionnaire; mais le Corps législatif a craint d'imposer des frais trop considérables
aux sociétés. Il est bon, du reste, d'indiquer ici que le
projet primitif ordonnait seulement la communication
du bilan et des inventaires : les orateurs du gouvernement soutenaient que celle des rapports du gérant et
du conseil de surveillance serait aussi dangereuse qu'i-
nutile. Le Corps législatif rejeta heureusement cette
théorie; mais, peut-être par esprit de transaction, la
commission se contenta, dans l'article 12 définitif,
d'ordonner la communication du rapport du conseil de
surveillance, sans parler du rapport du gérant; celui-ci
peut donc rester secret jusqu'au dernier moment, et
cela est très-regrettable, car il contient souvent les ren-
seignements et les détails les plus intéressants.

3° *De l'inventaire.*

CXI. L'inventaire a pour but de constater l'actif et le
passif de la société, de déterminer l'excédant de l'actif

sur le passif, c'est-à-dire les bénéfices qui régulièrement doivent seuls faire l'objet d'une répartition aux actionnaires.

Rien ne semble plus simple, au premier abord, que de dresser un inventaire *sincère et régulier* : l'actif se compose, dira-t-on, des immeubles, des marchandises, du matériel, de l'outillage, des effets de commerce, des valeurs de portefeuille, de créances de toute nature, de l'argent comptant ; le passif comprend le capital social, le fonds de réserve, les dettes. En allant au fond des choses, on reconnaît que l'inventaire est pourtant une opération délicate, car presque tous les éléments de l'actif sont susceptibles d'évaluations diverses, et une bonne administration doit avant tout éviter les appréciations excessives. Le gérant engagerait certainement sa responsabilité en déguisant la vérité dans les inventaires ; nous verrons que les membres du conseil de surveillance se trouveraient responsables des inexactitudes qu'ils n'auraient pas signalées. Il est donc fort important de poser quelques règles qui doivent présider à la confection des inventaires et du bilan.

CXII. Certaines valeurs doivent être nécessairement amorties chaque année ; nous citerons les brevets d'invention, dont la valeur diminue à mesure que leur terme approche ; le mobilier et l'outillage industriel, qui se déprécient par l'usage ; les frais de constitution de la société, qui ne sont même pas une valeur réelle, et qui doivent être amortis dès la première année.

Les valeurs cotées sont estimées au cours de la Bourse ; les marchandises, d'après les prix courants de vente et non d'après leur prix de revient ; le prix des immeubles, qui peut être d'une réalisation difficile, doit être fixé avec modération, et plutôt au-dessous de la valeur actuelle, pour éviter des mécomptes, surtout si cette valeur dépasse le prix d'achat.

L'un des éléments les plus incertains de l'actif, ce sont les créances; il convient de ne les estimer que pour ce qu'elles valent réellement, de ne pas porter pour leur valeur nominale celles qui sont devenues en partie irrecouvrables ou absolument mauvaises (1). (Lyon, 9 juin 1864.) Mais lorsqu'une créance est notoirement bonne au moment de l'inventaire, il est naturel de la porter à l'actif pour sa valeur nominale. Sans doute il pourra arriver qu'une crise commerciale entraîne des faillites, des déconfitures nombreuses, et que cette partie de l'actif se trouve singulièrement réduite lors du recouvrement. Il faut cependant se contenter de ce qu'exigent la prudence et la bonne administration; il ne faut pas demander au gérant de prévoir des désastres peu probables; autrement, si on lui interdisait de compter à l'actif des créances sur des débiteurs solvables, sous prétexte que le recouvrement en est incertain, on arriverait à réduire à peu près l'actif social à l'argent comptant, ce qui rendrait impossible toute distribution de bénéfices.

CXIII. Lorsque la société est en possession d'un marché qui doit vraisemblablement lui procurer des bénéfices plus ou moins considérables, ces profits futurs peuvent-ils être portés à l'actif? Non, la prudence veut qu'on n'escompte pas ainsi l'avenir; les bénéfices

---

(1) La clause qui permettrait de les porter à l'actif serait radicalement nulle. (Angers, 11 janv. 1867.)

doivent être portés à l'inventaire de l'année qui les a vus se réaliser, et non à celui de l'année précédente ; tant qu'une opération n'est pas terminée, son résultat est incertain ; il serait aussi téméraire qu'illégal de considérer comme acquis des bénéfices qui ne sont encore qu'à l'état d'espérances (1). Faisons toutefois une distinction : si le marché, avantageux pour la société, avait été cédé à un tiers pour une certaine somme, la créance résultant de cette cession serait bien réellement une valeur susceptible d'être portée à l'inventaire, du moins si le cessionnaire était connu comme solvable. Ce qui serait irrégulier, ce serait de porter d'avance à l'actif, comme bénéfices acquis, des bénéfices probables, mais en réalité incertains, qu'on attend d'une opération que la société doit faire elle-même, et qui n'est pas encore arrivée à son terme.

En résumé, il n'est pas nécessaire que les créances soient recouvrées pour qu'on puisse les faire figurer à l'actif ; il suffit qu'elles soient *recouvrables ;* on doit éviter de considérer comme valeurs actives des créances plus ou moins mauvaises, ou des droits toujours aléatoires résultant pour la société d'un contrat non encore exécuté.

Le conseil de surveillance doit signaler dans son rapport la violation des règles que nous venons de poser, indiquer les évaluations qui lui semblent exagérées, signaler les erreurs du gérant et les choses qu'il a fait indûment figurer à l'actif. S'il ne le fait pas, il manque à ses devoirs, et sa responsabilité peut se trouver engagée. (Ci-dessous, § 3, même section.)

---

(1) C'est en ce sens que la Cour suprême a cassé, le 28 juin 1862, l'arrêt rendu par la cour de Douai dans l'affaire Mirès. Voir également un arrêt de la cour de Caen, du 16 août 1861.

4° Des dividendes.

CXIV. Les dividendes sont les bénéfices qui se partagent chaque année, s'il y a lieu, entre les actionnaires. Ce sont des *bénéfices*, c'est-à-dire qu'ils supposent nécessairement que le passif est inférieur à l'actif. On conçoit qu'il serait dangereux pour la société comme pour les tiers de prendre une partie du capital pour le distribuer aux actionnaires, lorsque la situation ne présente pas de bénéfices susceptibles d'une répartition. Le législateur ne veut pas qu'il en soit ainsi; si des dividendes *fictifs* ont été distribués, les tiers pourront agir contre le gérant et contre le conseil de surveillance. Cela ne fait pas de difficulté : mais pourront-ils agir même contre les actionnaires ? C'est là une question fort délicate; pour bien saisir le système de la loi de 1867, il importe de remonter plus haut, d'examiner l'état de la question lors de la présentation du projet, et les travaux préparatoires de la loi elle-même.

CXV. Sous l'empire de la loi de 1856, les auteurs et la jurisprudence étaient loin de s'accorder sur cette question des dividendes.

Un premier système, dont la dureté même était la condamnation, soutenait qu'il ne pouvait y avoir de bénéfices réels qu'au moment de la dissolution, que jusque-là l'actionnaire ne pouvait être certain de conserver les dividendes par lui perçus; car il ne conserve, disait-on, que les bénéfices réels, et encore une fois, ce n'est qu'à l'époque de la dissolution qu'on peut savoir si la société est ou non en perte.

On répondait, dans un second système : le bénéfice

est annuel; du jour où le dividende est payé, il est acquis définitivement, à la seule condition qu'il soit bien
réellement pris sur l'excédant de l'actif. Ce premier
point admis, et il l'était généralement, les uns voulaient
que le dividende fût considéré comme fictif et soumis
au rapport s'il reposait sur un inventaire frauduleux,
ou s'il n'y avait pas d'inventaire (Cass., 3 mars 1863
et 25 nov. 1861); suivant d'autres, l'absence d'inventaire ou les calculs frauduleux engageaient la responsabilité du gérant et du conseil de surveillance, mais
ne pouvaient être reprochés aux actionnaires *de bonne
foi* (1). (Angers, 18 janv. 1865.)

CXVI. La commission du Corps législatif, voulant
mettre fin à ces controverses en tranchant la question,
pensa qu'il convenait de tenir grand compte de la
bonne foi de l'actionnaire; celui-ci ne peut s'immiscer
dans la gestion; il peut surveiller le gérant, mais ce
contrôle est en général insuffisant et inefficace; pourquoi le rendre responsable des inexactitudes ou des
fraudes du gérant? Ne vaut-il pas mieux le traiter
comme un possesseur et s'attacher à sa bonne foi?

C'est sur ce terrain que la commission du Corps législatif voulut se placer; elle posa nettement la question
des dividendes, et admit en principe que la bonne foi
dispenserait l'actionnaire de toute restitution. Restaient
à déterminer les conditions légales de la bonne foi. A
cet égard, la commission voulait la faire dépendre de
l'existence d'un inventaire régulier : s'il n'y avait pas
d'inventaire, ou si l'inventaire était inexact, elle ad-

---

(1) Ce dernier système prévalait devant les cours impériales. (Aix,
22 juillet 1862; Caen, 16 août 1864.)

mettait le principe d'une restitution ; hors de ces deux cas, elle le rejetait; de plus, l'action en restitution devait être prescrite par cinq ans. L'amendement de la commission fut repoussé par le conseil d'État, comme ne se rattachant pas directement au projet, et la discussion s'engagea dans ces termes au Corps législatif, à la séance du 31 mai 1867.

M. Mathieu, chargé de soutenir les propositions de la commission, convenait bien que le commanditaire ne pouvait pas être assimilé au possesseur de bonne foi ; celui-ci ne garde que les fruits, et il s'agissait en réalité de laisser à l'actionnaire une portion du capital. Il insistait pourtant sur la nécessité de l'amendement; l'actionnaire, disait-il, a dépensé les dividendes reçus, *lautius vixit;* la commission ne peut admettre que ses héritiers se trouvent ruinés par une action intentée après un long délai.

M. Pouyer-Quertier proposait de limiter la durée de l'action contre le commanditaire à un temps fort court, mais de maintenir énergiquement le principe de cette action. M. le ministre du commerce adopta cette idée; et, sur sa demande, l'article et l'amendement furent renvoyés à la commission.

CXVII. L'article revint devant la Chambre tel qu'il est aujourd'hui, c'est-à-dire considérablement modifié. La première rédaction de la commission admettait la responsabilité de l'actionnaire en cas d'inventaire *irrégulier,* ce qui pouvait donner lieu à des controverses sans issue. L'article nouveau fait cesser toute incertitude : si l'inventaire a eu lieu, si les dividendes ont été fixés d'après les chiffres présentés, l'action en répétition ne sera pas admise. Le principe ainsi posé

fut vivement attaqué; la Chambre l'admit non sans difficulté, et consacra ainsi la théorie la plus favorable aux
commanditaires.

Nous pouvons maintenant aborder l'explication du
texte, et résoudre les diverses difficultés auxquelles
donne lieu la question des dividendes.

CXVIII. Les règles posées plus haut (n° CXII) sur la
confection de l'inventaire servent à distinguer les dividendes *réels* des dividendes *fictifs*; lorsque l'inventaire
a été fait d'une manière exacte et sincère, sans exagération, s'il présente un excédant d'actif, cet excédant
peut être distribué, et il constitue un dividende *réel*.
Lorsqu'au contraire l'inventaire fait ressortir l'existence
d'un déficit, ou lorsqu'il présente la situation comme
bonne alors que le capital est entamé, si l'on distribue
un dividende aux actionnaires, ce dividende est *fictif*.
On peut donc dire que le dividende réel est pris sur les
bénéfices, tandis que le dividende fictif est pris sur le
capital.

Cette distinction est très-utile lorsqu'il s'agit de déterminer la responsabilité du gérant ou du conseil de
surveillance. Elle l'est moins en ce qui touche le point
de savoir si les actionnaires sont soumis à une action en
restitution; cependant, ici encore elle a son intérêt: les
dividendes fictifs sont sujets à répétition lorsqu'ils ont
été reçus *sciemment, de mauvaise foi,* ainsi que cela résulte de la discussion de la loi de 1867. Les tribunaux
pourront donc avoir à résoudre cette double question :
Les dividendes distribués étaient-ils fictifs ? Le défendeur était-il de mauvaise foi lors de la répartition?
Dans tous les cas où elle se présentera, la question devra être résolue d'après les livres et les inventaires : si

les livres sont mal tenus, si le gérant y a semé l'erreur, si les inventaires sont faux et irréguliers, le dividende est fictif ; il peut être répété en cas de mauvaise foi.

CXIX. Les juges apprécient en fait la bonne ou la mauvaise foi de l'actionnaire. Mais la loi pose elle-même une présomption *juris et de jure*, pour une hypothèse où la fraude est évidente. Si les dividendes ont été distribués en l'absence de tout inventaire ou en dehors des résultats constatés par l'inventaire, si, par exemple, la quotité du dividende attribué à chaque action correspond à un chiffre plus fort que celui du bénéfice résultant de l'inventaire, la faute des actionnaires est tellement lourde, en admettant même qu'ils puissent être de bonne foi, qu'elle doit être assimilée au dol : la répétition est alors admise. Elle ne l'est, bien entendu, que si le dividende distribué est fictif, et jusqu'à concurrence de la somme pour laquelle il est fictif (1).

« L'action en répétition, dans le cas où elle est ouverte, » se prescrit par cinq ans à partir du jour fixé pour la ré-» partition des dividendes. » Le point de départ de la prescription sera uniforme pour tous les actionnaires ; à quelque époque qu'ils aient reçu les dividendes fictifs, ils seront à l'abri de toute recherche cinq ans après l'époque fixée pour la répartition. Il faut le reconnaître, cette prescription est singulière : la loi n'admet l'action en répétition que dans le cas de mauvaise foi ; ne pouvait-elle du moins la laisser soumise au droit

---

(1) Malgré les termes généraux du texte, la répétition ne serait pas possible à l'égard des dividendes *réels* distribués sans inventaire ; et dans le cas où le dividende excéderait le bénéfice réel constaté par l'inventaire, il ne serait rapportable que pour le surplus.

commun? Cette protection, cette faveur accordée à la fraude et à la mauvaise foi est en vérité bien étrange ! Il est permis de supposer qu'elle n'est entrée dans la loi que par surprise; le Corps législatif avait paru admettre la courte prescription proposée par M. Pouyer-Quertier, qui accordait l'action même dans le cas de bonne foi, et cela était parfaitement logique ; l'article définitivement voté n'admettant la répétition que contre l'actionnaire de mauvaise foi, la prescription de cinq ans aurait dû être écartée.

La Chambre l'a admise cependant, et l'article 10 l'applique même aux actions en répétition antérieures à la loi de 1867 ; ces actions seront prescrites par cinq ans, à compter de la promulgation de la loi.

— CXX. Le système que nous venons d'exposer constitue, dans la loi du 24 juillet, une innovation très-considérable, et, à certains égards, sujette à la critique des jurisconsultes. Dans les sociétés antérieures à 1867, la question des dividendes était résolue d'une façon différente ; l'action était admise dans certains cas où elle ne pourrait plus l'être en présence de l'article 10. Cette législation antérieure, qui peut être appliquée encore pendant cinq ans, mérite d'être étudiée, soit en ce qui concerne les dividendes réels, soit en ce qui touche les dividendes fictifs.

CXXI. Les dividendes réels sont certainement aujourd'hui acquis d'une façon définitive lorsqu'ils sont distribués. Ils l'étaient également sous l'empire du Code de commerce et de la loi de 1856. On l'a contesté cependant ; on a soutenu que les dividendes n'étaient acquis définitivement qu'à l'époque de la dissolution, parce que jusque-là on ne pouvait connaître le résultat des opérations de la société (ci-dess, n° CXV), et un arrêt de 1807 (1) avait même consacré cette doctrine. Comme nous l'avons dit déjà, cette prétention n'avait pas prévalu et ne devait pas prévaloir; elle est, en effet, inadmissible en pratique, car elle crée à l'actionnaire une situation intolérable et qui éloignerait les capitaux de la commandite. Sans doute le commanditaire doit sa mise, et il ne peut la diminuer en principe par des prélèvements directs ou détournés sur le capital. Mais il ne doit rien au delà : la loi, conforme à une pratique constante, a consacré l'usage d'un inventaire annuel destiné à faire connaître la situation de la société; déjà la loi de 1856 reconnaissait la nécessité de cet inventaire et le droit pour les actionnaires de réclamer la distribution des bénéfices sous forme de dividendes. Cet inventaire est une sorte de liquidation partielle ; le capital doit être laissé intact entre les mains du gérant; l'excédant peut être réparti, et cette répartition ne peut être critiquée par les tiers. Ainsi, même avant 1867, les dividendes réels ne pouvaient être répétés dans le cas où, postérieurement à leur distribution, la société aurait éprouvé des pertes assez grandes pour compromettre les droits des créanciers (2). Il faut même aller jusqu'à dire, avec la cour de Rouen (arrêt du 30 mars 1841), que l'actionnaire qui a omis de tou-

---

(1) Arrêt de la cour de Rouen du 14 novembre 1807, cassé le 14 février 1810. M. Duvergier admet aussi que les créanciers peuvent répéter les dividendes réels, si leur créance est antérieure à la distribution (n° 398).

(2) Le rapport de M. Mathieu constate que c'était l'opinion de la majorité des auteurs, qui suivaient en cela la tradition : Savary, l'un des commentateurs de l'ordonnance de 1673, n'admettait pas l'action en répétition des dividendes *réels*.

cher les dividendes échus est créancier de la société, et doit être traité comme s'il avait déposé le montant de ces dividendes en compte courant dans la caisse sociale.

CXXII. Au contraire, les créanciers pouvaient, avant la loi nouvelle, exiger le rapport des dividendes fictifs, *même perçus de bonne foi et d'après un inventaire régulier en la forme ;* car ces dividendes sont une partie du capital, qui doit toujours rester intact; si les actionnaires ont été de bonne foi, ils ont encore à se reprocher d'avoir choisi ou accepté un gérant inhabile ou malhonnête; les conséquences de cette faute doivent être supportées par eux plutôt que par les tiers, qui n'ont commis aucune faute. (Cass., 8 mai 1867. Paris, 29 août 1861.) Plusieurs cours exemptaient pourtant l'actionnaire de bonne foi de l'action en répétition. (Aix, 22 juillet 1862.) Mais la majorité des auteurs et la Cour de cassation décidaient que les dividendes fictifs devaient être rapportés, et consacraient ainsi une distinction fondamentale entre les dividendes réels et les dividendes fictifs. Cette distinction existe encore aujourd'hui, en ce sens que l'actionnaire *de mauvaise foi* peut être tenu de rapporter les dividendes fictifs (ci-dessus, n° CXVIII). Ce qui sépare le système actuel du système des lois antérieures (telles que la Cour suprême les interprétait), c'est qu'aujourd'hui le rapport ne peut plus être demandé qu'à l'actionnaire qui a reçu *sciemment* (1) des dividendes fictifs, tandis qu'autrefois

---

(1) C'est ce qui résulte des explications données, lors de la discussion de l'article 10, par M. Mathieu (rapporteur) sur une question posée par M. Ernest Picard.

l'actionnaire de bonne foi pouvait être également tenu de faire ce rapport.

— CXXIII. On le voit, il importe de bien distinguer les dividendes réels des dividendes fictifs. Voici un cas où cette distinction sera délicate. Supposons que l'inventaire d'une société constate une perte importante, telle que la réserve ne puisse suffire à la combler ; en un mot, supposons que le capital social se trouve entamé à l'époque d'un inventaire annuel ; si l'année suivante les opérations sociales produisent des bénéfices, pourra-t-on les distribuer avant d'avoir reconstitué le capital ? Assurément, il sera toujours prudent d'opérer avant tout cette reconstitution du capital, et même de l'exiger par une clause formelle des statuts. Mais, d'un autre côté, dans les sociétés par actions, qui réunissent des capitaux nombreux, il peut être fort dur de refuser pendant plusieurs années toute espèce de répartition aux commanditaires. Il est entendu que, l'année où la perte s'est produite, aucun dividende ne pourrait être régulièrement donné, puisque, suivant une expression consacrée, l'exercice se solde en perte. La question que nous soulevons est celle de savoir si cette perte doit influer sur les exercices suivants, au point d'absorber tous les bénéfices de l'entreprise jusqu'à la reconstitution entière du capital. Il nous semble que cette décision serait à la fois trop rigoureuse et trop absolue. Les dividendes sont des bénéfices annuels, périodiques ; chaque inventaire est une liquidation partielle (ci-dess. n° CXXI) ; si un exercice se solde en perte, le capital social se trouve réduit dans une certaine mesure ; on pourra, sans violer la loi, ne porter au passif de l'inventaire suivant que le capital ainsi réduit; et si cet inventaire est fait sérieusement et consciencieusement, il sera possible de distribuer un dividende. Dira-t-on que le capital social est le gage des tiers, qu'il ne peut être entamé jusqu'à la liquidation définitive ? Cet argument prouverait trop, car il conduirait à dire que les dividendes réels doivent être rapportés en cas de perte. D'ailleurs le capital social est bien, dans l'espèce, resté la garantie des tiers; s'il est aujourd'hui diminué, il ne l'est pas au profit des actionnaires qui n'ont rien repris de leur mise; son chiffre est réduit, parce qu'il a servi en partie à payer les créanciers de la société, à solder les pertes d'un exercice désastreux; le surplus est laissé intact, et les tiers ne peuvent rien exiger au delà, car ils ont dû prévoir le cas où la société éprouverait des revers et subirait des pertes. En conséquence, si de bons principes financiers doivent conduire à la reconstitution du capital, nous croyons qu'aucune règle juridique ne s'oppose à ce que cette reconstitution ait lieu successivement par prélèvements sur les bénéfices, dont une partie peut être distribuée aux actionnaires chaque fois qu'un exercice *pris isolément* présente des bénéfices résultant d'un inventaire loyal et sincère.

CXXIV. Un dernier point nous reste à examiner : la clause des statuts qui stipule que les actionnaires recevront un intérêt annuel sur le montant de leur mise est-elle valable, et quel en est l'effet? Cette clause peut se présenter de différentes manières.

Si les statuts portent que l'intérêt sera prélevé sur les bénéfices nets, il aura certainement le caractère de dividende, il ne pourra être exigé en l'absence de bénéfices; et s'il a été distribué indûment (1), il sera sujet à répétition.

Il en est de même, suivant nous, si les statuts stipulent simplement que l'intérêt à 5 ou à 6 pour cent sera distribué chaque année. L'effet de cette clause est de permettre la distribution des intérêts avant le prélèvement de la part des bénéfices attribuée presque toujours au gérant (2); l'intérêt devient une charge de la société, en ce sens que la part du gérant ne se prélèvera qu'après qu'il aura été déduit des bénéfices mais il conserve le caractère de dividende en ce qui touche l'application de l'article 10.

Enfin les statuts pourraient ordonner que l'intérêt sera payé dans tous les cas, *et bien que la société soit en perte*. L'opinion générale est qu'une telle clause est valable, sous la condition d'être publiée (3); et, en effet, dès qu'elle est connue des tiers, elle ne peut leur nuire, car ils doivent considérer l'intérêt dû aux actionnaires comme une dette de la société, comme une charge obligatoire dont ils ont à tenir compte lorsqu'ils traitent avec le gérant. Au fond, une telle clause est exorbitante, puisqu'elle transforme à peu près les commanditaires en prêteurs investis d'un droit de créance contre

---

(1) Indûment, c'est-à-dire en l'absence d'inventaire ou en dehors des résultats constatés par l'inventaire. (Art. 10.)

(2) Trib. comm., Seine, 27 oct. 1858.

(3) La Cour de cassation n'exige pas même que la clause dont il s'agit soit publiée. Nous croyons, au contraire, qu'elle doit être insérée dans l'extrait prescrit par l'article 56 de la loi du 24 juillet : l'énumération des articles 57 et 58 n'est pas limitative. (Ci-dessous, n° CLXXI in fin.) Suivant nous, l'extrait doit contenir une mention de toutes les clauses dérogatoires au droit commun, et sur lesquelles les tiers ne doivent pas compter si elles ne sont pas portées à leur connaissance.

la société (1). C'est pour cela que nous ne la présumons pas, et que, lorsque les statuts disent simplement qu'un intérêt sera payé, nous les interprétons en ce sens que l'intérêt sera pris sur les bénéfices avant le calcul de la part réservée au gérant.

5° *De la convocation de l'assemblée générale.*

CXXV. Revenons maintenant aux attributions du conseil de surveillance, dont la question des dividendes nous a quelque peu éloigné.

L'article 11 en indique deux : « Le conseil de sur- » veillance, dit-il, peut convoquer l'assemblée géné- » rale, et, conformément à son avis, provoquer la » dissolution de la société. »

L'assemblée générale peut toujours être convoquée par le gérant, s'il a quelque difficulté à lui soumettre. La loi consacre le même droit au profit du conseil de surveillance : si quelque conflit s'élève entre lui et le gérant, il faut bien que les intéressés soient appelés à décider. L'assemblée étant convoquée, la délibération s'ouvre sur les propositions du conseil de surveillance portées à l'ordre du jour; dans le silence des statuts, chaque membre de l'assemblée pourrait lui soumettre aussi certaines questions, même sans les avoir fait mettre à l'ordre du jour. De là une certaine confusion qui peut se produire dans les assemblées, et que les statuts feront bien de prévoir et d'empêcher en exi-

---

(1) Le commanditaire diffère toujours d'un prêteur, en ce sens qu'il a un droit éventuel aux bénéfices; si ce droit n'existait pas, il n'aurait pas la qualité d'associé; ce serait un prêteur dans le sens propre du mot.

geant, pour qu'une proposition puisse être mise en délibération, qu'elle émane d'un certain nombre d'actionnaires, ou que ses signataires représentent une fraction déterminée du capital social.

6° De l'action en dissolution de la société.

CXXVI. La loi de 1856 donnait purement et simplement au conseil de surveillance le pouvoir de « provo» quer la dissolution de la société » (art. 9). Ce texte n'était pas parfaitement clair : entendait-il donner à l'assemblée convoquée par le conseil le droit de prononcer la dissolution sans recourir à la justice, ou bien ne faisait-il que consacrer pour le conseil le droit de provoquer une décision de l'assemblée? D'un autre côté, le conseil de surveillance pouvait-il agir sans consulter l'assemblée générale des actionnaires? Ces questions étaient diversement résolues.

La loi de 1867 fait cesser tous les doutes : l'assemblée générale ne peut prononcer *de plano* la dissolution, à moins que les statuts ne lui aient conféré expressément ce droit; elle ne le peut pas, car elle ne représente que l'intérêt des commanditaires, et sa décision ne peut faire la loi du gérant. L'article 11 ne permet pas davantage au conseil de surveillance d'agir *directement* et de sa propre autorité en justice pour obtenir la dissolution; il l'autorise à réunir l'assemblée générale, et, *conformément à son avis,* à provoquer la dissolution, c'est-à-dire à la faire prononcer en justice.

CXXVII. Au reste, l'article 1871 du Code Napoléon peut toujours recevoir ici son application : les membres du conseil de surveillance ne peuvent se présenter en cette qualité qu'en vertu d'une délibération de l'assemblée; mais chacun d'eux individuellement, de même que chaque actionnaire, reste le maître de demander à ses risques la dissolution anticipée, malgré l'avis contraire de l'assemblée.

Celle-ci n'a un pouvoir absolu qu'en ce qui concerne les actes d'administration; lorsqu'il s'agit de modifier les bases du contrat, par exemple, de diminuer la durée de la société, elle ne peut qu'émettre des avis; car il est de principe qu'un contrat ne peut être changé sans le consentement de toutes les parties. Toutefois, si les statuts donnaient à l'assemblée le pouvoir de prendre une décision souveraine sur les choses mêmes qui ne rentrent pas dans l'administration, ils devraient être respectés : dans ce cas, l'assemblée délibérerait en vertu des statuts, et ne ferait qu'exécuter le contrat au lieu de le modifier.

§ III. — *De la responsabilité des membres du conseil de surveillance.*

CXXVIII. Les règles de la loi de 1856 sur la responsabilité des conseils de surveillance étaient vagues et incomplètes; elles prêtaient à des interprétations diverses, et les cours impériales n'avaient pu parvenir à s'accorder sur leur véritable sens. Cependant, d'après l'opinion qui semblait prévaloir, les membres des conseils de surveillance étaient soumis à une double responsabilité, résultant du droit commun et de la loi spéciale. La loi du 24 juillet est venue consacrer définitivement cette doctrine, parfaitement conforme d'ailleurs aux principes; ses articles 8 et 9 s'occupent de la responsabilité qu'encourent les membres du conseil de surveillance, soit à raison de l'annulation de la société, soit à raison de la négligence qu'ils apportent dans l'exécution de leur mandat.

CXXIX. Nous savons qu'aussitôt la constitution de la société, l'assemblée générale doit nommer un conseil de surveillance, et que ce conseil doit vérifier immédiatement si toutes les conditions exigées par la loi ont été remplies (art. 6). L'article 8 contient la sanction de cette obligation : lorsque la société est annulée comme constituée en dehors des conditions prescrites par les articles 1 à 5, « les membres du *premier* » conseil de surveillance *peuvent* être déclarés respon- » sables, avec le gérant, du dommage résultant pour » la société ou pour les tiers de l'annulation de la so- » ciété ». D'après la loi de 1856, la responsabilité dont il s'agit atteignait les membres des conseils de surveil- lance successifs, à l'égard du moins des opérations postérieures à leur nomination; de plus, il y avait soli- darité entre le gérant et le conseil de surveillance. La loi nouvelle corrige ce que cette disposition avait d'ex- cessif : elle supprime la solidarité, et restreint la res- ponsabilité au dommage causé; enfin, par une consé- quence logique et équitable, elle n'applique cette responsabilité qu'au *premier* conseil de surveillance. Rien n'est plus juste : c'est à ce conseil que la loi confie le soin de veiller à l'accomplissement des formalités qu'elle prescrit; c'est à lui qu'elle impose le devoir de signaler les irrégularités qui auraient pu se produire, et d'arrêter dès le début la marche d'une société dont la constitution est entachée de nullité. Quant aux

autres conseils de surveillance, ils ne doivent pas être
responsables, car ils « doivent supposer, par cela
» même que la société vit et fonctionne, que les con-
» ditions de sa vie légale ont été complétement obser-
» vées » (1).

CXXX. La responsabilité des membres du conseil
de surveillance, soit à raison de l'annulation de la
société, soit à raison de leur négligence au cours de la
société, est de tout point conforme aux principes. Le
droit commun, en effet, soumet toute personne à la
réparation du préjudice qu'elle cause à autrui (art. 1382
C. N.); il consacre la responsabilité du mandataire envers le mandant, de l'associé envers la société (art. 1992
et 1850 C. N.). Les principes généraux suffiraient donc
pour déclarer les conseils de surveillance responsables
de leurs fautes. La loi a bien fait pourtant de s'expliquer comme elle l'a fait : depuis 1856, les membres
des conseils de surveillance répudiaient le titre de
mandataires; ils se prétendaient investis d'une fonction
publique régie par la loi spéciale et excluant l'application du droit commun; certains arrêts avaient admis
cette prétention. C'est pour l'écarter que notre article 8
a été inséré dans la loi; sa formule claire et celle plus
précise encore de l'article 9 montrent jusqu'à l'évidence
que le législateur considère les membres des conseils de
surveillance comme des mandataires, et qu'il entend
leur appliquer les principes du mandat et les autres
règles du droit commun. (Art. 1850 et 1382 C. N.)

---

(1) Rapport de la commission législative.

CXXXI. L'article 8 ne peut être appliqué que si la société a été annulée; tant que la nullité n'en a été ni prononcée ni demandée, la responsabilité qu'il édicte n'est pas encourue. Elle l'est, au contraire, lorsque la société a été annulée, alors même qu'elle l'a été pour une cause autre que celle sur laquelle repose l'action en responsabilité. Le conseil de surveillance n'obtiendrait pas gain de cause si, par exemple, la nullité avait été prononcée déjà pour défaut de publicité, bien qu'elle ne puisse plus l'être pour cause d'irrégularité de constitution; alors le tribunal appliquerait l'article 8, en se fondant sur l'inaccomplissement des conditions prescrites par la loi, sans avoir besoin de prononcer de nouveau une nullité déjà judiciairement constatée. (Rej., 12 av. 1864.)

Du reste, la société étant annulée, le conseil de surveillance n'est pas nécessairement déclaré responsable; c'est aux tribunaux que le législateur laisse le soin d'apprécier, suivant les circonstances, s'il doit l'être et dans quelle mesure. Et d'abord, la responsabilité suppose qu'un dommage est résulté de l'annulation de la société; l'intérêt du demandeur est toujours nécessaire pour que son action soit recevable. La société, les tiers ou les actionnaires qui poursuivent les membres du conseil de surveillance doivent donc prouver que leur négligence les a lésés. En conséquence, si la ruine de la société ne résulte pas de l'inaccomplissement des formalités légales, mais bien d'autres circonstances, telles que les dilapidations du gérant, l'action en responsabilité n'est pas recevable. (Rej., 23 août 1864.) Elle ne l'est pas non plus lorsqu'elle est intentée par un actionnaire qui est lui-même en faute, comme celui qui a stipulé que ses actions seraient payées en travaux, sans faire approuver son apport par l'assemblée générale. Celui qui, dans ces circonstances, aurait été condamné au payement en espèces des actions par lui souscrites ne pourrait faire supporter au conseil de surveillance aucune partie de la condamnation. (Rej., 6 août 1862.)

Ainsi, la responsabilité de l'article 8 n'a lieu que si la société a été annulée et si cette annulation a causé un préjudice; encore les tribunaux ne la prononcent-ils qu'après avoir constaté que le conseil de surveillance n'a pas rempli consciencieusement sa mission, que, par exemple, il a négligé de vérifier l'état des souscriptions, de veiller à ce que le versement du quart soit effectué sur chaque action et à ce que les avantages particuliers soient approuvés par l'assemblée générale. A cet égard, la jurisprudence antérieure à la loi de 1807 est susceptible de recevoir encore de nombreuses applications (1).

CXXXII. L'article 8 ayant laissé aux tribunaux un large pouvoir d'appréciation, il faut en conclure que la responsabilité pourra être admise plus ou moins sévèrement suivant les cas; on recherchera en fait si tout le dommage dont se plaint le demandeur provient bien de l'annulation de la société et de la négligence du conseil de surveillance; on examinera si ce conseil a participé à la fraude du gérant, s'il l'a connue sans y prendre une part active, ou si, étant de bonne foi, il a simplement omis les vérifications que la loi lui impo-

---

(1) Un grand nombre d'arrêts appliquant le principe de responsabilité d'après les circonstances s'accordent à reconnaître que cette application est purement facultative pour les tribunaux. (Rej., 21 av. 1861, 12 av. 1861; cass., 11 mai 1863.)

sait. On pourra même prononcer des condamnations diverses contre chacun des membres du conseil; car les uns peuvent être de bonne foi, tandis que les autres sont coupables de dol. La responsabilité étant facultative, les juges ont à apprécier dans quelles limites il convient de l'appliquer à chacun. La loi de 1867, en effet, n'admet plus le principe de la solidarité entre les membres du conseil et le gérant; chacun est tenu à raison de ses fautes personnelles. (Art. 9.) Toutefois, bien que la solidarité ne se présume pas (art. 1202 C. N.), la jurisprudence admet que les membres du conseil de surveillance peuvent être condamnés *in solidum* à raison d'un quasi-délit commis dans l'exercice de leur mandat (1). (Cass., 29 déc. 1852.)

Enfin, en cas de condamnation, les membres du conseil de surveillance ont un recours contre le gérant. C'est celui-ci qui doit remplir les formalités prescrites, c'est lui surtout qui est en faute. La responsabilité des membres du conseil est une garantie pour les tiers, mais elle n'empêche pas leur recours contre le gérant, qui est en définitive l'auteur principal des irrégularités pour lesquelles la société est annulée.

CXXXIII. Aux termes de l'article 8, ce n'est pas seulement le conseil de surveillance qui est responsable du préjudice résultant pour les tiers ou pour les actionnaires de la nullité de la société. « La même responsa» bilité *peut* être prononcée contre ceux des associés » dont les apports ou les avantages n'auraient pas été » vérifiés et approuvés conformément à l'article 4 ci-

---

(1) C'est l'application d'une doctrine qui, au point de vue de la solidarité, assimile les quasi-délits aux délits. (Art. 55 Cod. pén.)

» dessus. » Cette disposition est plus rationnelle que celle de la loi de 1856, à laquelle elle est empruntée. La loi de 1856 prononçait la responsabilité contre les *fondateurs* qui font un apport en nature ou qui stipulent des avantages particuliers. La loi nouvelle a raison de ne pas distinguer les fondateurs des autres associés et de faire dépendre la responsabilité de cette circonstance que l'apport n'aura pas été vérifié ou les avantages approuvés. Si les conditions de l'article 4 ont été remplies, pourquoi soupçonner et punir ceux qui ont fait approuver leur apport ou les avantages par eux stipulés? Dans le cas contraire, pourquoi distinguer les fondateurs des autres associés qui ont également violé l'article 4?

Remarquons que les associés dont il s'agit n'auraient, à la différence des membres du conseil de surveillance, aucun recours à exercer contre le gérant. Ils sont coupables de ne pas avoir réclamé une délibération de l'assemblée générale; si quelque dommage est causé par leur faute, ils doivent le supporter, et le supporter définitivement.

— CXXXIV. Occupons-nous maintenant, avec l'article 9, de la responsabilité générale que les membres du conseil de surveillance peuvent encourir après que la société est régulièrement constituée.

L'article 9 porte d'abord que « les membres du con-
» seil de surveillance n'encourent aucune responsabilité
» en raison des actes de la gestion et de leurs résultats ».
Il importe de ne pas se méprendre sur le sens de cette disposition; elle ne signifie pas que les membres du conseil qui se seront immiscés dans la gestion ne seront pas soumis, comme les autres actionnaires, aux règles

des articles 27 et 28 du Code de commerce. (Voir ci-dessus, n° XXXI et suiv.) Non : la ligne de démarcation établie par ces articles entre les commanditaires et les associés en nom subsiste tout entière. L'immixtion entraîne pour les membres du conseil de surveillance, comme pour les autres commanditaires, la déchéance prononcée par l'article 28. La loi nouvelle ne change rien à cela; ce qu'elle veut, c'est que les fonctions de membre du conseil puissent être acceptées sans crainte par celui qui compte les remplir honnêtement; elle déclare simplement que, si la surveillance a été sincèrement et sérieusement exercée, les membres du conseil ne peuvent être poursuivis à raison des actes du gérant qui auraient mal réussi. Il ne faut donc pas prendre le texte trop à la lettre, car il conduirait à dire que la responsabilité n'aura jamais lieu, et nous allons voir dans le second paragraphe de notre article que cette responsabilité est très-sérieuse toutes les fois qu'une faute a été commise.

D'ailleurs, il faut se rappeler que, suivant ce que nous avons dit au chapitre II, les actes d'immixtion sont ceux seulement qui mettent le commanditaire en rapport avec les tiers. Par suite, le conseil de surveillance peut, sans encourir la peine de l'immixtion, remplacer provisoirement le gérant démissionnaire ou révoqué par un autre gérant qui, traitant seul avec les tiers, sera seul aussi responsable personnellement et *in infinitum*. (Cass., 30 avril 1862.) Dès qu'ils s'abstiennent de tout acte de gestion proprement dite, les membres du conseil de surveillance peuvent invoquer l'article 9; ils ne répondent que de leurs fautes.

CXXXV. En effet, le second paragraphe de l'ar-

ticle 9 est ainsi conçu : « Chaque membre du conseil
» de surveillance est responsable de ses fautes *person-*
» *nelles* dans l'exécution de son mandat, conformé-
» ment aux règles du droit commun. » Il contient un
changement très-remarquable de la loi antérieure ; il
importe de bien se rendre compte de la portée de cette
modification.

La loi de 1856 déclarait responsable, *solidairement
avec le gérant,* tout membre du conseil qui a laissé
commettre *sciemment* dans les inventaires des inexactitudes graves, préjudiciables à la société ou aux tiers ;
ainsi que celui qui a, *en connaissance de cause,* consenti à la distribution de dividendes non justifiés par
des inventaires sincères et réguliers. Cette règle n'avait
pas été admise sans difficulté : personne, disait-on
pour la repousser, ne voudra accepter les fonctions de
membre du conseil avec une pareille responsabilité. Et
pourtant, prise à la lettre, cette loi de 1856 contenait
une faveur exceptionnelle pour les conseils de surveillance : elle adoucissait le droit commun, pardonnait à
l'ignorance, excusait l'incurie, ne punissait que le dol
et la fraude, tandis que les principes généraux assimi-
lent, quant à la réparation civile, la simple faute au
dol. (Art. 1382, 1850, 1992 C. N.) Mais heureusement la loi de 1856 n'était pas complète, elle ne s'oc-
cupait pas de toutes les fautes possibles de la part des
conseils de surveillance ; et cette lacune servit à la
jurisprudence à éluder l'application de la loi spéciale
au profit du droit commun. Il y a, disait la cour de
cassation (1), des règles particulières relativement à la
double obligation de veiller à la sincérité des inven-

____

(1) Arrêt du 12 avril 1864.

taires et à la réalité des dividendes distribués; quant aux autres obligations du conseil de surveillance, elles doivent être régies d'après les principes généraux. Si donc le rapport annuel n'a pas été fait, si la vérification des livres et du portefeuille n'a pas eu lieu, le conseil est en faute, il a failli à ses devoirs de mandataire, et la responsabilité est encourue en vertu de l'article 1992 C. N. Ainsi se trouvait éludée la loi de 1856; car la jurisprudence, en exigeant un rapport annuel et la vérification des livres, imposait au conseil de surveillance l'obligation de connaître, de découvrir les fraudes du gérant. On arrivait toujours à ce dilemme : ou le rapport annuel et les vérifications prescrites ont eu lieu, et alors le conseil de surveillance a dû connaître les inexactitudes des inventaires et le caractère fictif des dividendes distribués, ce qui permet d'appliquer la loi spéciale; ou le rapport a été omis et les vérifications ont été mal faites, et alors le droit commun reprend son empire.

Telle était la doctrine à laquelle la cour de cassation s'était rattachée en dernier lieu; mais, il faut en convenir, un grand nombre d'arrêts avaient auparavant interprété plus littéralement la loi de 1856 (1), et refusé d'appliquer la responsabilité des conseils de surveillance, en exigeant rigoureusement la preuve qu'ils avaient agi *sciemment, en connaissance de cause.*

CXXXVI. La commission du Corps législatif voulut faire cesser toutes les incertitudes; elle pensa que la responsabilité des conseils de surveillance devait être sinon aggravée, du moins rendue plus efficace; et elle proposa de supprimer les mots *sciemment, en con-*

____

(1, Paris, 15 juill. 1862; Rej., ch. des req., 21 déc. 1863, etc.

naissance de cause, afin qu'il suffît désormais de prouver la faute pour obtenir une condamnation. Le conseil d'État ayant repoussé la rédaction proposée, qui aggravait à ses yeux la position des membres des conseils de surveillance, une transaction intervint : on convint de ne plus exiger la preuve que les membres du conseil avaient agi sciemment, mais en revanche on supprima la solidarité que le projet primitif avait maintenue entre eux et le gérant. Cette transaction est, au fond, avantageuse pour les tiers; car, s'ils n'ont plus la garantie résultant de la solidarité, ils peuvent obtenir plus facilement une juste réparation, puisqu'il leur suffit de prouver la faute du défendeur pour obtenir gain de cause. En même temps, la position des membres du conseil de surveillance se trouve aggravée; leur responsabilité s'étend non-seulement aux actes punis par la loi de 1856, mais à d'autres actes moins graves qui, sans tomber sous l'application de cette loi, sont néanmoins répréhensibles d'après les règles du droit commun.

CXXXVII. Il faut tenir compte ici de certains principes que nous avons posés (n° CXXXI et suiv.) relativement à la responsabilité encourue par le premier conseil de surveillance en cas d'annulation de la société (1).

La responsabilité de l'article 9, comme celle de l'article 8, suppose l'existence d'une faute et d'un préju-

____

(1) Ainsi, dans l'un et l'autre cas, l'action appartient aussi bien aux commanditaires lésés qu'aux créanciers de la société. (Ci-dess., n° CXXXI.) Ainsi encore, les membres du conseil de surveillance ont un recours contre le gérant, à moins qu'ils ne soient ses complices. (Ci-dess., n° CXXXII *in fin.*)

dice ; les tribunaux reconnaîtront facilement s'il y a ou non préjudice causé. La question de faute sera toujours plus incertaine et plus délicate, elle devra être résolue d'après les circonstances. Ainsi, l'exagération du prix des marchandises dans les inventaires ou dans un état de situation dressé par le gérant n'entraînera aucune responsabilité pour le conseil de surveillance, si elle a été assez habilement déguisée pour échapper à toutes les vérifications. (Cass., 28 novembre 1860.) Au contraire, le conseil de surveillance serait responsable s'il avait laissé porter aux inventaires, comme élément de l'actif, des créances irrecouvrables ou mauvaises, en admettant du moins qu'une vérification loyale aurait dû amener la découverte de cette fraude. (Lyon, 8 juin 1861.) Et, très-certainement, dans tous les cas où la fraude aurait pu être constatée par un examen attentif des livres ou des inventaires, les membres du conseil de surveillance ne pourraient éviter une condamnation en prétendant qu'ils n'ont fait aucune vérification, ni même en alléguant qu'ils n'ont pu en faire à cause de leurs autres occupations. (Caen, 16 août 1864.) On ne doit pas se charger d'une tâche qu'on ne veut ou ne peut remplir; les fonctions du conseil de surveillance sont sérieuses; celui qui les accepte est en faute s'il néglige de les exercer, ou s'il s'en charge alors qu'il reconnaît qu'elles sont au-dessus de ses forces.

En résumé, on ne peut guère résoudre la question de responsabilité qu'en fait; c'est d'après les circonstances qu'il convient de décider s'il y a eu une faute répréhensible, et si cette faute a causé un dommage à quelqu'un (1).

____

(1) Mais, à la différence de ce qui a lieu dans le cas de l'article 8, si la faute est reconnue et le dommage constaté, la responsabilité

CXXXVIII. Le principe de la responsabilité étant admis, dans quelle mesure convient-il de l'appliquer? D'abord, l'article 9 porte que chaque membre du conseil répond de ses fautes personnelles, ce qui exclut à première vue toute idée de solidarité; mais, comme il se réfère ensuite au droit commun, il faut appliquer ici ce que nous avons dit plus haut (n° CXXXII), à savoir, que la condamnation prononcée contre plusieurs membres du conseil peut l'être *in solidum*, par application ou plutôt par extension de l'article 55 du Code pénal (1).

De plus, notons-le bien, la responsabilité des membres du conseil de surveillance ne s'étend pas à toutes les pertes que la société a pu éprouver; il faut la restreindre au dommage causé, c'est-à-dire à celui qui est la suite directe de la faute commise. Si la société a été ruinée par suite de circonstances fortuites, si sa ruine est indépendante de la négligence du conseil à remplir sa mission, la responsabilité n'a pas lieu, car l'article 9 ne prononce pas une peine proprement dite, il ne fait qu'exiger la réparation par les membres du conseil du préjudice causé par leur faute et leur négligence.

La loi de 1867, comme celle de 1856, se borne à poser le principe de la responsabilité, sans en déterminer l'étendue : il convient dès lors, conformément

---

n'est pas facultative; les tribunaux *doivent* la prononcer, sauf à en déterminer l'étendue d'après les faits sur lesquels s'appuie le demandeur.

(1) Il est bien entendu que cette solidarité est quelque chose d'exceptionnel, et qu'on ne l'appliquera que si le fait reproché au conseil de surveillance constitue un quasi-délit. (Conf. Dalloz., *Répert. alphab.*, v° *Oblig.*, n° 1483 et suiv.)

à l'équité, de proportionner la condamnation à la faute commise et aux pertes qui en ont été la conséquence. C'est ainsi qu'il a été jugé par la Cour de cassation (arrêt du 15 janvier 1862) que, dans le cas où des dividendes fictifs ont été distribués, le conseil de surveillance peut être simplement condamné à la restitution de ces dividendes, qu'il aurait dû empêcher de répartir entre les actionnaires. Il est impossible en effet d'assimiler les membres du conseil de surveillance au gérant, et de les déclarer tenus de toutes les dettes sociales; une telle sévérité rendrait inacceptables les fonctions de membre du conseil, et arrêterait d'une façon regrettable le développement de la commandite. Il faut donc apprécier la responsabilité avec justice et modération; si les membres du conseil ont accompli leur mission avec soin et loyalement, ils n'ont rien à craindre; s'ils ont une faute à se reprocher, l'équité veut qu'ils la réparent, mais elle exige aussi qu'on ne leur demande rien au delà de cette réparation.

CXXXIX. Enfin, comme chaque membre du conseil ne répond que de ses fautes *personnelles*, il pourra arriver que des condamnations diverses soient prononcées (Lyon, 8 juin 1864), ou même que certains membres du conseil soient déclarés absolument irresponsables. Supposons que le rapport annuel ait conclu à la distribution du dividende proposé par le gérant, tout en constatant l'opposition de quelques-uns des membres du conseil de surveillance. Si plus tard il est reconnu que la minorité avait raison, que le dividende distribué était un dividende fictif, il est évident que la responsabilité ne sera encourue que par ceux qui ont complaisamment consenti à la répartition proposée par le gérant; ceux qui ont consciencieusement rempli leur devoir en protestant contre l'opinion de la majorité n'étant pas en faute, ne pourront être condamnés.

Du reste, dans l'hypothèse précédente, la majorité du conseil ne pourrait se prétendre déchargée de toute responsabilité par le vote conforme à son rapport que l'assemblée générale aurait émis. Le rapport est le seul élément que les actionnaires aient entre les mains pour contrôler l'exactitude des inventaires; s'il approuve toutes les propositions du gérant, bien qu'elles soient mal fondées, le vote de l'assemblée, n'étant pas émis en connaissance de cause, ne peut avoir pour effet d'effacer la responsabilité du conseil de surveillance, d'autant plus que cette responsabilité a pour but de protéger non-seulement les actionnaires qui peuvent assister à l'assemblée, mais encore et surtout les tiers qui n'ont pas qualité pour prendre part au vote.

— CXL. Terminons par une observation commune aux articles 8 et 9 : aucune règle spéciale n'étant établie quant à la durée de l'action en responsabilité qui peut être intentée soit contre les membres du conseil de surveillance, soit contre les associés qui ont négligé de faire vérifier leurs apports ou apprécier leurs avantages particuliers par l'assemblée générale, cette action dure trente ans en principe. Mais, une fois la société dissoute, il faut lui appliquer la prescription quinquennale créée par l'article 64 du Code de commerce en faveur des associés non liquidateurs, en tenant compte, bien entendu, de ce que, comme nous l'avons dit (ci-dessus, n° XLVII), cette prescription n'a pas lieu entre associés.

SECTION III.

SANCTIONS CIVILES ET PÉNALES DE LA LOI DU 24 JUILLET 1867.

§ 1er. — *Sanctions civiles.*

CXLI. Nous venons d'étudier l'une des sanctions civiles de la loi de 1867, celle qui consiste dans la responsabilité de certaines personnes, soit dans le cas où la société ne s'est pas constituée régulièrement (art. 8), soit dans celui où les membres du conseil de surveillance n'ont pas rempli loyalement et avec soin la mission qui leur est confiée (art. 9).

L'article 7 établit une autre sanction fort grave. Il est ainsi conçu : « Est nulle et de nul effet, *à l'égard » des intéressés,* toute société en commandite par actions » constituée contrairement aux prescriptions des ar- » ticles 1, 2, 3, 4 et 5 de la présente loi.

» Cette nullité ne peut être opposée aux tiers par les » associés. »

CXLII. Ainsi, si le capital n'a pas été souscrit intégralement, si le quart du montant de chaque action n'a pas été versé, si le gérant n'a pas déclaré dans un acte notarié que ces conditions ont été remplies, si l'estimation des apports et l'approbation des avantages particuliers n'ont pas été soumises à l'assemblée générale, si celle-ci n'a pas été réunie deux fois, si la seconde réunion n'a pas été précédée de l'impression du rapport dans le délai prescrit par l'article 4, si les conditions de vote exigées par cet article n'ont pas été rem-

plies, la société est nulle. Elle l'est encore si le taux
des actions se trouve inférieur au minimum de l'article 1er, si les statuts permettent de les négocier avant
le versement du quart, ou de leur donner la forme au
porteur avant le versement de moitié, enfin si un conseil de surveillance n'a pas été nommé aussitôt la constitution de la société, conformément à l'article 5.

Cette nullité, que la loi de 1856 prononçait dans les
mêmes termes, est une nullité *d'ordre public*, car les
prescriptions de la loi reposent sur un motif tiré de
l'intérêt général. Concluons-en qu'elle ne peut être
ni prescrite ni couverte par une ratification résultant,
par exemple, de l'exécution du contrat : cette exécution ne pourrait être opposée comme une fin de non-
recevoir à l'action en nullité, qui est établie à la fois
dans l'intérêt des associés et dans l'intérêt des tiers.
(Paris, 16 mars 1852.)

CXLIII. La nullité peut en effet être demandée par
toute personne intéressée, par les actionnaires aussi
bien que par les créanciers de la société; elle peut
l'être même par le gérant, sauf à lui à subir la responsabilité de ses actes. (Cass., 3 juin 1863). Tout associé
peut donc la faire prononcer et l'opposer à ses coassociés; l'un des gérants a le droit de l'opposer à son
cogérant (1); à plus forte raison les tiers peuvent s'en
prévaloir contre les associés. Mais, à l'inverse, ceux-ci
ne peuvent opposer la nullité aux tiers, car ils sont
coupables, et les tiers ne le sont pas (2).

---

(1) Un arrêt de la cour d'Agen du 17 janvier 1861 avait jugé en
sens contraire. Il a été cassé à bon droit : la nullité de l'article 7
est d'ordre public.

(2) Il a été jugé que la nullité pour défaut de versement du quart

CXLIV. La cour de cassation a eu à se prononcer, il y a quelques années, sur une question fort intéressante, et dont la solution nous amène à constater les effets de la nullité. Il s'agissait de savoir si, une fois la société dissoute, la nullité pouvait encore être demandée pour violation des règles relatives à la constitution des commandites par actions, pour défaut de souscription de tout le capital social ou de versement du quart. La cour de cassation a résolu cette question affirmativement (arrêt du 3 juin 1862), en se fondant avec raison sur les conséquences différentes de la dissolution et de la nullité.

Quelle est donc la différence, signalée par la cour, entre une société *nulle* et une société *dissoute?* Elle est bien simple : la société dissoute a existé réellement, et dès lors elle doit être liquidée en tenant compte de la convention des parties, qui sert de base à la formation de la masse et au partage. Au contraire, la société nulle n'a point d'existence légale; si elle n'a pas fonctionné, chacun des contractants restera dans sa position, conservera son apport, et bien évidemment il n'y aura ni pertes ni bénéfices à partager; si elle a fonctionné en fait, c'est d'après les circonstances, non d'après l'acte de société, que devront être déterminés les droits de chacun.

CXLV. Voyons donc, en supposant une société annulée après avoir subsisté en fait pendant quelque

---

ne peut être opposée aux créanciers, en tant que le montant des souscriptions est indispensable pour les désintéresser, et qu'un associé ne peut se dispenser de verser sa mise, en alléguant que d'autres n'ont pas versé en espèces le quart du montant de leurs actions. (Paris, 16 janv. 1862.)

temps, ce qui se passera lors de la liquidation. La société n'ayant pas existé légalement, n'a pu produire aucun effet. Seulement, en fait, elle a été remplacée par une communauté d'intérêts qu'il s'agit de préciser : s'il y a eu des pertes subies ou des bénéfices réalisés, la répartition se fera entre les associés d'après les statuts, non pas parce que le contrat est valable, mais parce qu'il est naturel de régler les droits des parties d'après leur intention probable, et que cette intention a dû être de s'en référer au pacte social, puisqu'on l'a exécuté malgré la nullité qui le viciait. (Cass., 7 fév. 1865.) Cette solution n'est guère contestable : la difficulté commence lorsqu'il s'agit de décider si les apports sont devenus communs ou restés propres. La cour de cassation (arrêt du 19 mars 1862) a admis qu'ils étaient communs et devaient être compris dans le partage, mais en ayant soin de se fonder sur l'intention présumée des parties. Nous croyons que c'est, en effet, uniquement à cette intention qu'il faut s'attacher ; le contrat de société, nul *ab initio,* ne peut avoir eu pour effet de transférer la propriété des apports ; les juges auront à rechercher, d'après les circonstances, si l'indivision a eu une durée suffisante pour impliquer l'intention de transférer la propriété, et de mettre au risque de tous les apports promis dans le contrat. Tout se réduit à une question de fait, comme on le voit ; et il faut observer que les tribunaux devront appliquer l'acte de société avec plus de réserve lorsqu'il s'agira des apports que quand il n'y aura à régler que le partage des pertes et des bénéfices ; on conçoit que l'intention de transférer la propriété ne puisse pas être présumée légèrement.

En résumé, la nullité prononcée a un effet absolu pour tous les actes postérieurs à la demande. Quant à ceux qui l'ont précédée, les conséquences doivent en être réglées suivant l'équité, c'est-à-dire en se conformant à l'intention probable des parties.

§ II. — *Sanctions pénales.*

CXLVI. Les articles 13, 14 et 15 prévoient et punissent un certain nombre de faits dont les uns étaient déjà réprimés par la loi de 1856, tandis que les autres ont été introduits pour la première fois dans la loi nouvelle. L'article 463 du Code pénal (1), relatif aux circonstances atténuantes, est applicable à tous les délits dont il s'agit. (Art. 16, loi de 1867.) Avant d'entrer dans le détail des faits prévus par les articles 13 à 15, nous devons signaler une disposition qui a été insérée dans la loi pour faire cesser une controverse qui s'était élevée au sujet de la responsabilité des conseils de surveillance. Sous l'empire de la loi de 1856, la jurisprudence avait fini par admettre (2) que les membres du conseil de surveillance étaient civilement responsables des délits du gérant, et qu'ils pouvaient être cités devant la juridiction correctionnelle alors même qu'ils n'étaient point complices de ces délits. Cette solution a paru trop rigoureuse au législateur de 1867; nous avons vu déjà que, d'après l'article 9, chaque membre du conseil de surveillance ne répond que de ses fautes personnelles; pour faire cesser tout doute, l'article 15 décide formellement que « les membres du conseil de

---

(1) Cet article a été modifié par la loi du 13 mai 1863.
(2) Cass., 2 avril 1859; Rouen, 13 janvier 1860; Paris, 29 août 1861.

» surveillance ne sont pas civilement responsables des
» délits commis par le gérant ». On a pensé qu'il ne fallait pas écarter des conseils de surveillance les hommes
honnêtes que la juridiction correctionnelle effrayerait
certainement. La responsabilité civile des membres du
conseil de surveillance n'a pas de raison d'être ; ils
n'ont aucune action sur le gérant pour l'empêcher de
commettre des délits, et dès lors la base de la responsabilité civile fait défaut. (Art. 1384 C. N.) D'ailleurs,
l'exposé des motifs et le rapport de la commission ont
soin d'excepter le cas de complicité : si un membre du
conseil de surveillance est complice des délits du gérant, ou si lui-même commet un délit, il sera certainement passible de la juridiction correctionnelle.

— CXLVII. L'article 13 prévoit trois faits : l'émission
irrégulière d'actions, le fait de commencer prématuré-
ment les opérations sociales, l'altération frauduleuse de
la majorité dans les assemblées générales. Ce dernier
fait n'était pas puni par la loi de 1856, mais la loi du
23 mai 1863 l'avait déjà réprimé : il est aujourd'hui
puni d'une amende de cinq cents à dix mille francs, et
les tribunaux peuvent, en outre, prononcer un emprisonnement de quinze jours à six mois.

Quant aux deux premiers faits, la loi se borne à les
punir d'une amende de cinq cents à dix mille francs ;
elle ne laisse pas, comme la loi de 1856, aux juges la
faculté d'y joindre la peine de l'emprisonnement.

CXLVIII. Le premier fait est « l'émission d'ac-
» tions ou de coupons d'actions d'une société con-
» stituée contrairement aux prescriptions des articles 1,
» 2 et 3 ». L'émission consiste dans la remise à chaque

souscripteur du titre représentant sa part d'intérêt dans la société. Elle entraîne, soit contre le gérant, soit contre le banquier par l'intermédiaire de qui elle a lieu, les peines portées par l'article 13, si elle est faite en dehors des conditions prescrites par les articles 1 à 3, c'est-à-dire si le taux des actions est inférieur au minimum légal, si elles n'ont pas été toutes souscrites et libérées jusqu'à concurrence du quart de leur montant, si le gérant n'a pas fait la déclaration notariée que la loi lui impose, enfin si les actions ne sont pas nominatives. Mais l'article 13 ne serait pas applicable si, ces diverses conditions étant remplies, l'émission avait lieu avant la réunion des deux assemblées générales prescrites par l'article 4. Il est regrettable qu'il en soit ainsi; néanmoins, dans le silence de la loi, on ne peut étendre une peine d'un cas à un autre.

Il ne faut pas considérer comme une émission irrégulière d'actions la remise faite au moment de la souscription à chaque souscripteur d'un récépissé constatant le nombre des titres sur lesquels il a opéré le premier versement : ce n'est pas là un titre de propriété négociable, car il peut se faire qu'une réduction plus ou moins forte soit opérée sur les souscriptions, et d'ailleurs il faut bien que l'obligation réciproque du souscripteur et de la société soit constatée par écrit (1). (Cass., ch. crim., 8 fév. 1861.)

CXLIX. « Le gérant qui commence les opérations

---

(1) L'émission d'actions d'une société étrangère constituée en dehors des conditions prescrites par les articles 1, 2, 3, tomberait sous le coup de l'article 13; les prescriptions relatives au taux et à la forme des actions sont d'ordre public. (MM. Mathieu et Bourguignat, page 110.) Pour la même raison, les articles 14 et 15 seraient applicables aux sociétés étrangères.

« sociales avant *l'entrée en fonctions* du conseil de sur-
» veillance » est passible de la même amende de cinq
cents à dix mille francs. Ces termes de l'article 13 diffèrent un peu de ceux de l'article 5, qui exige que la *nomination* du conseil ait lieu avant toute opération sociale. Toutefois, le but de la loi est évident : il veut
que le conseil de surveillance soit nommé, que ses
membres aient accepté leurs fonctions et soient en mesure de les remplir avant qu'aucune opération sociale
soit commencée; si le gérant engage la société avant
que la surveillance imposée par la loi soit organisée,
la société est nulle (art. 7), et le gérant est punissable
(art. 13).

CL. Enfin l'article 13 punit (1) « ceux qui, en se
» présentant comme propriétaires d'actions ou de cou-
» pons d'actions qui ne leur appartiennent pas, ont
» créé *frauduleusement* une majorité *factice* dans une
» assemblée générale..... », et « ceux qui ont remis les
» actions pour en faire l'usage frauduleux ». La fraude
dont il s'agit n'était jusqu'alors punie que dans les sociétés à responsabilité limitée, et elle n'était punie que
de l'amende. Le projet ne prononçait pas non plus
d'autre peine ; divers amendements proposaient d'assimiler cette fraude soit à l'escroquerie, soit au faux ; le
Corps législatif adopta, le 13 juin 1867, un système intermédiaire en ajoutant à l'amende un emprisonnement
facultatif.

Le délit qui nous occupe suppose le concours de deux
circonstances ; il n'existe que si, par fraude, on est ar-
rivé à émettre dans une assemblée des votes qui n'au-

---

(1) Pour la nature de la peine, voir ci-dessus n° CXLVII.

raient pas dû se produire; et si, d'autre part, une majorité *factice* a été créée à l'aide de ces votes. Le fait de se présenter avec des actions appartenant à un autre ne constitue pas le délit : les actionnaires peuvent, en effet, se faire représenter à l'assemblée générale par un tiers, à moins que les statuts ne s'y opposent.

La première condition du délit, c'est la fraude. Elle a lieu lorsque de faux actionnaires viennent voter dans les assemblées, par exemple en se présentant comme propriétaires d'actions déposées dans la caisse sociale et tirées frauduleusement de cette caisse par le gérant qui les leur a remises(1). Elle a lieu encore lorsque de vrais actionnaires prennent part au vote sans en avoir le droit ; il arrive souvent que les statuts exigent un certain nombre d'actions pour donner le droit de vote, ou fixent un maximum de voix pour chaque actionnaire ; alors, ceux qui réunissent leurs actions afin d'atteindre le chiffre nécessaire pour pouvoir voter, et ceux qui, ayant un nombre considérable d'actions, les répartissent entre plusieurs afin d'avoir plus de voix que les statuts ne leur en accordent, commettent la fraude que l'article 13 a voulu punir et empêcher.

Du reste, comme nous l'avons dit, la fraude ne suffit pas; l'article 13 n'est applicable que si elle a abouti, c'est-à-dire si elle a servi à créer une majorité *factice* au sein de l'assemblée générale. Peu importe donc que la majorité ait été rendue plus considérable au moyen de manœuvres frauduleuses ; le délit n'existe qu'autant que ces manœuvres ont créé une majorité qui n'aurait pas existé sans elles, et c'est aux juges correctionnels qu'il appartient d'apprécier le caractère factice ou sin-

____

(1) Cet exemple a été cité à la séance du 3 juin 1867, au Corps législatif.

cère de la majorité lorsqu'ils sont appelés à faire l'application de la peine (1).

—CLI. L'article 14 suppose que des actions ou coupons d'actions ont été négociés irrégulièrement, c'est-à-dire alors que leur taux était inférieur au minimum fixé par la loi, ou que la forme au porteur avait remplacé la forme nominative avant l'accomplissement des formalités prescrites par l'article 3, ou enfin que le versement du quart n'avait pas été fait. (Art. 2.) Et il punit cette négociation illicite d'une amende de cinq cents à dix mille francs. Il ne s'agit, remarquons-le bien, que de la *négociation*, c'est-à-dire de la transmission par les modes commerciaux des actions ou coupons d'actions. La *cession* des actions d'après les règles du droit civil est toujours licite; et, d'autre part, la loi ne poursuivant que la négociation des *actions*, des titres émis par la société, l'article 14 ne serait pas applicable à la négociation d'un *récépissé de souscription;* bien qu'une telle opération soit irrégulière, il ne faut pas lui appliquer une peine que notre article ne prononce que pour la négociation des *actions* elles-mêmes.

CLII. La même peine (l'amende de cinq cents à dix mille francs) est étendue par l'article 14 à « toute par-
» ticipation à ces négociations et toute publication de
» la valeur desdites actions ».

Il résulte de là que la peine peut atteindre le cessionnaire aussi bien que le cédant des actions négociées irrégulièrement; elle atteint même les banquiers ou les

____

(1) L'article 13 dit formellement que la peine qu'il porte est applicable, « sans préjudice de tous dommages et intérêts, s'il y a lieu,
« envers la société ou envers les tiers ».

agents de change qui ont servi d'intermédiaires à la transmission. Elle atteint, en dernier lieu, tous ceux qui ont publié, au moyen de prospectus, d'annonces dans les journaux, ou autrement, la valeur des actions dont la négociation ne pouvait avoir lieu régulièrement. La peine de l'article 14, ainsi étendue, peut paraître sévère; mais nous verrons bientôt (ci-dessous n° CLIV) qu'elle n'est encourue qu'en cas de mauvaise foi. Le rapport de la commission est formel sur ce point; si l'intention frauduleuse résulte toujours de la qualité de fondateur ou de gérant, qui rend l'erreur inexcusable, on peut au contraire présumer raisonnablement la bonne foi des simples intermédiaires des négociations, et ne les condamner que s'il est prouvé qu'ils ont agi sciemment et en connaissance de cause.

— CLIII. Les faits constitutifs du délit d'escroquerie qui peuvent se produire dans une société en commandite donnent lieu à l'application des peines portées par l'article 405 du Code pénal. La loi de 1867 (art. 15) étend ces peines (1) à trois ordres de faits dont la gravité justifie la sévérité du législateur.

1° Elle punit « ceux qui (2), par simulation de sou-
» scriptions ou de versements, ou par publication faite
» de mauvaise foi de souscriptions ou de versements
» qui n'existent pas, ou de tous autres faits faux, ont
» obtenu ou tenté d'obtenir des souscriptions ou des
» versements ». Le délit consiste ici, d'une part, dans l'obtention ou la tentative d'obtention de souscriptions

---

(1) Ces peines sont : une amende de cinquante à trois mille francs, et un emprisonnement d'un an à cinq ans.

(2) Il s'agit là des intermédiaires aussi bien que des gérants ou fondateurs.

ou de versements, et, d'autre part, dans les manœuvres employées pour arriver à ce but. La loi indique deux sortes de manœuvres : le mensonge accompagné de fausses listes de souscriptions ou de versements, et la publication par une voie quelconque de souscriptions ou de versements imaginaires. Mais elle n'exclut pas les autres : la publication de faits faux quelconques faite *de mauvaise foi* pour obtenir des versements ou des souscriptions serait réprimée par notre article.

2° L'article 15 ne se contente pas de punir les manœuvres dirigées contre des personnes déterminées ; il atteint celles qui seraient employées contre le public en général pour provoquer des souscriptions ou des versements. La peine de l'escroquerie s'applique à « ceux » qui, pour provoquer des souscriptions ou des ver- » sements, ont, de mauvaise foi, publié les noms de » personnes désignées, contrairement à la vérité, comme » étant ou devant être attachées à la société à un titre » quelconque ».

3° Nous avons vu que le conseil de surveillance doit s'opposer à la répartition de dividendes *fictifs*, et nous savons que dans certains cas la répartition de tels dividendes est admise. (Art. 10.) L'article 15, pour assurer la réalité des dividendes d'une manière plus efficace, prononce la peine de l'escroquerie contre « les gérants qui, » en l'absence d'inventaire ou au moyen d'inventaires » frauduleux, ont opéré entre les actionnaires la répar- » tition de dividendes *fictifs* ». Ainsi, la peine n'est encourue que si le gérant n'a pas fait d'inventaire (1) ou si l'inventaire dressé par lui est frauduleux. On

---

(1) S'il manque à cette obligation essentielle, ce ne peut être que dans un but frauduleux.

conçoit que de simples irrégularités puissent engager la responsabilité du gérant ; mais, lorsqu'il s'agit de le punir sévèrement, de lui appliquer les peines de l'escroquerie, le législateur a pensé fort sagement qu'il convenait d'exiger une fraude évidente et prouvée. Si l'on constate seulement dans les inventaires des inexactitudes ou irrégularités commises *de bonne foi ou par négligence*, l'article 15 n'est pas applicable ; seulement la responsabilité pécuniaire du gérant et du conseil de surveillance est engagée.

— CLIV. La loi de 1856 ne permettait pas d'appliquer l'article 463 du Code pénal à tous les faits qu'elle punissait. De là était née la question de savoir si ces faits étaient tous des *délits* ou si certains d'entre eux constituaient de simples *contraventions*. Le doute n'est plus possible aujourd'hui ; en admettant que des circonstances atténuantes pourraient toujours faire adoucir les peines portées par les articles 13, 14 et 15, le législateur de 1867 a clairement montré l'intention de faire de tous les faits qu'il punit de véritables *délits*. En conséquence, l'intention frauduleuse devra toujours être constatée pour que la peine soit applicable ; cela a été entendu d'une manière formelle pour certains faits dans la discussion de la loi, et cela résulte pour tous de l'admission des circonstances atténuantes, puisque, aux termes du rapport de la commission législative, *« désormais les magistrats pourront faire à la bonne foi sa* *» part et n'atteindre que la fraude »*. D'un autre côté, ce caractère de délits qu'ont tous les faits réprimés par la loi de 1867 a une conséquence fort importante : il rend impossible le cumul des peines ; dans le cas où plusieurs délits seraient commis par la même personne, une seule peine serait prononcée, conformément à l'article 365 du Code d'instruction criminelle.

SECTION IV.

DE L'ACTION COLLECTIVE DES ACTIONNAIRES
CONTRE LE GÉRANT OU CONTRE LE CONSEIL DE SURVEILLANCE.

CLV. L'application pure et simple du principe *nul ne plaide en France par procureur* aurait de graves inconvénients en ce qui touche les commandites qui réunissent de nombreux actionnaires. L'article 17 évite ces inconvénients en permettant à « des actionnaires » représentant un vingtième au moins du capital so- » cial » de charger, dans un intérêt commun, « à leurs » frais, un ou plusieurs mandataires de soutenir, tant » en demandant qu'en défendant, une action contre les » gérants ou contre les membres du conseil de surveil- » lance (1), et de les représenter en ce cas en justice, » sans préjudice de l'action que chaque actionnaire » peut intenter individuellement en son nom per- » sonnel ».

Cette disposition a l'avantage de rendre la procédure plus simple et plus économique; elle est empruntée à la loi de 1856, qu'elle ne reproduit pas toutefois sans modifications. La majorité des actionnaires peut, en assemblée générale, désigner des mandataires pour la représenter en justice. Le même droit existe au profit

____

(1) L'action collective dont il s'agit ici étant exceptionnelle, l'article 17 serait inapplicable dans les cas, fort rares d'ailleurs, où deux fractions d'actionnaires plaideraient l'une contre l'autre. Il faut reconnaître pourtant que cette restriction est bien difficile à justifier.

de la minorité : des actionnaires peu nombreux peuvent également se faire représenter en justice, mais à une double condition : la loi veut qu'ils représentent un vingtième au moins du capital social et qu'ils supportent les frais du procès. Quand l'assemblée générale nomme des mandataires pour la représenter, quand elle ordonne une poursuite judiciaire, on conçoit qu'elle puisse décider que les frais du procès seront portés au compte d'administration; on ne pouvait donner sans injustice le même droit à la minorité; celle-ci a la faculté de plaider par procureur, si elle représente un vingtième du capital, mais elle plaide alors à ses frais et à ses risques; car il ne serait pas équitable de lui permettre d'imposer sa volonté à la majorité qui ne partage pas son avis.

CLVI. Du reste, cela posé, la loi laisse entière la liberté des conventions : les actionnaires qui ont un procès à soutenir peuvent choisir un ou plusieurs mandataires, les prendre parmi eux ou en dehors de la société, leur donner des pouvoirs plus ou moins étendus à leur gré. Les mandataires nommés doivent respecter la convention intervenue entre eux et les associés qui les ont choisis : ils sont soumis entièrement au droit commun.

CLVII. Mais comment peut s'exercer le droit accordé par l'article 17, et comment nomme-t-on les mandataires *ad litem?* Celui qui croit que l'intérêt social exige qu'une action soit intentée contre le gérant convoque les actionnaires; il les convoque comme il l'entend; c'est à lui de choisir les moyens les plus convenables, car il est intéressé à ce que la convocation aboutisse. De même, la convocation pourrait émaner d'un actionnaire poursuivi par le gérant, et qui croirait l'intérêt des autres associés engagé dans le procès intenté contre lui. L'assemblée étant ainsi réunie par les intéressés, si des actionnaires représentant le vingtième du capital se mettent d'accord, ils nomment des commissaires pour les représenter; sinon, l'action collective est impossible, et il ne reste plus qu'à recourir à l'action individuelle, que l'article 17 réserve expressément. Du reste, alors même que certaines fractions de la commandite seraient représentées par des mandataires, chaque actionnaire conserverait le droit d'intervenir au procès pour son propre compte, *à ses frais et risques*.

SECTION V.

DISPOSITIONS TRANSITOIRES.

CLVIII. La loi de 1856 (art. 15) obligeait les sociétés antérieures qui n'étaient pas encore pourvues de conseil de surveillance à en nommer un dans le délai de six mois. Cette loi étant abrogée aujourd'hui, l'article 18 de la loi nouvelle dispose que « les sociétés antérieures » à la loi du 17 juillet 1856, et qui ne se seraient pas » conformées à l'article 15 de cette loi, seront tenues, » dans un délai de six mois, de constituer un conseil » de surveillance » en se conformant aux prescriptions que nous avons étudiées dans la section II. « A défaut » de constitution du conseil de surveillance dans le dé- » lai ci-dessus fixé, chaque actionnaire a le droit de » faire prononcer la dissolution de la société. » On le voit, l'article 18 s'applique à un petit nombre de sociétés, à celles seulement qui depuis 1856 n'auraient

pas nommé de conseil de surveillance, et assurément
elles sont peu nombreuses; car, même avant l'intervention de la loi, en pratique on nommait presque toujours des conseils de surveillance, et le législateur de
1856 n'avait fait que consacrer cet usage général.

CLIX. L'article 18 ne s'applique pas aux sociétés
postérieures à la loi de 1856, parce que ces sociétés
ont dû nécessairement, sous peine de nullité, nommer
un conseil de surveillance aussitôt après leur constitution.

Il ne s'applique pas non plus aux sociétés qui, dès
avant 1856, avaient institué des conseils de surveillance. Celles-là restent soumises à l'article 15 de la loi
de 1856; les conseils de surveillance sont maintenus,
mais leurs droits, leurs devoirs et leur responsabilité
sont réglés d'après la loi nouvelle; seulement leur organisation déterminée par les statuts est conservée. Toutefois, il n'en est ainsi que si les statuts organisent un
véritable conseil de surveillance; s'ils n'établissaient
qu'un comité d'administration incapable d'exercer une
surveillance sérieuse, il y aurait lieu de nommer un conseil conforme aux prescriptions de la loi. (Trib. de comm.
de la Seine, 18 octobre 1858; cass., 31 décembre 1860.)

—CLX. La loi du 24 juillet, dans son titre II, modifie
le régime des sociétés anonymes en supprimant l'autorisation du gouvernement, et en exigeant simplement
pour leur constitution le consentement des parties. A
l'avenir donc, toute société en commandite postérieure
à la loi de 1867 pourra se transformer en société anonyme, en se conformant aux statuts, s'ils ont prévu cette
transformation; si les statuts sont muets sur ce point,

17

la transformation sera possible encore; mais il faudra l'*unanimité* des associés; suivant le droit commun, en effet, le consentement de toutes les parties est indispensable soit pour former le contrat, soit pour le modifier dans ses bases essentielles.

Quant aux sociétés en commandite antérieures à la loi de 1867, elles pourront aussi adopter la forme anonyme; si les statuts ne s'occupent pas de cette transformation, il faudra l'accord unanime des parties, suivant le droit commun. Mais, si les statuts s'en sont occupés, s'ils ont exigé certaines conditions, que faut-il décider? Faut-il dire que la transformation aura lieu en se conformant à ces conditions? Faut-il, au contraire, exiger l'unanimité, en se fondant sur ce que le régime des sociétés anonymes est gravement modifié, de sorte que la convention relative à la transformation en société anonyme autorisée ne serait pas applicable à la transformation en société anonyme libre? Il y aurait là une difficulté sérieuse si la loi nouvelle n'avait pas résolu la question. L'article 19, pour lever tous les doutes, porte que « les sociétés en commandite par actions » antérieures à la présente loi, dont les statuts permet- » tent la transformation en société anonyme autorisée » par le gouvernement, pourront se convertir en so- » ciété anonyme dans les termes déterminés par le » titre II de la présente loi, *en se conformant aux con-* » *ditions stipulées dans les statuts pour la transforma-* » *tion* ».

— CLXI. C'est ici le lieu de signaler quelques questions transitoires qui sont de nature à se présenter à cause des modifications successives de la législation sur les sociétés.

Lorsque deux sociétés fondées avant 1856 se fusionnent, quelle législation doivent-elles suivre? Tout dépend du caractère de la fusion; si elle constitue vraiment une société nouvelle, elle est soumise à l'application de la loi actuelle (1); dans le cas contraire, et si elle entraîne une simple modification des statuts, la loi nouvelle est inapplicable (2).

CLXII. De même, il faut décider que, dans tous les cas, les sociétés jouissent des immunités de la législation sous l'empire de laquelle elles se sont fondées, alors même qu'elles modifieraient leurs statuts (3). Seulement, les tribunaux déjoueraient la fraude au besoin; et si, sous prétexte de modifications aux statuts, on formait une société nouvelle, ils exigeraient l'accomplissement des conditions prescrites par la loi du 24 juillet.

En un mot, la société profite des avantages de la loi sous l'empire de laquelle elle s'est formée, à la seule condition de rester la même. Si elle se transforme en une autre société, celle-ci doit se soumettre à la législation existante lors de sa création.

— CLXIII. L'article 20 abroge la loi du 17 juillet 1856. Le projet primitif de 1863 maintenait certaines règles de cette loi; la commission proposa de faire une sorte de code des sociétés, afin de simplifier une partie

---

(1) Paris, 24 mars 1859.

(2) Paris, 21 août 1860.

(3) Une société antérieure à 1856 peut augmenter son capital sans se conformer aux dispositions relatives à la constitution et au taux des actions des sociétés nouvelles. (Rej., 29 mars 1864.)

17.

si utile et si pratique de la législation. Le conseil d'État refusa de donner une complète satisfaction à ce vœu; on conserva les règles du Code civil et certaines dispositions du Code de commerce relatives aux sociétés; mais on abrogea la loi du 17 juillet 1856, en transportant dans la loi nouvelle les articles de cette loi que l'on voulait conserver.

APPENDICE.

DE LA PUBLICITÉ RELATIVE AUX SOCIÉTÉS EN COMMANDITE.

CLXIV. Nous avons renvoyé à la fin de ce travail les prescriptions de la loi relatives à la publicité, parce qu'elles forment l'objet d'un titre spécial. Jusqu'alors la publicité était réglementée par le Code de commerce, et soumise à des règles qui variaient avec la nature des sociétés auxquelles elles s'appliquaient. La loi de 1867 établit un système uniforme de publication des actes de société; et, à côté de cette publicité originaire, elle impose aux sociétés par actions une publicité permanente, empruntée à la loi de 1863 sur les sociétés à responsabilité limitée, et plus efficace que la première. L'article 65 abroge expressément les articles 42 à 46 du Code de commerce, qui se trouvent remplacés par plusieurs textes que nous allons maintenant expliquer.

§ 1ᵉʳ. — *Publicité originaire.*

CLXV. Nous entendons par publicité originaire celle qui consiste dans l'accomplissement de certaines formalités qui doivent avoir lieu à l'origine même de la société; ces formalités sont le dépôt au greffe et les insertions dans les journaux. Les mots *publicité originaire* ne sont pas rigoureusement exacts, car ils comprennent le dépôt au greffe qui permet à tous les intéressés de prendre *à chaque instant* connaissance de l'acte constitutif de la société (1). Nous les employons cependant pour distinguer les formalités qui doivent être remplies une fois pour toutes de cette autre publicité qui résulte de certaines mentions insérées dans tous les documents émanés des sociétés par actions. (Art. 64.) Du reste, les diverses formalités qui constituent ce que nous appelons la publicité originaire sont applicables aux commandites simples aussi bien qu'aux commandites par actions (2).

— CLXVI. L'article 55 exige d'abord le dépôt aux greffes de la justice de paix et du tribunal de commerce du lieu dans lequel est établie la société, de certaines pièces, savoir : 1° un double de l'acte constitutif s'il est sous seing privé, ou une expédition s'il est notarié ; 2° pour les commandites par actions, une expédition de l'acte notarié constatant la souscription du capital et le versement du quart ; 3° enfin, une copie certifiée des délibérations prises par l'assemblée générale dans le cas prévu par l'article 4. Au fond, remarquons-le bien, il suffisait d'exiger le dépôt de l'acte constitutif ; évidemment, lorsque cet acte n'est pas complet par lui-même, ce qui arrive toujours pour les commandites par actions, la déclaration notariée du gérant et la délibération de l'assemblée générale en sont des annexes inséparables, puisqu'elles constatent la constitution définitive de la société, de sorte qu'en réalité le dépôt au greffe comprend simplement l'acte de société et les actes ou délibérations accessoires qui le rendent défi-

---

(1) De plus, le dépôt au greffe et l'insertion dans les journaux sont exigés pour certains actes qui interviennent au cours de la société.

(2) A l'exception toutefois des dispositions de l'article 64.

nitif. Il n'est pas nécessaire de joindre à l'acte la liste des souscripteurs et le montant de la mise de chacun d'eux : l'article 55, en exigeant cette annexe pour les sociétés anonymes, ne permet pas de l'imposer aux sociétés en commandite.

CLXVII. Le dépôt a lieu aux greffes du tribunal de commerce et de la justice de paix; les greffiers n'ont pas à vérifier la validité de l'acte; ils se contentent de l'enregistrer avec les pièces dont l'article 55 exige le dépôt (1).

Si la société a plusieurs maisons de commerce situées dans divers arrondissements, le dépôt a lieu dans chacun des arrondissements où existent les maisons de commerce. Mais, dans les villes divisées en plusieurs arrondissements, le dépôt est fait seulement au greffe de la justice de paix du principal établissement. (Art. 59.)

CLXVIII. Les articles 61 et 63 complètent ce système. Le premier exige le dépôt de « tous actes et délibéra» tions ayant pour objet la modification des statuts, la » continuation de la société au delà du terme fixé pour » sa durée, la dissolution avant ce terme et le mode » de liquidation, tout changement ou retraite d'asso» ciés (2) et tout changement à la raison sociale ». Il

____

(1) « Il en est autrement en Angleterre : le *registrar* chargé d'en» registrer les sociétés qui s'établissent l'est en outre de vérifier si » les actes déposés sont conformes à la loi, si les sociétés sont vala» blement constituées.... » (M. Bend., *Rec. prat.*, t. XXV, p. 312.)

(2) Dans les sociétés en commandite, cela ne peut s'entendre que du changement ou de la retraite des gérants et autres associés *personnellement responsables.*

prescrit également le dépôt de la délibération en vertu de laquelle une société en commandite se transforme en société anonyme. (Art. 19.)

Quant à l'article 63, il permet à toute personne de prendre communication des pièces déposées au greffe relativement à une commandite *par actions*, ou même de s'en faire délivrer à ses frais une expédition ou un extrait par le greffier ou par le notaire détenteur de la minute. De plus, « toute personne peut également exi-» ger qu'il lui soit délivré au siége de la société une » copie certifiée des statuts, moyennant payement » d'une somme qui ne pourra excéder un franc ». Enfin, « les pièces déposées doivent être affichées » d'une manière apparente dans les bureaux de la so-» ciété ».

Cet article 63 ne s'applique qu'aux sociétés par actions, qui sont les seules dont les tiers aient intérêt à connaître les statuts et l'acte constitutif *en entier*, à cause de la cessibilité des actions. Il y a là toutefois une anomalie inexplicable : l'article 55 exige le dépôt *in extenso* des actes constitutifs des sociétés *par intérêts*, sans qu'on puisse s'expliquer le but de ce dépôt, puisque les tiers ne peuvent en profiter, aux termes de notre article 63. Pour ces sociétés, la seule publicité efficace consistera dans l'extrait inséré dans les journaux dont nous allons parler, et il faut avouer que cette publicité est bien fugitive et bien insuffisante (1).

— CLXIX. La publicité par insertions dans les journaux a pour but de faire connaître l'existence de la

---

(1) L'article 55 accorde un délai d'un mois pour effectuer le dépôt qu'il prescrit ; le Code de commerce n'accordait que quinze jours.

société, de répandre le bruit de sa constitution, d'en indiquer les clauses essentielles : ceux qui veulent connaître l'acte constitutif en entier iront en prendre connaissance aux greffes ou dans les bureaux de la société.

Tous les actes et toutes les délibérations soumis à la formalité du dépôt doivent être, dans le délai d'un mois, publiés, *par extrait* seulement, « dans *l'un* des » journaux désignés pour recevoir les annonces lé- » gales » (1). (Art. 56.) Une controverse s'était élevée sur l'article 43 Cod. comm. ; on se demandait si l'extrait devait être inséré dans *tous* les journaux désignés pour recevoir les annonces légales; la loi nouvelle exige seulement l'insertion dans *un* de ces journaux (2). Mais, bien entendu, si la société a des établissements commerciaux dans divers arrondissements, la publication a lieu dans chacun de ces arrondissements. (Art. 59.) Dans tous les cas, il est justifié de l'insertion par un exemplaire du journal certifié par l'imprimeur, léga- lisé par le maire et enregistré dans les trois mois de sa date. (Art. 56.)

—CLXX. L'article 56 ordonne l'insertion d'un *extrait* de l'acte constitutif et des pièces annexées; la même formalité est exigée à l'égard des actes et délibérations qui, à cause de leur importance, doivent être déposés aux greffes aux termes de l'article 61.

---

(1) Voir le décret du 17 février 1852 (art. 23).

(2) Les parties peuvent choisir entre les journaux chargés de rece- voir les annonces légales ; un amendement de la commission qui proposait de désigner un journal unique pour publier les annonces relatives aux sociétés commerciales a été rejeté par le Corps légis- latif.

CLXXI. La loi ne se borne pas à déterminer les actes dont un extrait doit être publié; elle règle la forme et le contenu des extraits.

Ainsi l'article 60 dispose que « l'extrait des actes » et pièces déposés est signé, pour les actes publics, » par le notaire, et, pour les actes sous seing privé..., » par les gérants des sociétés en commandite ».

D'autre part, les énonciations que doit contenir l'extrait de l'acte constitutif sont énumérées dans les articles 57 et 58. Cet extrait doit : 1° indiquer que la société est en commandite simple, ou en commandite par actions; 2° faire connaître les noms des associés *responsables*, la raison sociale et le siège de la société; 3° désigner les associés autorisés à gérer, administrer et signer pour la société; 4° énoncer le montant du capital social et le montant des valeurs fournies ou à fournir par les actionnaires ou commanditaires; 5° indiquer l'époque où la société commence, celle où elle doit finir, et la date du dépôt fait aux greffes de la justice de paix et du tribunal de commerce.

La loi ne s'occupe pas du contenu des extraits des actes ou délibérations qui doivent être annexés à l'acte constitutif ou déposés conformément à l'article 61 : l'objet spécial de ces actes ou délibérations indique assez ce que l'extrait doit contenir.

Du reste, les dispositions que nous venons d'examiner ne sont pas limitatives; les extraits doivent mentionner toutes les clauses dérogatoires au droit commun susceptibles d'être opposées aux tiers. (Lyon, 26 nov. 1863.)

— CLXXII. L'insertion dans les journaux, comme le dépôt aux greffes, doit avoir lieu dans le délai d'un mois; elle doit suivre le dépôt dont l'extrait indique la date. (Art. 57.)

Le délai d'un mois dont il s'agit n'est pas augmenté à raison des distances; dans le cas où les publications doivent se faire dans plusieurs arrondissements, aucune prolongation de délai n'est accordée. D'ailleurs, ce délai n'est pas fatal : même après son expiration, la société dont la nullité n'est pas demandée peut consolider son existence en se conformant aux prescriptions de la loi. Toutefois, le délai passé, la nullité peut être demandée, et l'accomplissement des formalités légales après la demande n'empêcherait pas l'annulation de la société. En un mot, la publication ne pouvant avoir lieu au moment même de la signature du contrat, le législateur donne un délai pour la faire; dès que le délai est passé, la nullité peut être demandée; si elle ne l'est pas, la publication tardive régularise suffisamment la position de la société. (Cass., 6 juin 1831.) Si donc la publication n'a pas lieu dans le délai légal, il n'est pas nécessaire de passer un nouvel acte pour rendre la société valable; seulement les tiers devenus créanciers de la société avant la publication tardive ne seraient pas victimes des clauses dérogatoires non publiées en temps utile; mais l'acte primitif n'en serait pas moins valable, et deviendrait tout à fait inattaquable après l'accomplissement des prescriptions de la loi.

CLXXIII. Pour les actes qui interviennent au cours de la société (art. 61), le délai d'un mois a pour point de départ la date même de ces actes. Il court, pour les publications prescrites par l'article 59 dans le cas où la société fonde de nouvelles maisons de commerce, à partir de la création de ces établissements nouveaux. Aucune difficulté ne peut s'élever à cet égard.

Mais quel est le point de départ du délai en ce qui touche l'acte constitutif? C'est la date même de cet acte lorsqu'il s'agit d'une commandite simple; et dans les commandites par actions, c'est la nomination du conseil de surveillance, car jusque-là la société n'est pas définitivement constituée. (Art. 5.)

— CLXXIV. Il nous reste à parler de la sanction des règles que nous venons d'exposer. Ces règles étant d'ordre public, puisqu'elles ont pour but de protéger les tiers, doivent être observées à peine de nullité *à l'égard des intéressés;* mais le défaut d'observation d'aucune d'elles ne peut être opposé aux tiers par les associés. Telle est la décision des articles 56 et 61 de la loi nouvelle, que l'article 42 du Code de commerce avait déjà adoptée. Il faut l'étendre au cas où aucun acte n'a été rédigé. Le défaut d'acte ou de publication régulière peut être opposé par les tiers aux associés, mais non par ceux-ci aux tiers. En un mot, les associés ne peuvent prouver la société que par un acte régulièrement publié, les tiers peuvent la prouver par tous moyens.

Du reste, si les associés ne peuvent opposer aux tiers le défaut de publication, ils peuvent se l'opposer réciproquement; et l'exécution de l'acte non publié ne rend pas non recevable l'action en nullité; cette nullité est d'ordre public et ne peut se couvrir. Seulement, entre associés, la société n'est déclarée nulle que pour l'avenir : dans le passé, elle peut avoir produit des effets; on prouvera par tous moyens l'existence de cette société de fait qui a précédé la demande en nullité, et qui sera liquidée conformément à la conven-

— 269 —

tion (1). En effet, le simple consentement crée un lien
de droit entre les parties, bien que le contrat ne soit
opposable aux tiers qu'après l'accomplissement de certaines formalités.

CLXXV. La nullité fondée sur le défaut de publicité peut être demandée après l'expiration du délai
d'un mois accordé par la loi; mais, même après ce délai,
l'action n'est plus recevable si les formalités requises
ont été accomplies. (V. ci-dessus, n° CLXXII.) La nullité
fondée sur un vice de forme de l'acte pourrait être
demandée aussitôt la formation du contrat : le délai
d'un mois ne lui est pas applicable.

CLXXVI. Aux termes de l'article 56, la nullité résultant du défaut de publicité peut être opposée aux associés par les tiers. A ce point de vue, il faut considérer
comme des tiers les créanciers personnels des associés.
Sans doute, les associés ne peuvent se prévaloir de la
nullité; ils ne le peuvent pas parce qu'ils sont en faute;
leurs créanciers personnels, n'ayant aucune négligence
à se reprocher, peuvent, au contraire, considérer la
société comme nulle, et ils ne sont pas soumis à l'exception qui pourrait être opposée aux associés eux-mêmes à cause de leur faute. Cela est plus évident aujourd'hui que jamais : avant 1867, on soutenait
l'opinion contraire en remarquant que la publicité ne
portait pas à la connaissance du public le montant des
apports, de sorte que les créanciers d'un associé, alors
même que la publication avait eu lieu, ne savaient pas

____

(1) Voir pourtant (ci-dessus n° CXLIV) ce que nous avons dit sur la
différence entre une société nulle et une société dissoute.

quels biens étaient sortis du patrimoine de leur débiteur par le fait de son entrée dans la société (1). Aujourd'hui l'objection disparaît : le montant des apports doit figurer dans l'extrait inséré dans les journaux. Dès lors, la société non publiée n'est pas opposable aux créanciers des associés : ils peuvent faire valoir une hypothèque donnée par leur débiteur après la constitution de la société, et ils concourent avec les créanciers sociaux sur les biens qui forment l'apport de ce débiteur (2).

CLXXVII. La nullité n'est pas, d'ailleurs, également la conséquence de toute violation des articles 55 à 63. Elle ne s'applique qu'à l'absence de dépôt ou de publication dans les journaux, ainsi qu'au dépôt ou à la publication irrégulière. Si les pièces déposées au greffe ne sont pas affichées dans les bureaux de la société, si l'on refuse de remettre à tout requérant une copie certifiée des statuts (art. 63), la société n'en est pas moins valable : la seule sanction de l'article 63 est la responsabilité civile du gérant. Les articles 59 et 60 n'ont pas non plus d'autre sanction, car les formalités qu'ils prescrivent sont accessoires; leur omission ne rend pas la société clandestine, et le silence de la loi doit s'interpréter dans un sens favorable à la validité du contrat.

Mais, bien que l'article 56 semble restreindre la nullité au cas d'inobservation des articles 55 et 56, il faut aussi l'appliquer dans une certaine mesure lorsque les

____

(1) MM. Bravard et Demangeat.

(2) La jurisprudence admet cette doctrine, en exigeant, bien entendu, que les créanciers des associés soient munis d'un titre ayant date certaine avant la dissolution de la société. (Cass., 13 fév. 1855.)

énonciations de l'extrait ne sont pas conformes aux articles 57 et 58. En pareil cas, les tiers sont autorisés à
considérer la société telle que l'extrait la leur fait connaître; les clauses omises ne leur sont pas opposables ;
et comme ce droit des tiers peut changer la situation
des associés, ceux-ci peuvent faire annuler la convention tout entière. Ces solutions sont quelque peu arbitraires, mais il faut bien les admettre : la loi de 1867 a
omis de trancher les questions soulevées sous l'empire
du Code de commerce, et il faut suppléer à son silence
en s'attachant à l'importance relative des articles du
titre IV.

L'article 61 renvoie expressément à l'article 56 ; en
conséquence, les tiers pourront considérer comme non
avenus les actes ou délibérations non publiés au cours
de la société ; et lorsque la publication de ces actes ou
délibérations aura été omise, les associés auront le droit
de faire annuler la société, parce qu'elle ne peut pas
fonctionner utilement sous le coup de la nullité que les
tiers peuvent faire prononcer.

CLXXVIII. En résumé, « les tiers ont droit à la situa-
» tion sur laquelle ils ont pu légalement compter (1) ».
Si une publication nécessaire a été omise, ils peuvent
faire prononcer la nullité; s'ils ne le font pas, ils n'ont
pas le droit de transformer la société, par exemple, de
prétendre que les commanditaires sont indéfiniment
responsables. Dès qu'ils s'en tiennent à la société de
fait qui a existé, ils doivent la prendre telle qu'elle s'est
manifestée; si le fait révèle une société en commandite,
ils ne peuvent traiter les associés comme s'ils étaient

---

(1) M. Beudant, *Rev. prat.*, tome XXV, p. 314.

membres d'une société en nom collectif. Il faut tou-jours tenir compte des circonstances pour régler la si-tuation des tiers et déterminer leurs droits d'après les faits qu'ils ont pu connaître et la position sur laquelle ils ont pu légitimement compter.

§ II. — *Publicité permanente.*

CLXXIX. Le dépôt au greffe, l'insertion dans les journaux ont lieu dans un délai assez court, soit à par-tir de la constitution de la société, soit à compter de la date des actes soumis à la publication (art. 61). Ces for-malités seraient vaines ou tout au moins insuffisantes, si leur but unique était de conserver les actes de société. Aussi avons-nous vu (ci-dessus n° CLXVIII) que l'ar-ticle 63 cherche à rendre cette publicité plus efficace au moyen de certaines mesures qui, *pour les sociétés par actions*, permettent à toute personne de prendre com-munication des pièces déposées, ainsi que des statuts.

L'article 64 organise également une publicité perma-nente spéciale aux sociétés anonymes et en comman-dite *par actions* (1). « Dans tous les actes, factures, » annonces, publications et autres documents imprimés » ou autographiés émanés des sociétés anonymes ou » des sociétés en commandite par actions, la dénomi-» nation sociale doit toujours être précédée ou suivie » immédiatement de ces mots, écrits lisiblement en » toutes lettres : *société anonyme* ou *société en comman-» dite par actions*, et de l'énonciation du montant du » capital social. » Cet article 64 ne s'applique qu'aux

____

(1) Ces articles 63 et 64 sont empruntés à la loi du 23 mai 1863, qui elle-même les avait pris dans la législation anglaise.

documents *imprimés ou autographiés* ; le législateur n'a songé qu'aux sociétés qui sont assez riches pour recourir à l'imprimerie ou à l'autographie ; celles dont les actes sont manuscrits échappent à la publicité permanente, car on ne peut étendre une peine par voie d'analogie.

CLXXX. L'omission de la double mention prescrite par l'article 64, lorsqu'elle se produit dans un acte imprimé ou autographié, est punie d'une amende de cinquante à mille francs. Si l'on s'en tient au texte, il faut prononcer l'amende pour *toute* contravention à l'article 64, de sorte que la peine pourrait atteindre des proportions considérables. L'esprit de la loi n'exige pas qu'on aille jusque-là : il nous semble qu'une seule amende suffirait pour chaque espèce de contravention; ainsi, en supposant que les factures fussent imprimées en contravention à l'article 64, la société ne payerait pas autant d'amendes qu'elle a émis de factures, mais bien une seule amende de cinquante à mille francs, suivant les circonstances.

POSITIONS.

DROIT ROMAIN.

I. La loi 52, § 13, et la loi 31, *Pro socio* (Dig., lib. XVII, tit. II), peuvent être conciliées.

II. La société n'est pas, du moins en général, une personne distincte des personnes des associés.

III. Lorsque l'un des associés fait, *à ses risques*, un *mutuum* avec une somme d'argent prise dans la caisse sociale, il ne doit pas compte à ses coassociés des intérêts payés par l'emprunteur.

IV. Le bénéfice de compétence s'applique même dans la société *unius rei;* seulement, il peut être refusé par le préteur, qui ne l'accorde que *causa cognita*.

V. Lorsqu'un membre d'une société *vectigalis* vient à mourir, son héritier ne prend sa place et n'acquiert tous les droits qui s'attachent à la qualité d'associé que si, d'une part, il a été *adscriptus* au moment de la formation du contrat, et si, d'autre part, il est ensuite agréé par les associés survivants.

VI. Dans le silence du contrat, les parts des associés sont égales et non proportionnelles à leurs apports.

18.

HISTOIRE DU DROIT.

I. Dans l'ancien droit, l'aliénation d'un propre de la femme par le mari seul n'était pas valable ; la femme, même lorsqu'elle acceptait la communauté, pouvait revendiquer le propre ainsi aliéné.

II. La division   capital des sociétés en actions ou parts cessibles r   nte au douzième siècle, bien qu'elle ne se soit gé   lisée que beaucoup plus tard.

DROIT CIVIL FRANÇAIS.

I. La substitution faite au profit des enfants *légitimes* d'un enfant naturel du disposant est valable dans les limites de la quotité disponible.

II. Les aliénations consenties par l'héritier apparent ne sont pas opposables à l'héritier réel.

III. Les sociétés civiles ne constituent pas, comme les sociétés commerciales, des êtres juridiques revêtus d'une véritable personnalité.

IV. Lorsque l'acquéreur d'un immeuble le revend sans avoir fait transcrire son titre, le sous-acquéreur ne peut opposer son droit aux tiers qu'après avoir fait transcrire non-seulement son propre titre, mais encore celui de son auteur.

PROCÉDURE CIVILE.

I. Les jugements rendus à l'étranger *contre des Français* sont soumis, même quant au fond, à l'examen des tribunaux français : ceux-ci peuvent refuser la formule exécutoire à ces jugements, *alors même qu'ils ne sont pas contraires à l'ordre public.*

II. L'adjudicataire sur saisie immobilière, s'il est évincé, ne peut recourir en garantie ni contre le créancier poursuivant, ni contre le saisi, à moins que celui-ci n'ait constitué une hypothèque au profit du poursuivant.

DROIT CRIMINEL.

I. Même en matière criminelle, les magistrats ne peuvent être récusés que pour l'une des causes énumérées dans l'article 378 du Code de procédure civile; plus généralement, les règles de ce Code sur la récusation sont applicables en matière criminelle, comme en matière civile.

II. Le défenseur a le droit d'invoquer, au cours de sa plaidoirie, la peine que le verdict du jury peut entraîner pour son client.

DROIT COMMERCIAL.

I. C'est dans la *cessibilité*, non dans la *négociabilité*, que se trouve la différence entre l'action et l'intérêt.

II. Le gérant statutaire peut être révoqué par l'assemblée générale, en vertu d'une clause des statuts; sa révocation n'entraîne pas la dissolution de la société.

III. La responsabilité solidaire et indéfinie, établie par l'article 28 du Code de commerce, n'est encourue que par les commanditaires qui ont fait des actes *extérieurs* de gestion, c'est-à-dire par ceux qui se sont mis en rapport avec les tiers.

IV. L'associé liquidateur peut invoquer la prescription quinquennale de l'article 64 du Code de commerce, mais seulement en ce qui touche ses obligations d'associé; l'article 64 signifie simplement que *comme liquidateur*, et en raison des actes qu'il a faits en cette qualité, il reste tenu pendant trente ans.

V. L'assemblée générale peut, même lorsqu'elle n'est pas composée de tous les actionnaires, approuver *à la majorité* des membres présents les réductions proposées, soit sur l'évaluation des apports, soit sur les avantages particuliers stipulés par les gérants et fondateurs de la société.

VI. Lorsque le souscripteur aliène ses actions après la délibération de l'assemblée générale dont parle l'article 3 de la loi de 1867, il reste tenu pendant deux ans *à compter du jour de la cession.*

VII. Sous l'empire de la loi de 1856, l'actionnaire de *bonne foi* pouvait être tenu de rapporter les dividendes fictifs qu'il avait reçus. Il n'en est plus de même aujourd'hui.

VIII. La clause des statuts qui permet de distribuer aux actionnaires un intérêt annuel, même en l'absence de bénéfices, est licite, *à la condition d'être publiée.*

IX. Lorsqu'un inventaire s'est soldé en perte, de telle sorte que le capital social se trouve entamé, il n'est pas nécessaire de reconstituer intégralement ce capital avant de distribuer aux actionnaires un dividende, si les années suivantes produisent des bénéfices *réels.*

DROIT DES GENS.

I. Les fonctions de consul de France à l'étranger ne peuvent être confiées qu'à un citoyen français.

II. Le principe de non-intervention reçoit en fait et doit recevoir de nombreuses exceptions fondées sur des causes spéciales.

Vu par le doyen,   *Vu par le président de la thèse,*

G. COLMET D'AAGE.   F. RATAUD.

Vu et permis d'imprimer :

Le vice-recteur de l'Académie de Paris,

A. MOURIER.

TABLE DES MATIÈRES.